墨香财经学术文库

国家社会科学基金一般项目（18BJY219）

扩大我国中等收入群体规模的减税政策研究

Research on Tax Reduction Policy of Expanding
the Scale of Middle–Income Group in China

温桂荣　刘芳　著

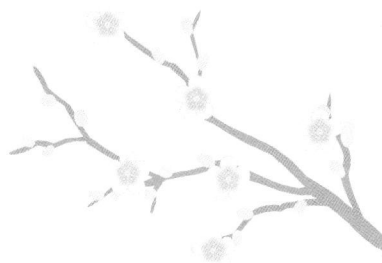

东北财经大学出版社
Dongbei University of Finance & Economics Press

大连

图书在版编目（CIP）数据

扩大我国中等收入群体规模的减税政策研究／温桂荣，刘芳著．—大连：东北财经大学出版社，2023.12

（墨香财经学术文库）

ISBN 978-7-5654-5041-9

Ⅰ．扩… Ⅱ．①温… ②刘… Ⅲ．减税–税收政策–研究–中国 Ⅳ.F812.422

中国国家版本馆 CIP 数据核字〔2023〕第 228578 号

东北财经大学出版社出版发行

大连市黑石礁尖山街 217 号　邮政编码　116025

网　　　址：http://www.dufep.cn

读者信箱：dufep@dufe.edu.cn

大连永盛印业有限公司印刷

幅面尺寸：185mm×260mm　字数：291千字　印张：13.5　插页：1

2023 年 12 月第 1 版　　　　2023 年 12 月第 1 次印刷

责任编辑：蔡　丽　吴　焕　　责任校对：赵　楠

封面设计：原　皓　　　　　　版式设计：原　皓

定价：78.00 元

前言

改革开放 40 多年来，随着经济的高速增长，2010 年我国进入了中等收入国家行列，越来越多的人步入中等收入群体行列。中等收入群体比重明显增大，既是我国全面建成社会主义现代化强国的总体目标之一，也对我国跨越"中等收入陷阱"并进入高收入阶段和形成橄榄型社会结构至关重要。目前，我国中等收入群体比重低、各人群间收入差距较大的问题始终存在，因此，扩大中等收入群体规模具有一定迫切性。我国近些年来减税降费政策成效显著，且聚焦于降低纳税人负担、扩大内需，以期提振经济。扩大中等收入群体规模的意义主要是增加消费需求和稳定社会结构，为经济持续增长注入新的动能，从而推动经济高质量发展，这与减税降费的目的具有一致性。中等收入群体的规模变化在一定程度上可以反映减税降费的改革成效，二者关系密切。本书作者长期从事财政税收专业的教学和教研工作，对中等收入群体扩容的研究多结合财税政策宏观与微观调控多视角展开。

本书主要分为三大部分：

第一部分是关于减税政策调节中等收入群体规模的研究框架、国内外研究评述和理论基础。其主要包括三个方面：

一是从我国减税政策视角研究中等收入群体规模扩大问题，建立了新的"减税—收入分配（差距缩小）—收入流动（阶层变化）—中等收入群体规模变化"的理论分析框架，并对研究目标与方法、主要内容与框架以及主要创新点等进行分析与阐述，为全书奠定理论框架和方法基础。

二是聚焦于"减税"与"中等收入群体"两个关键词，采取分类评述加总评的方式梳理国内外相关研究，为后续定量研究提供文献研究依据。

三是遵循减税对收入分配的调节效应可影响收入流动水平与方向，引发不同收入阶层的位次变化，从而扩大中等收入群体规模这一基本思路，逐步递进分析减税影响收入分配和收入流动的机理、收入流动影响中等收入群体规模的机理，以揭示减税调节中等收入群体规模的机理,为后文实证研究奠定坚实的理论基础。

第二部分是减税调节中等收入群体规模的特征事实以及实证分析,也是本书的研究重点。其主要包括两个方面:

一是研究重点为对减税政策和中等收入群体两个基本概念加以界定并测度,具体结合对2003年以来我国减税政策的梳理,基于宏观与微观双视角,从不同口径、不同区域、不同税种等多个维度比较分析中国的宏观与微观实际税负水平和变化趋势。同时,从全国、区域、城乡3个不同层次对中等收入群体的规模进行测度、特征分析以及流动性分析。

二是在特征事实的数据基础上,系统度量并分析宏观税负与微观税负调节中等收入群体规模的总体税收效应。同时,聚焦于增值税与个人所得税的典型减税政策工具,探究减税政策调节中等收入群体规模的税收结构效应,并进一步测度其对中等收入群体消费、储蓄、投资和收入分配带来的收入效应和替代效应的叠加影响力。本书通过从宏观到微观、从整体到结构、从一般到典型的实证设计,环环相扣地深入研究,为进一步扩大中等收入群体规模的阶段性减税政策目标、主体与工具选择提供实践支撑。

第三部分为扩大中等收入群体规模的减税政策选择。在前文研究的基础上,本书借鉴国内外减税政策促进中等收入群体规模扩大的政策规律,特别是通过考察《浙江高质量发展建设共同富裕示范区实施方案(2021—2025年)》,探讨发达地区的先进经验,进而提出进一步微调、优化的减税政策建议。本书从提出减税政策优化建议到构建长效规范减税"扩中""稳中"制度等,再到提出需进一步采取配套措施,以发挥减税政策的最佳成效,层层递进,将调节收入分配的税收政策进一步精细化和多元化。

本书是国家社会科学基金一般项目"扩大我国中等收入群体规模的减税政策研究"(18BJY219)的主要研究成果之一。本书通过引入收入流动性,提出新的分析框架,展开理论分析,同时进行系统全面的实证研究,尤其是结合微观数据库——中国家庭追踪调查(China Family Panel Studies,CFPS),通过流转税与所得税两类税种政策工具,从多维度、多层面对减税政策调节中等收入群体规模的总体与结构税收效应进行深入研究,运用相关模型测度其对中等收入群体规模变化调节的方向、大小,从而提出以"扩中""稳中""育中"为总体思路的精细化、多元化政策建议。减税可通过参与初次分配、再分配与第三次分配的不同环节来调节收入分配,从而助推以中等收入群体为主体的橄榄型社会结构形成。因此,此研究方向可以从不同分配环节考察减税的税收效应,并可继续作进一步深入的研究,以产生更多的研究成果来丰富相关研究领域。

著 者

2023年11月

目录

第一章　导论

中等收入群体规模的扩大可扩大内需、推动橄榄型社会结构形成，进而为实现共同富裕奠定坚实基础。受我国中等收入群体规模较小、外部冲击等多重因素的影响，我国实施的减税降费政策发挥了显著成效，为缓解经济下行压力、促进经济高质量发展和稳定社会结构提供了重要支撑。本章从我国减税政策视角研究中等收入群体规模扩大问题，建立了新的理论分析框架——"减税—收入分配（差距缩小）—收入流动（阶层变化）—中等收入群体规模变化"，并对研究目标与方法、主要内容与框架以及主要创新点等进行分析与阐述，为全书奠定理论框架和方法基础。

第一节　问题的提出

鉴于扩大中等收入群体规模的意义与减税降费的目的具有较强一致性，均为促进高质量发展与实现共同富裕提供支撑，本节首先提出"我国近年来的减税政策扩大了中等收入群体规模吗？"这一关键问题，并探讨了研究背景和意义；其次，根据税收参与分配的3个环节，分别从税收调节收入分配扩大中等收入群体规模、减税是扩大中等收入群体规模的重要途径两个视角进行理论分析，为优化扩大我国中等收入群体规模的减税政策提供初步的理论解释。

一、研究背景和意义

（一）研究背景

改革开放40多年来，随着经济的高速增长，2010年我国进入了中等收入国家行列，越来越多的人步入了中等收入群体行列。中等收入群体比重显著提升既是我国全面建成社会主义现代化强国的总体目标之一，也对我国跨越"中等收入陷阱"并进入高收入阶段和形成橄榄型社会结构至关重要。我国正处于经济转型的关键时期。近年来，我国面临复杂严峻的国内外形势和诸多风险与挑战。如2020年，在新冠疫情①的巨大冲击下，我国经济迎来自改革开放以来首次萎缩状况，2020年第一季度经济收缩6.8%。为尽快推动经济复苏，我国政府出台了20多项减税降费政策，推动经济平稳运行。到2020年年底，我国经济扭转紧缩局势，国内生产总值增长率恢复到2.3%，2021年增长8.1%，实现了"十四五"良好开局。2022年，我国经济发展再次遇到国内外多重超预期因素冲击，但仍然实现国内生产总值增长3%。到2023年，我国经济再次顶住多重压力实现合理增长，国内生产总值较上年增长5.2%。我国的减税降费政策彰显成效，为经济更高质量的发展提供了保障。

中等收入群体在价值观念上存在极强的相似性，其高消费倾向和强消费能力是扩大内需进而拉动经济增长的重要力量，能有效缓解经济转型和面临下行压力的过程中由利益冲突、价值观念变化带来的一些潜在风险和不利因素。扩大中等收入群体规模的意义主要是增加消费需求和稳定社会结构，为经济持续增长注入新的动能，从而推动经济实现高质量发展。这与减税降费的目的具有一致性。中等收入群体的规模变化在一定程度上可以反映减税降费的改革成效，二者关系密切。

我国近年来减税降费政策成效显著：2020年，新增减税降费超过2.5万亿元；2021年，新增减税降费约1.1万亿元；2022年，首次推行新组合式税费支持政策，新增减税降费及退税缓税缓费超4.2万亿元，为助力稳住宏观经济大盘发挥了关键作用；2023年，延续和优化6项阶段性税费优惠政策，预计每年能为企业和经营主体减负达4 800多亿元。基于国内外多重超预期因素冲击的持续影响，减税政策需要优化减税、退税、缓税等多元化税收政策工具，以推动经济高质量发展。如个人所得税的改革引入了7项专项附加扣除，降低了纳税人的负担，使其可支配收入增加，不仅有利于纳税人消费倾向的提高，也有利于中等收入群体规模的扩大。许多专家指出，减税政策虽对不同收入水平纳税人的影响不同，但总体来说，中等收入群体减税效应最为明显，减税成效越大，越有利于中等收入群体规模的扩大，中等收入群体规模与减税降费的成效相互联系和影响。

（二）研究意义

我国目前已进入中等收入国家行列，扩大中等收入群体规模，让更多的劳动者及其赡养人口进入中等收入群体，共享国家经济发展成果，是实现共同富裕的基本路径，是扩大内需的重要源泉，也是实现橄榄型社会结构和跨越"中等收入陷阱"的重要支撑点。党的二十大报告多次强调为促进共同富裕要完善分配制度，重点在"坚持多劳多得，鼓励勤劳致富，促进机会公平，增加低收入者收入，扩大中等收入群体"，并提出到2035年"人民生活更加幸福美好，居民人均可支配收入再上新

---

① 2022年12月26日，国家卫生健康委员会发布公告，将新型冠状病毒肺炎更名为新型冠状病毒感染。经国务院批准，自2023年1月8日起，解除对新型冠状病毒感染采取的《中华人民共和国传染病防治法》规定的甲类传染病预防、控制措施；新型冠状病毒感染不再纳入《中华人民共和国国境卫生检疫法》规定的检疫传染病管理。2023年5月5日，世界卫生组织宣布，新冠疫情不再构成"国际关注的突发公共卫生事件"。

台阶，中等收入群体比重明显提高"。2022年11月，国家主席习近平在亚太经合组织工商领导人峰会上提出，中国"将坚持以人民为中心，继续提高人民生活水平，使中等收入群体在未来15年超过8亿"。中等收入群体应是社会主流人群和未来经济社会发展的重要动力，减税政策在理论上可以更好促进中等收入群体加大消费和投资，进而推动技术创新，助推国家创新驱动战略实施。不过，目前我国中等收入的人口超过4亿，占我国人口总数的比重约为30%，远低于发达国家的水平（如美国在70%以上），且逐渐呈现M型趋势，中等收入群体比重增长缓慢且不稳定。作为我国消费和投资中坚力量的中等收入群体规模需要持续稳定扩大，让更多的低收入群体收入增长，上升到中等收入群体，更大幅度地促进消费和投资的快速增长。因此，研究扩大我国中等收入群体规模的减税政策，提出更优、更细的政策方案具有十分重要的现实意义。

二、问题的理论解释

税收在国家治理中起支撑、保障作用，通过初次分配、再分配、第三次分配共同调节收入分配，在三次分配过程中均产生重要作用，其中再分配过程产生的作用最为广泛。那么，我国近年来的减税政策扩大了中等收入群体规模吗？

（一）税收通过调节收入分配扩大中等收入群体规模

1.税收通过参与三次分配环节调节收入水平

从初次分配的角度看，流转税作为国家强制参与社会产品分配的主要形式，通过优化税制结构激励市场主体做大"蛋糕"，在初次分配过程中发挥重要的调节作用。

一是增值税具有中性的特征，有利于促进生产、消费和分配等各环节降低税收负担（简称税负）。我国在2016年全面推开营业税改征增值税（下文简称"营改增"）试点以来，增值税的最高税率从17%降至13%，显著改善了城镇居民之间的收入分配状况（田志伟、王钰，2022）。

二是随着国民经济的不断发展和居民收入不断提高，消费水平也在不断提升，消费税在调节收入分配中扮演了越来越重要的角色。近几年，我国对消费税的征收范围、税率等进行了数次调整。消费税影响居民消费结构，总体上对城镇居民收入分配呈现累进效应，且其正向收入调节作用日益增强（万莹、徐崇波，2020），在一定程度上促进了收入公平分配。

从再分配的角度看，所得税与财产税是再分配的主要方式，发挥着分好"蛋糕"的重要作用，在调节收入分配、减少贫富差距、实现社会公平正义方面担负着重要责任。个人所得税直接作用于居民收入，通过超额累进税率设计调节收入差距。2018年8月31日第七次修正的《中华人民共和国个人所得税法》（以下简称《个人所得税法》）提高了基本费用扣除标准，增加与民生密切相关的专项附加扣除，更有利于公平，从而大幅提升纳税人获得感，我国大部分中低收入阶层的税负有所降低，税收调节收入分配的职能得以加强。财产税也是调节收入、缩小贫富差距的重要手段。

从第三次分配的角度看，与初次分配和再分配不同，第三次分配遵循自愿原则，以募集、捐赠、资助、义工等慈善、公益方式对所属资源和财富进行分配。引导、支持有意愿、有能力的企业、社会组织和个人积极参与公益慈善事业，有利于改善收入分配。例如企业所得税和个人所得税都有涉及慈善捐赠税前扣除方面的规定，利用税收优惠政策促进第三次分配充分发挥作用，实现对初次分配和再分配的有益补充，有利于改善收入分配格局，化解社会矛盾。

税收通过参与三次分配环节调节收入差距，可以促进以中等收入群体为主体的橄榄型社会结构形成。

2.税收通过促进收入流动扩大中等收入群体规模

收入分配一直是受社会各界关注的问题。改革开放以来，收入分配失衡的问题逐渐恶化，收入流动性迅速成为收入分配主题的研究热点。这是因为较强的收入流动性能够促进收入分配差距的缩小。

一是收入流动性是一个衡量机会均等的指标。若收入流动性强，则不同收入阶层的相对收入是易变的，即低收入阶层与高收入阶层群体的位置可以交替变化，穷人有机会跨越成为富人，富人也存在沦为穷人的可能性。

二是税收可以增强不同收入水平群体之间的流动性。在收入分配差距扩大的情况下，累进税率设计能促进各收入群体的收入位置不断相互流动，从而减少不同收入阶层之间的收入差距，缓解由此引发的社会冲突与矛盾，维护国家的长治久安。

三是收入流动是扩大中等收入群体规模的重要条件。在向上流动性与向下流动性都比较强的情况下，低收入群体与高收入群体之间的相互流动性较强。这一过程使拥有一定财产与能力的中等收入群体规模可能增加扩大的机会，从而推动中等收入群体的崛起。

3.税收发挥经济效应提升中等收入群体比重

税收的经济效应是指国家征税会影响纳税人的经济决策，即税收的调节作用。税收的经济效应主要表现为收入效应和替代效应两个方面，通过这两个效应改变社会成员的收入分配情况，缩小收入分配差距。

第一，收入效应可以直接作用于收入分配。一方面，政府征税减少了纳税人的可支配收入，使纳税人的消费能力和商品购买量降低，激发纳税人增强工作努力的程度，以保持税前收入水平；另一方面，国家征税增加了财政收入，财政支出也随之扩大，从而改善居民收入分配状况。如个人所得税具有较强的收入效应，个人所得税的累进税制实现了对高收入者多征税、对低收入者少征税或不征税的量能课税原则，在一定程度上缓解了收入分配不公平的问题。

第二，替代效应主要表现为国家征税会改变商品的相对价格，调节纳税人的消费选择，进而调节收入分配。如消费税具备替代效应，一般采用多种税率差别课税的形式，对奢侈品多征税，对日常生活用品少征税，削弱高收入者的支付能力，起到调节收入分配的作用。

税收通过发挥经济效应调节中等收入群体的收入、消费、投资和储蓄等经济行为，为扩大中等收入群体（下文简称"扩中"）提供政策支持。

（二）减税是扩大中等收入群体规模的重要途径

1.减税是扩大中等收入群体长效机制的关键环节

从微观角度看，减税降费可以激发微观经济主体的活力。对消费者减税可以增加纳税人的可支配收入，相当于减税可以降低价格，使纳税人在既定收入水平下购买更多或更贵的商品，增强其消费能力。对生产者减税可以降低生产成本，促进生产者提供更多的产品，进一步扩大生产规模。由此可知，减税可以扩大需求、增加供给，激发市场主体活力和增强盈利能力，使居民收入进一步提高，切实扩大中等收入群体规模。从宏观角度看，减税能刺激投资和拉动经济增长，从而扩大中等收入群体规模。"有增有减，重在减税"的结构性减税和2018年以来的大规模减税降费政策通过微观主体减负和增加市场活力来扩大内需、减少收入差距、调整产业结构、促进经济转型，提升国家经济发展水平和整体国民收入水平，从而有助于中等收入群体规模的扩大。

2.减税可以降低中等收入群体的税收负担

中等收入群体的规模及收入水平会因税收负担减轻而提升。本书从所得税、流转税和财产税等税类结构视角分析减税降低中等收入群体税收负担的效应。

第一，从所得税视角分析，对工薪阶层来说，经济增长带来的昂贵医疗、教育、住房支出成为他们沉重的负担。企业所得税减税可间接增加企业中等收入群体可支配收入，使其更有能力承担高额支出，同时收入水平的提升有利于中等收入群体规模的扩大。2018年的个人所得税改革，费用扣除标准（免征额）提高使工薪阶层每月可支配收入增加；税率结构的调整让更大范围的中等收入群体落在3%、10%、20%这3档低税率的级距内，使其税负降低；综合征税、按月预缴、年终汇算清缴税款的方式，使一年内月收入不均匀的中等收入群体受益较大；新增子女教育、继续教育、大病医疗、住房贷款利息、住房租金、赡养老人和3岁以下婴幼儿照护7项专项附加扣除，也大幅度降低了中等收入群体的负担。

第二，从流转税视角分析，增值税降低食用油、粮食等生活必需品的税率至9%。基本生活用品税率的降低对高收入者来说影响不大，但会使得中低收入者在生活消费方面的税收负担降低，促进中等收入群体的扩大。在消费税方面，对消费税的征收范围、税率等进行调整能有效降低商品价格，进而降低中等收入群体消费支出，增加其可支配收入。另外，对贵重首饰以及游艇等高档奢侈品征税，提高高收入群体的税负水平，结合社会保障、转移支付等政策将来源于高收入群体的税收收入用于补贴低收入群体，也利于扩大中等收入群体规模。

第三，从财产税视角分析，财产税对财富存量进行直接调控，拥有财富越多的个人缴纳的税款越多，充分贯彻量能课税原则。因此，财产税调节的重点是富人，有利于缩小贫富差距，有效控制过高收入，扩大中等收入群体规模。而财产税减税增加高收入群体收入，具有更强的慈善捐赠倾向，进而在第三次分配中充分发挥作用，有效调节收入差距也有利于中等收入群体规模的扩大。

综上，从理论分析可知，减税政策可以扩大中等收入群体规模。那么，目前中国中等收入群体规模有多大？如何科学测算？中等收入群体的特征和趋势变化如何？2008年中国实施减税政策以来，是否促进了中等收入群体规模的扩大？如何检验减税政策扩大中等收入群体规模的效果？宏观税负、税负结构和不同税种的减税力度是否存在区域差异？流转税和所得税减税政策对中等收入群体规模的影响是否存在差异？减税政策对中等收入群体的收入、消费、投资和储蓄等行为产生了哪些影响？党的二十大报告提出2035年我国发展的总体目标包括"居民人均可支配收入再上新台阶，中等收入群体比重明显提高"，那么，如何优化扩大中等收入群体规模的减税政策以实现该目标？这些是本书想要回答的主要问题。

第二节 研究目标与方法

减税兼具调节收入分配和稳定宏观经济的双重作用。本节从我国中等收入群体规模和变动趋势、减税影响中等收入群体规模的效应以及扩大我国中等收入群体规模的系统减税政策建议等多层面确定研究目标，并确定相应的研究方法。

一、研究目标

基于中等收入群体对于扩大内需、跨越"中等收入陷阱"和我国全面建成社会主义现代化强国的重要性，以及减税政策较强的包容性，兼具调节收入公平和促进经济稳定增长的双重作用，是更有优越性的预微调手段，本书系统深入研究扩大中等收入群体规模的减税政策具有很强的现实需求，可以为政府部门运用税收政策进行有效宏观调控提供决策参考。因此，本书综合分析测度我国中等收入群体规模、区域结构和群体特征，研究减税政策对中等收入群体的收入、消费、投资、储蓄等行为带来的税收效应影响规律，量化分析和论证减税政策力度差异、区域差异、分位差异等因素对扩大中等收入群体规模的调节效应，拟使调节收入分配的税收政策更加精细化、多元化和长效化。具体目标如下：

（一）科学研究测算我国中等收入群体规模和变动趋势

本书对核心文献进行深入比较分析，并结合我国实际情况界定中等收入群体概念，最终确定本书选用的中等收入群体界定标准。

首先，本书运用CFPS的家庭库数据，通过部分排序法（龙莹，2015）对国内外学者提出的关于界定中等收入群体的主流方法从绝对标准和相对标准两方面分别进行实证检验。

其次，本书结合核密度估计法对我国中等收入群体规模进行测度，以期得到最贴合我国实际情况的中等收入群体规模。

最后，本书从收入、消费以及人口层面了解我国中等收入群体的特征，同时运用转换矩阵法从流动性视角对我国中等收入群体规模的变动趋势进一步分析。

本书科学测算我国中等收入群体规模及其变动规律，分析我国中等收入群体规模的合理区间，为实证研究和现实决策提供坚实可靠的研究基础。

（二）量化分析减税政策影响中等收入群体规模的效应

本书基于宏观与微观双视角，分别对大、中、小不同口径的宏观税负进行测度。另外，结合CFPS微观数据库、投入产出表等，本书重点测度流转税中增值税与消费税以及所得税中个人所得税的微观税负，进而衡量微观视角下流转税与所得税的实际税负水平。本书通过测算我国宏观税负、流转税税负、所得税税负的变化趋势，与利用微观数据库以核密度估计法求得的25个省（自治区、直辖市）的中等收入群体规模匹配，运用固定效应模型等探究减税对中等收入群体规模扩大的效应。最后，本书以2018年增值税和个人所得税减税调整为重点，利用分位数回归模型分析两者减税对不同水平中等收入群体收入、消费、储蓄和投资的调节效应。考虑到减税政策的长期效应，本书进一步延伸研究了2018年和2020年的减税调节效应。

（三）提出扩大我国中等收入群体规模的系统减税政策建议

根据实证研究结果和经验借鉴，提出切实可行的扩大中等收入群体规模的系统减税政策工具，规范和优化减税政策，为扩大内需和跨越"中等收入陷阱"提供决策参考。

二、研究方法

本书涉及中等收入群体规模、收入分配、收入流动、减税政策等多项内容，采取实证分析法、规范分析法和典型案例分析法相结合的系统方法进行研究。本书以中等收入群体规模为被解释变量，重点以流转税、所得税等税收政策工具为解释变量，主要从以下几个方面进行实证研究，以期从减税政策的不同视角来量化分析中等收入群体规模变化的效应。

（一）实证分析法

1.针对减税政策的力度差异

本书使用固定效应模型，利用小口径宏观税负与流转税、所得税对应的实际微观税负，探讨不同测算视角、不同税种的减税政策调节中等收入群体规模效应的大小，反映减税政策力度的差异。

2.针对减税政策的地区差异

本书通过划分东、中、西、东北四大经济地区，基于基准回归进一步进行异质性分析，以减税影响不同地区中等收入群体规模的效果差异来反映减税政策的地区差异。

3.针对减税政策的分位差异

本书使用面板分位数模型，以探讨减税政策对中等收入群体消费、储蓄和投资在低分位数、中分位数和高分位数的不同情况下的差异化影响，反映减税政策的分位差异。

（二）规范分析法和典型案例分析法

本书规范分析内容主要是理论研究方面，从减税影响收入分配和收入流动的机理、收入流动影响中等收入群体的机理和中等收入群体规模扩大稳定社会的机理等方面进行系统理论分析，为后续的实证研究打下坚实的基础。本书典型案例分析主要选取中等收入群体的收入、消费、投资、储蓄等行为作为研究对象，实证研究减税政策带来的税收效果；同时，选择浙江省中等收入群体规模倍增计划作为我国地方政府实践的省域典型进行经验分析。

第三节　研究框架与主要内容

本节主要提出减税政策与中等收入群体两个重要概念界定和测算的思路及具体章节安排，引入收入流动性拓展一个新的良性循环的分析框架，具体为"减税—收入分配（差距缩小）—收入流动（阶层变化）—中等收入群体规模变化"，依据研究框架设计总体研究思路并确定主要研究内容，为全书主体分析提供整体框架和技术路线支持。

一、本书的两个重要概念

（一）减税政策界定及测算思路

减税一般指减税政策。简化税制是我国改革开放以来税制改革的重要原则。党的十六届三中全会明确了"简税制、宽税基、低税率、严征管"的税改原则，但"结构性减税"一词是在2008年的中央经济工作会议上首次被提出，2008年我国开始实施结构性减税政策，2018年进入大规模减税元年，2019—2021年持续进行大规模减税，2022年政府工作报告提出"减退并举"新组合式减税政策。我国颁布的减税政策繁多、涉及面广，本书第四章第一节对我国减税政策进行了具体界定、分段梳理和基本评述。

本书第四章第二节从3个层面对我国减税进行测度：

首先，以全国为对象从宏观层面对我国总体实际税负进行测度，具体按照大、中、小口径分别对宏观税负进行细分，在此基础上分析各类税种的减税变化趋势，如流转税、所得税与财产税。

其次，以省（自治区、直辖市）级数据为基础从中观层面对我国区域实际税负进行测度，通过收集整理各省（自治区、直辖市）总税负及按税种分类税负，比较分析各省（自治区、直辖市）之间的税负差异及其成因，进一步以东、中、西部地区为划分标准，测算不同地区之间的实际税负，并分析其异质性。

最后，基于CFPS数据库中的成人库和家庭库数据，聚焦于流转税与所得税两类税种的测度，从微观层面反映并测算个人所得税与增值税实际税负，并分别对不同收入组群体个人所得税与增值税税负进行测度，重点以中等收入群体为主体，比较其与其他收入群体税负上的差异，分析其税负水平与特征。

（二）中等收入群体界定及测算思路

在"中等收入群体"的众多国内外文献研究中，概念的界定主要有两种思路，即分别运用绝对标准和相对标准。当然，有的学者以个人社会经济地位与相应的职业作为界定中等收入群体的评判标准，具体界定方法有很多。因此，对中等收入群体的确切定义仍然有较大争议，各国之间也没有统一的划分标准。目前从国内外对中等收入群体的研究来看，考察中等收入群体最重要的指标为收入，主流的界定标准参见表1-1和表1-2。

表1-1　　　　　　　　　　　中等收入群体的相对界定标准

学者或组织	中等收入群体的界定方法
Blackburn 和 Bloom（1985）	收入中位数的60%~225%
Thurow（1984）、Birdsall 等（2000）、Foster 和 Wolfson（2010）	收入中位数的75%~125%
Castellani 和 Parent（2011）	先排除了最穷和最富各20%的人口，再选择收入中位数的50%~300%
Pressman（2015）、Kochhar 等（2015）	收入中位数的67%~200%
徐建华等（2003）	区间［中值−全距/6，中值+全距/6］
李培林和张翼（2008）	平均收入线的50%~250%
陈云（2009）	［中值−全距/6，中值+全距/6］ ［均值，均值+标准差］ ［均值，3倍均值］
龙莹（2012）	收入中位数的75%~150%
李培林和朱迪（2015）	城镇居民收入的第25百分位至第95百分位
龙莹（2012）、朱长存（2012）、曹景林和邵凌楠（2015）、孔庆洋（2018）、常远（2018）	收入中位数的75%~125%
Davis 和 Huston（1992）、龙莹（2012）、姚丽芳（2018）、经济合作与发展组织（2011）	收入中位数的50%~150%
杨修娜等（2018）	收入中位数的67%~200%
李培林和崔岩（2020）、王宏（2020）	收入中位数的75%~200%
王一鸣（2020）	全球人均GNI中位数的67%~200%

表1-2　　　　　　　　　　　　中等收入群体的绝对界定标准

学者或组织	中等收入群体的界定方法
刘福坦（2002）	人均年可支配收入为2.59万~5.18万元
狄煌（2003）	人均年收入为1万~4万元
王开玉（2006）	家庭财产为15万~30万元
纪宏和陈云（2009）	人均年收入为6 761~13 612元
常兴华和李伟（2012）	人均年可支配收入为1.5万~3.75万元
国家发改委社会发展研究所课题组（2012）	城乡居民年可支配收入为2.2万~6.5万元
Chen和Qin（2014）	每天人均消费支出4~10美元（由2005年购买力平价换算所得）
吴青荣（2015）	个人年收入为5.7万~17.2万元
李强和徐玲（2017）	人均年收入为3.5万~12万元；家庭年收入为6.9万~23.6万元
刘渝琳和许新哲（2017）	家庭年可支配收入为0.4万~3.1万元
世界银行（Word Bank）	日人均收入或支出10~100美元，即年收入为2.5万~25万元人民币
瑞信研究院（2018）	家庭财富为1万~10万美元
国家统计局（2018）、李逸飞（2022）	家庭年收入为10万~50万元（按三口之家计算，家庭人均年收入为3.3万~16.7万元）

　　本书将分别根据以上主要的界定标准对中等收入群体规模进行测度，考量不同界定标准与我国实际情况贴合的程度，进行深入对比分析后选择适合我国的测算方法，利用CFPS数据库对2010—2020年的偶数年份微观个体进行深入分析。本书将会参考龙莹（2012）部分排序法，并结合核密度估计法，最终确定本书选用的中等收入群体界定标准，为后续度量减税政策调节中等收入群体规模的替代效应和收入效应提供数据支撑。

二、一个新的研究框架

　　就减税调节收入分配进而影响中等收入群体规模的问题而言，我们仅仅研究减税能否缩小收入差距还不够，需要进一步研究在减税影响收入差距的前提下，一个社会不同收入阶层居民的流动性对扩大中等收入群体规模的效应如何，这具有更为重要的理论和现实意义。在现有研究中，大多数文献和理论认为减税是调节收入分配的重要手段，进而可通过缩小收入差距达到扩大中等收入群体规模的目的，鲜有从收入流动性的角度去研究减税对扩大中等收入群体规模的影响，仅从缩小收入差距的角度去验证减税政策能否扩大中等收入群体规模是不全面的。

本书指出，当引入收入流动性分析时，"减税—收入分配—中等收入群体规模变化"的简要分析框架可进一步拓展为"减税—收入分配（差距缩小）—收入流动（阶层变化）—中等收入群体规模变化"良性循环的分析框架。该分析框架的实质在于减税政策具有调节收入分配的作用，其不仅作用于缩小收入分配差距以达到"扩中"目的，还通过促进收入流动，帮助低收入阶层向上流动进入中等收入阶层，进而扩大中等收入群体规模。从收入流动性角度研究低收入群体进入中等收入群体，这不仅有利于促进我国乡村振兴，更能够扩大我国中等收入阶层，促进社会发展。

收入流动性具有十分重要的现实意义。收入流动的方向有向上流动与向下流动之分，其中向上流动是指从较低阶层流向较高阶层，如低收入群体向中等收入群体流动；向下流动则与之相反。因此，我们可通过比较向上流动与向下流动的速度大小，判断中等收入群体规模是否扩大、分配结构是否得到优化。如果一定时期向上流动速度大于同期向下流动速度，则表明在当期中等收入群体规模有所扩大；反之，则相反。较强的收入流动性，特别是低收入群体向中高收入群体的流动性本身意味着中低收入者收入状况的积极改善，低收入群体进入中高收入群体的机会增加。因此，加强收入流动性是扩大我国中等收入群体规模、促成橄榄型社会结构形成的重要途径。研究低收入群体向中等收入群体流动的方向及特征，这不仅是对中等收入群体研究宽度的拓展，也是对扩大中等收入群体规模研究的深度挖掘。

从"减税—收入分配（差距缩小）—收入流动（阶层变化）—中等收入群体规模变化"的内在机制分析看，经济增长、就业等宏观因素以及家庭个体特征等微观因素皆会影响收入流动性的大小。但是政府干预也是非常重要的因素，减税是政府实施积极财政政策的有效措施，通过减税也会对收入流动性产生影响。一方面，当减税政策通过创造机会均等的市场竞争环境来推动收入流动性时，政府干预具有推动收入向上流动的作用；另一方面，如果政府干预影响或者阻碍了机会均等甚至通过某些不合理制度设计人为制造出不平等的竞争机会，就有可能导致收入不流动，形成一个僵化的社会机体和机制。本书从新框架出发，发现在收入差距扩大的同时，只要能确保收入流动较快，以及允许社会各个收入阶层之间保持畅通的收入流动渠道，不仅可大大缓解收入差距带来的各种压力，也增加低收入群体迈进中高收入群体的机会。收入流动是扩大中等收入群体规模的必需的、有效的工具。

三、总体研究思路

本书遵循理论分析与实证分析内在逻辑一致性的研究思路。总体思路为：减税政策调节中等收入群体规模的作用机理→实证分析测度不同减税力度、区域和分位差异对扩大中等收入群体规模的调节方向、效应大小→减税政策扩大中等收入群体规模的经验研究→扩大中等收入群体规模的有效减税政策目标、主体与工具选择。总体思路如图1-1所示。

四、研究内容、重点及难点

（一）研究内容

全书共分7章。

第一章提出问题，第二和三章是本书分析的文献和理论基础，第四和五章的统计分析和实证检验是本书研究的重点，第六和七章是本书的经验借鉴和研究结论。

第一章，导论。本章主要介绍本书的研究背景与意义、研究目标与方法、研究框架与主要内容以及主要创新点与学术观点等。

第二章，文献综述。本章主要从减税政策、中等收入群体以及减税与中等收入群体经济关系3个视角总结梳理了减税政策调节收入差距的理论、实证、效果，中等收入群体的测算、影响因素，减税与中等收入群体经济关系的核心文献，并逐一作出简要评述。

第三章，减税政策调节中等收入群体规模的机理。本章基于福利经济学和凯恩斯有效需求理论，从总体上根据减税政策的基本要素，从税种、税率和税负3个角度分析减税影响收入分配和收入流动的直接效应和间接效应，重点阐述和剖析流转税、所得税、财产税等产生的重要影响。同时，本章基于收入流动方向对中等收入群体规模扩大的重要性，探讨收入流动扩大中等收入群体规模的机理以及中等收入群体规模扩大对社会稳定的意义，为具体建模和实证研究构建理论基础。

第四章，减税政策和中等收入群体的界定与测度。本章从我国宏观税负、区域税负和微观层面中等收入群体税负3个层面对我国减税政策效果进行测度；同时，测算中等收入群体规模及其变化趋势。本章通过梳理国内外文献对中等收入群体的主要界定方法，分别采用绝对标准与相对标准中的主流界定方法测度中等收入群体规模，最终通过比较分析从收入分配和经济发展相结合的角度选取科学、合理的界定方法测度我国中等收入群体规模，从收入、消费和人口等多维角度刻画中等收入群体的主要特征，同时进一步分析不同区域和城乡中等收入群体规模的变化趋势，探究其空间上的分布差异，为实证研究提供计算和统计基础，也为中等收入群体是否发挥了社会稳定器的作用、是否能够推动我国全面实现共同富裕提供数据支撑。

研究步骤	研究内容	研究方法

减税政策扩大中等收入群体规模的税收效应

提出问题 ← **构建新的理论分析框架：**
减税—收入分配（差距缩小）—收入流动
（阶层变化）—中等收入群体规模变化 ← **文献研究 归纳演绎**

减税政策调节中等收入群体规模的机理

理论基础 ← 调整税种 → 收入分配和收入流动
优化税率
降低税负 → 中等收入群体规模扩大 ← **比较研究法、 理论分析法**

减税政策和中等收入群体的界定与测度

减税效果　　　　　　中等收入群体规模

宏观税负　　　　　　全国规模
中观税负　　　　　　区域规模
微观税负　　　　　　城乡规模

统计分析与 理论模型 ← **减税政策调节中等收入群体规模的税收效应度量** ← **投入产出法、 部分排序法、 核密度估计 法、固定效 应模型、面 板分位数 模型**

减税政策的　　减税政策的　　减税政策的
力度差异　　　地区差异　　　分位差异

减税政策促进中等收入群体规模扩大的经验研究

经验借鉴 ← 国外经验借鉴　　　国内减税政策实践
美国、日本、英　浙江省中等收入
国经验借鉴　　群体规模倍增计划 ← **案例分析法**

扩大中等收入群体规模的减税政策选择

结论与政策 ← 减税政策优化建议　　规范长效减税制度
"扩中""稳中""育中" ← **规范分析法**

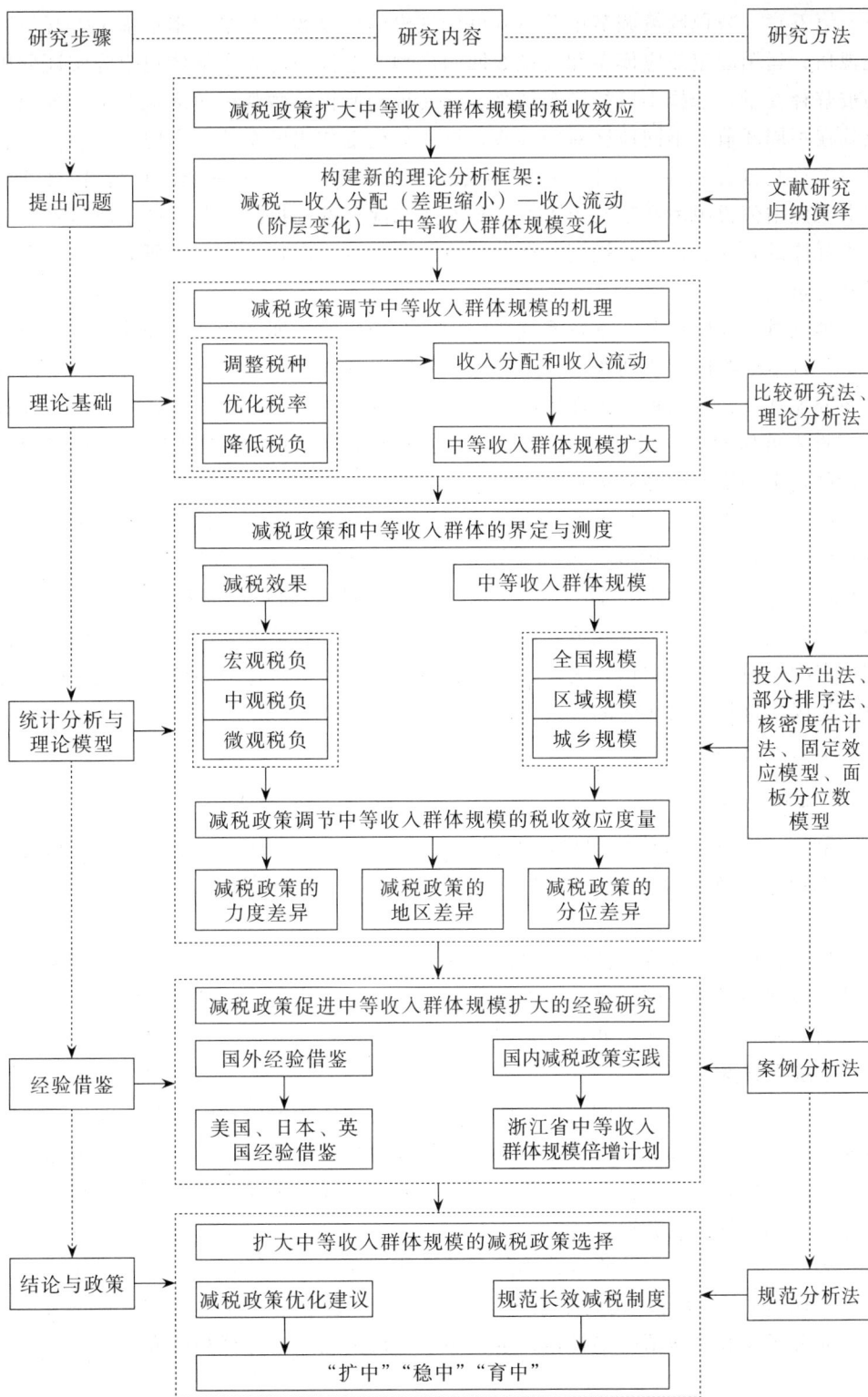

图 1-1　研究思路图

第五章，减税政策调节中等收入群体规模的税收效应度量。本章基于宏观与微观视角，运用固定效应模型和分位数回归模型，选择中等收入群体规模为实证分析的被解释变量，选择小口径宏观税负、流转税与所得税微观税负为自变量，分别研究其在不同环节、不同地区对中等收入群体规模变化幅度调节的方向、大小，并通过一系列稳健性检验、内生性检验和安慰剂检验进一步验证基准回归结果。同时，本书聚焦增值税税率调整与个人所得税费用扣除标准的提高，测度减税政策对中等收入群体的收入、消费、投资和储蓄形成的收入效应影响力。实证研究部分为本书研究的重点。

第六章，经验借鉴。本章系统比较国际及国内发达地区的变迁经验，重点分析美国、日本和英国等成功跨越"中等收入陷阱"的典型国家在不同经济发展阶段和不同分配环节，其减税政策促进中等收入群体规模扩大的政策规律，同时以浙江省中等收入群体规模倍增计划的实施经验为研究对象，为寻求对策获得实践经验支撑，这是本书研究的经验依据。

第七章，扩大中等收入群体规模的减税政策选择。结合减税在收入、消费、投资和储蓄等环节扩大中等收入群体规模的效应大小、经验，我国应当遵循"扩中""稳中""育中"的总体思路，重点设置不同经济发展阶段的减税政策目标，分区域、分阶段、分群体精准施策，弱化中等收入群体"底端大"的形态，构建我国长期稳定的橄榄型社会结构，为扩大中等收入群体规模提出进一步微调、优化的减税政策建议，这是本书研究的最终目的。

（二）重点及难点

1.研究重点

第一，中等收入群体规模的测算和变迁动态。由于测算方法的多样性和复杂性，如何选择科学合理、适合国情的测算方法是一个必须明确界定和重点解决的问题。

第二，扩大中等收入群体规模的最优减税政策工具选择。运用固定效应模型结合分位数回归模型测度减税政策调节中等收入群体的收入、消费、投资和储蓄等经济行为的税收效应，并据此量化最优减税政策。

2.研究难点

第一，现行减税政策调节中等收入群体规模的替代效应和收入效应度量。我国减税政策工具和政策出台时间不一，调节的社会阶层对象和环节众多，在指标选定的科学性、代表性、准确性及评价方式等方面可能存在争议；某些资料或数据可能因为个人隐私等难以获得。

第二，由于我国中等收入群体的多变性和减税政策的复杂性，加上国际减税浪潮的不断冲击和影响，我们必须多层次、多方位地进行国内外交流和国内深入调研，充分考虑我国国情的多样性，进行多情境模拟测度、计算和研究。

第四节　主要创新点与学术观点

本节主要结合学术思想与研究方法，从研究视角与研究方法两个方面归纳总结本书的主要创新点，并进一步结合减税与中等收入群体之间的联系提出主要学术观点。

一、主要创新点

（一）研究视角独特

本书从减税政策如何扩大中等收入群体规模的角度研究，同时考虑减税、收入流动与中等收入群体规模三者之间的经济关系，使整体税收政策研究细化到有中国特色的结构性和大规模实质性减税政策，聚焦于扩大中等收入群体规模的效应方向和大小，系统探索税收政策工具调节中等收入群体收入、消费、投资和储蓄等环节的最优结构，研究主题针对性强，突出了减税政策的"微调"作用和中等收入群体规模扩大对于共同富裕的重要意义。

（二）研究方法新颖

本书基于宏观与微观视角，将减税、流动性和中等收入群体纳入一个系统研究框架，运用固定效应模型和分位数回归模型，选择中等收入群体规模为实证分析的被解释变量，选择小口径宏观税负、流转税与所得税微观税负为自变量，分别研究其在不同环节、不同地区对中等收入群体规模变化幅度调节的方向、大小，并聚焦于增值税税率调整与个人所得税费用扣除标准提高的措施测度减税政策因素变化为中等收入群体的收入、消费、投资和储蓄带来的收入效应和替代效应的叠加影响力，研究方法的创新性较强。

二、主要学术观点

（一）关于减税政策与中等收入群体

减税政策具有较强的包容性，是税收政策"精细化"调节各层次收入群体收入分配的主要工具。中等收入群体比重明显提高对我国跨越"中等收入陷阱"和形成橄榄型社会结构至关重要。减税政策在理论上可以更好促进中等收入群体加大消费和投资，中等收入群体规模变化在一定程度上可以反映减税降费的改革成效，二者关系密切。

本书从新框架出发，发现在收入差距扩大的同时，只要能确保收入流动性较强，以及使社会各收入阶层间收入流动渠道保持畅通，就不仅可大大缓解收入差距带来的各种压力，也增加了低收入群体迈进中高阶层的机会，收入流动是扩大中等收入群体规模的必需的、有效的工具。

（二）关于中等收入群体规模测算

我国中等收入群体规模测算采用部分排序法结合核密度估计法，确定家庭人均收入中位数的50%~125%作为本书的中等收入群体的界定方法。

研究结果发现，我国居民的收入分布呈显著右偏，并具有区域和城乡差异。从全国视角来看，东部沿海地区经济发达，中高收入群体占有较大比重，低收入群体在西部地区比重较大；中等收入群体主要以工资性收入为主，并具有一定的增长趋势。

本书运用转换矩阵法对我国中等收入群体规模的流动方向和变动趋势进行进一步分析，可以比较准确地测算出在减税政策的影响下，在2010—2020年，我国中等收入群体有45.04%维持了地位不变。

（三）关于减税效果测算

减税效果的测算选择实际宏观税负和微观税负更能体现多年来连续减税的整体效果、区域效果和居民个体效果。本书结合CFPS微观数据库、投入产出表等，重点测度流转税中增值税、消费税以及所得税中个人所得税的微观税负，进而衡量微观视角下流转税与所得税的实际税负水平，可以比较准确地测算减税效果。

2018—2022年，我国3种口径宏观税负水平呈下降趋势，增长速度明显减缓，但居民个人负担的增值税、消费税与个人所得税税负水平呈逐年递增趋势。我们通过进一步的异质性分析发现，在宏观视角下，我国区域呈东西部税负高、中部税负低的格局，微观视角下城镇居民税负水平也显著高于乡村居民税负水平。

（四）关于减税扩大中等收入群体规模的实证分析

减税对中等收入群体规模具有显著正向税收效应；微观视角下流转税总体与增值税均无显著激励中等收入群体扩大规模的作用，但消费税作为典型的选择性税种可显著提升中等收入群体比重。所得税作为直接税则充分发挥其调节收入分配的作用，其税负的降低可显著促进中等收入群体规模扩大。

研究发现，增值税与个人所得税减税可提高中等收入群体比重，同时减税对中等收入群体不仅具有调节收入分配、缩小收入差距的功能，还可以显著促进其消费、储蓄和投资。

减税政策的总量调节和结构调节可以扩大中等收入群体规模和促进收入流动与经济结构转型，直接和间接地增加低收入群体收入，缓解目前逐渐形成的M型收入分布态势，促进中等收入群体规模扩大。

（五）关于经验借鉴与政策建议

美国、日本和英国等保持减税政策的持续性和聚焦降低中等收入群体的教育、住房及医疗等成本，对中产阶级的稳定以及壮大均起到了长久的支撑作用。我国浙江省将"扩中"纳入共同富裕系统工程协同推进，通过减税推动经济高质量发展，为"育中"做大做强经济基础分配"蛋糕"，实施中等收入群体规模倍增计划等，取得了阶段性显著成果。

我国减税政策应该对中等收入群体的收入、消费、投资和储蓄等环节系统调节，适当降低食品制造业的增值税税率，逐步简并增值税税率；聚焦消费税调节收入分配和引导消费的功能，构建人力资本投资税收支持政策；推动个人所得税费用扣除标准动态化调整，适时扩大综合所得征收范围并降低两端税率。

我国应当遵循"扩中""稳中""育中"的总体思路，进一步优化后提出长效减税制度，分区域、分阶段、分群体精准施策，弱化中等收入群体"底端大"的形态，促进橄榄型社会结构的形成；从就业、人力资本和向上流动三重角度，结合减税政策的叠加效应出台配套政策，构建我国长期稳定的橄榄型社会结构，实现共同富裕。

本章小结

本章围绕"我国近年来的减税政策扩大了中等收入群体规模吗？"这一关键问题及延伸出的相关重要问题，通过税收参与初次分配、再分配以及第三次分配调节收入水平，促进收入流动、发挥经济效应进而扩大中等收入群体规模的理论分析，探究减税是扩大中等收入群体规模的重要途径。基于减税与中等收入群体对经济社会发展的重要意义，本章确定了研究目标并提出实证分析法、规范分析法和典型案例分析法等研究方法。在阐述减税政策与中等收入群体两个重要概念界定及测算思路后，本书引入收入流动性，确立"减税—收入分配（差距缩小）—收入流动（阶层变化）—中等收入群体规模变化"这一良性循环的研究框架，最终遵循理论分析与实证分析内在逻辑一致性的研究思路总结本书研究的主要内容，并进一步提出本书研究的重点、难点、主要创新点和主要学术观点。

第二章 文献综述

本章聚焦"减税"与"中等收入群体"两个关键词，分别梳理国内外相关研究，并进行文献评述。本章采取分类评述加总评的方式，围绕减税政策调节收入分配的定性与定量分析、中等收入群体规模扩大的重要性与实证研究，以及宏微观视角下减税与中等收入群体经济关系等重点视角展开研究，为后续测度减税幅度及其变化趋势，测算我国中等收入群体规模、区域结构和群体特征，分析和论证减税政策力度差异、区域差异、分位差异等因素对扩大中等收入群体规模的调节效应等定量研究提供文献研究依据。

第一节 关于减税的文献综述

减税是许多国家在经济低迷期选择的主要税收政策工具，中等收入群体是税收政策调控的一个重要收入层级主体。本部分主要从减税政策调节收入的重要性、税收政策调节收入差距的实证研究、减税效果定量研究3个视角进行综述。

一、减税政策调节收入的重要性

（一）国外研究多聚焦于减税政策调节增强了公平性

国外文献主要通过实证研究聚焦减税对消费、投资和储蓄等经济行为的影响，分析不同税种减税对居民收入的调节效应，强调减税有利于降低收入不平等的程度。Rosnick 和 Baker（2011）发现美国的减税政策刺激了居民储蓄和消费的增加，因而对收入调节有明显作用。Gaentzsch（2018）对秘鲁进行研究，发现合理的税收将总体收入不平等程度降低了7个百分点，使相对贫困程度减少了2~3个百分点。Belozyorov 和 Sokolovska（2018）考察了累进式个人所得税的特点及对减少亚太国家收入差距的影响，通过跨国比较、主成分分析、回归分析，发现个人所得税累进税率可作为实现社会公平最佳水平的工具。Ciminelli 等（2019）通过实证研究 1978—2012 年 16 个经济合作与发展组织（OECD）国家税收构成对收入差距的影响，发现间接税比直接税减少不平等状况的程度更高，一般的消费税和个人所得税最适合缩小收入差距。

（二）国内研究多侧重减税促进了共同富裕

国内研究主要结合税制结构和社会分配机制，大多从理论上分析减税对收入分配的影响，研究结果倾向于减税可有效调节收入差距，促进共同富裕。汪昊（2016）认为"营改增"减税使平均税率下降，从而改善了收入分配。刘海波等（2019）等认为在结构性减税政策的背景下，政府调节收入再分配的能力有所提升。段炳德（2022）认为推进共同富裕需要实现收入分配公平，群体之间收入分配要做到"抬低""扩中""限高"，实现区域均衡发展，实现农村共同富裕，实现精神和物质共同富裕；提出了应积极拓展完善税收、支出和社会保障三大财政政策，推动实现共同富裕。

二、税收政策调节收入差距的实证研究

（一）国外研究关注所得税累进税率公平性的度量与效果

国外这部分研究成果主要包括所得税累进税率公平性的度量与缩小收入差距政策工具效果的比较分析。Creedy（1996）运用目标效率比较了税收与转移支付制度对贫困、不平等的影响差异。Kakwani（1977）、Kim 和 Lambert（2009）对税收工具与转移支付两者再分配功能进行了比较分析。Taghizadeh-Hesary 等（2020）评估了日本税收政策对该国收入差距的影响，通过构建向量误差修正模型（VECM）发现税收政策在缩小收入差距方面是有效的。Malla 和 Pathranarakul（2022）应用广义矩阵法（GMM）控制 2000—2019 年 35 个发达国家和 33 个发展中国家的潜在内生性，第一个滞后变量捕获的动态效应表明，收入差距的扩大在发达国家和发展中国家都是持久的，且更强的所得税累进性将在发展中国家缩小收入差距。Muduli 等（2022）实证研究了印度税收结构对收入差距的影响，采用 1980—2019 年的时间序列数据，通过单位根和 Johansen 协整检验证实了税收变量和收入不平等之间的长期关系，同时采用完全修正的普通最小二乘法（FMOLS）和动态 OLS（DOLS）技术进行基线分析，并采用经典协整回归（CCR）模型进行稳健性检验，结果表明最高边际税率缩小了收入差距。

（二）国内研究侧重从宏观、微观角度实证分析税种分配效应

国内这方面的研究成果较为丰富，在研究税收调节收入差距的基础上，从宏观与微观多维度实证分析不同税种的收入分配效应。

1.宏观层面

首先，整体上，岳希明等（2014）根据传统税收归宿分析方法得出，税收的收入分配效应对改善中国收入分配状况具有重要意义。赵桂芝和李亚杰（2021）认为

提高税收促进收入分配公平的优势，需要完善、合理的税制结构。

其次，考虑所得税。吕冰洋和毛捷（2014）从理论和实证两个方面提出税制结构应提高直接税的比重，特别是积极推动财产税改革和个人所得税改革。刘扬等（2014）基于2000—2010年的数据发现，税制结构与个人所得税设计完善程度越高，越能发挥税收对收入分配的调节作用。刘海波等（2019）通过构建NK-DSGE模型，研究了消费税、所得税对家庭收入分配差距的影响。

最后，考虑间接税。刘怡和聂海峰（2004）探究了间接税税负与收入分配之间的关系。杨森平和周敏（2011）从间接税调节城乡收入差距的独特视角进行了分析。李香菊和刘浩（2014）利用我国30个省（自治区、直辖市）的面板数据，实证分析出以流转税为主体的税制结构制约了其调节居民收入分配功能的发挥。汪昊等（2022）基于一般均衡税收归宿理论和模型，综合运用GDP价格基准、差别税收归宿和一次性总付税，构建了一套间接税归宿测算方法，最终得出减税有利于缩小城乡收入差距的结论。

2.微观层面

大多数学者利用微观数据库重点分析个人所得税对收入分配的影响。解垩（2018）基于2013年中国健康与养老追踪调查（CHARLS）的数据，分析了个人所得税对收入的再分配效应。杨沫（2019）基于中国家庭收入调查（Chinese Household Income Project Survey，CHIP/CHIPS）2013年城镇数据，通过建立反事实研究框架得出：新一轮个人所得税改革的减税能改善城镇居民的工资、薪金收入的不平等程度。邹一帆（2022）选取1998—2017年城乡居民数据，采用平均税率和MT指数，主要检验平均税率、累进性以及个人所得税的收入分配效应。

三、减税效果定量研究

（一）结构性减税政策效果的研究成果丰富

结构性减税是有中国特色的一种提法，与国外减税的研究有一定区别。税收等宏观政策如何影响中等收入群体规模的研究可以概括为税收政策调节不同收入群体的分配效应研究。

首先，有的研究成果从理论上强调结构性减税政策的内容和实施效果。

李经路等（2021）通过梳理归纳我国近20年的减税降费进程和效果，将减税降费划分为4个阶段：第一阶段是2003—2007年。该阶段减税的规模和力度有限，并未显著降低宏观税负水平。第二阶段是2008—2011年的结构性减税阶段。这一阶段的减税规模虽然增大，但效果依旧不明显。第三阶段是2012—2017年的"营改增"阶段，减税政策初步取得成效。第四阶段为从2018年起的更大规模减税降费阶段，取得显著效果。

马海涛等（2023）全面分析了我国减税降费改革从结构性减税到定向减税和普遍性降费，再到组合式税费的演进模式，归纳出我国减税降费具有税率和税基双管齐降、税费红利惠及各行各业、减税降费政策行之有效的基本特征。

其次，有的研究成果根据结构性减税政策的实证研究结论，提出我国减税政策的改革建议与方向。

庞凤喜和张丽微（2015）、许生和张霞（2016）分别从美国减税浪潮的启示和建立我国科学的税收调控政策机制的角度，对我国2008年以来实施的结构性减税政策进行了全面的评价与反思。

周克清和杨昭（2017）全面分析了以特朗普减税为代表的各国减税政策演进与变迁的路径以及新一轮减税政策的内容与特点，进而提出了我国近期减税政策的方向。

陈小亮（2018）通过评估分析2008—2018年结构性减税政策效果不佳的原因，认为需加快政府功能转型，为减税降费提供更大空间。

张萌（2020）通过回顾和评估减税效果，认为我国未来减税政策的走向应做到结构性减税和普惠性减税相结合。

（二）微观主体减税政策效果的研究

结合实证分析阐述结构性减税对企业和居民经济行为影响的政策效应成果较多。

栾强和罗守贵（2018）通过分析企业经验数据，认为减税政策对于小微企业的效果明显强于大企业。

高凤勤和姜令臻（2019）基于CGSS模拟测算的结果，认为相对于高收入群体，个人所得税改革的减税效应更多倾向于中低收入群体。

孙正等（2020）利用中介效应模型，探究增值税减税对资本回报率的影响，发现政策效果主要集中于减税政策实施后的两个年度内，随着时间推移，政策效果减弱。

王晓品等（2021）通过TVP模型研究减税政策的途径和效果，认为减税政策对于经济增长效果极佳，但是存在一定的滞后性。

汪川和姚秋歌（2021）运用动态随机一般均衡模型分析减税政策，模拟结果显示减税政策能够拉动企业投资和居民消费，带动经济发展。

刘方（2021）在动态一般均衡模型中引入预期效应变量分析减税政策效果的影响，结果发现，政府在减税政策实施前1~3周发出公告会显著提升刺激效果。

詹新宇等（2022）以宏观税负作为评估减税降费政策效果的切入点，建立非线性固定效应模型，结果显示近年来推行的减税降费政策处于倒U形曲线的右侧下行区间，通过降低宏观税负的方式能有效促进居民消费。

第二节　关于中等收入群体的文献综述

本节总结归纳中等收入群体界定和测算的各类有关研究，发现国内外研究焦点各异。国外围绕中等收入群体界定标准展开了大量研究，国内则是关于中等收入群体的界定和规模变动趋势观点丰富，这为界定中等收入群体并测算其规模提供较为全面的理论支撑。

一、扩大中等收入群体规模意义重大

（一）促进社会稳定与共同富裕

国内研究主要分析了中等收入群体规模扩大对调节收入分配、促进消费的意义，最终落脚在稳定社会与实现共同富裕上。

苏海南（2017）提出中国扩大中等收入群体规模对全球"扩中"具有积极影响，中国的改革开放和"一带一路"建设有利于全球"扩中"，促进"人类命运共同体"理念的实施。

李培林（2017）提出中等收入群体规模扩大是全面建成小康社会的量化指标，我国今后长期发展也必须依靠中等收入群体的壮大和大众消费的增长，实现消费驱动；中等收入群体占主体的橄榄型社会才是稳定的社会。

李强（2016，2017）通过对经济发展水平和社会结构的对比发现我国中等阶层发展滞后，相比发达国家，我国中等收入群体规模和比例明显分别偏小、偏低。

陈艺妮和田敏（2017）通过研究我国中等收入群体的规模和变化趋势，提出中等收入群体既是引领消费、创造财富的主力军，也是整个社会的"稳定器"和"缓冲器"。

李实和万海远（2019）指出中等收入者不仅是维护社会稳定的中坚力量，也是释放消费红利的主力军。

王阳和常兴华（2018）提出积极调整收入分配结构，采取有针对性的措施，不断扩大中等收入群体规模。

吴鹏和常远（2018）指出中国的中等收入群体区间在不断扩大，但是稳定性较差，整体规模不够大，不利于中国经济稳定发展。

王一鸣（2020）指出扩大中等收入群体规模是推动形成新发展格局的重要途径，是建设高质量生活的主力军。

阮敬等（2021）提出扩大中等收入群体规模有利于建立橄榄型理想收入格局，促进共同富裕。

张靖平（2022）认为扩大中等收入群体规模对于地区消费结构的构建、内需的扩大，以及推动经济的全面、可持续发展均有着重要意义。

郭新华和孙俊婷（2022）以我国中部地区的湖南省为研究对象，实证检验了中等收入群体规模扩大对消费升级的影响。其结论表明，构建橄榄型社会结构、实现共同富裕是释放居民消费需求和促进消费结构升级的重要路径。

（二）有利于经济增长

Chun等（2017）指出中产阶级的扩大有助于提高一个国家的储蓄水平，强大的中产阶级可对经济增长产生积极有效的影响。Albert等（2018）在研究菲律宾经济发展中指出，中等收入阶层在社会经济发展和实现"2040年宏伟蓝图"（即实现以"中产阶级"为主的社会）中发挥着至关重要的作用；中产阶级在社会中是至关重要的，其拥有较好的教育程度和更多的储蓄，更愿意购买更高质量的产品和服务，中产阶级的需求增加可有效激励社会的生产和投资，提高总体收入水平。Roman（2020）使用国际贫困线和中产阶级的绝对定义研究亚洲和太平洋地区的中产阶级转化人数，最终指出为维持经济增长、保障收益得到充分分配，应当扩大中产阶级的规模。

二、围绕中等收入群体界定和测算的研究

（一）国外围绕中等收入群体界定标准展开了大量研究

Birdsall 等（2000）提出收入中位数法定义中产阶级收入标准，大量研究者和机构采用类似方法界定中产阶级（中产阶级与中等收入群体通常是相同的"middle class"）。收入标准主要包括绝对标准模式和相对标准模式。绝对标准模式通常以世界银行提出的日人均收入 10~100 美元为中等收入群体标准。相对标准模式研究中较有影响的是 Thurow（1984）提出围绕收入空间标准定义收入中位数 75%~125% 区间内的群体为中等收入群体，之后 Levitan 和 Carlson（1984）与 Levy（1987）等学者将中位数临界点区间进行了扩展。美国皮尤研究中心（Pew Research Center）2012—2015 年发布的报告均定义美国的中等收入群体是收入介于中位数 67%~200% 之间的群体。德国经济研究所 2016 年的研究报告也认定同一范围，其统计结果表明美国、德国中产阶级的比例持续下降，分别由 1981 年的 59% 下降至 2015 年的 50% 和由 1983 年的 69% 下降至 2013 年的 61%。Pressman（2015）也采用此标准研究了 1970 年以来的 9 个发达国家中产阶级比例均有所下降。Maipita 等（2018）在研究中产阶级收入分配对印度尼西亚经济增长的影响中，使用两个中产阶级标准——收入标准为 10~100 美元、60% 的中间百分位数（20%~80% 百分位数之间），并指出由于汇率的波动，第一个标准并不适合印度尼西亚。

（二）国内关于中等收入群体的界定和规模变动趋势观点丰富

国内学者和研究机构对我国中等收入群体的界定及规模测度基本可以概括为相对标准和绝对标准。

李春玲（2017，2018）主张绝对标准模式更适合于定义当时中国中等收入群体，能更准确反映"脱贫致富、达到小康生活水平的人"的数量和比重的增长速度，绝对标准模式估计我国中等收入群体比例从 2001 年的 8.1% 上升到 2015 年的 47.6%。

也有学者采用相对标准进行研究。

龙莹（2012，2015）采用部分排序法对我国中等收入群体规模变迁、收入两极分化以及比重变动因素分解进行了比较系统的研究。

朱长存（2011，2012）采用非参数估计的收入分布方法与国家统计局分组数据的研究，对城镇中等收入群体变动趋势和结构进行了测度与分析，得出我国 1985—2008 年城镇中等收入群体比重明显下降的结论。

田丰（2017）研究了 2006—2015 年我国中等收入群体的变动趋势和结构，认

为中等收入群体比重逐步上升，且收入主要来源于工资性收入。

刘渝琳等（2021）基于EM算法的收入群体划分，得出靠传统方法估计的中等收入群体比例可能比真实情况要高出20%的结论。

翁杰和王菁（2019）利用混合标准法的思路，提出中等收入群体规模测度的一种新方法，即测度标准下限为家庭人均年收入等于地区城镇居民家庭食品人均消费支出的3倍，上限为家庭人均年收入中位数的3倍，并通过比较分析得出这一方法有助于探索中等收入群体的共同特征，为该群体形成机制和扩大政策的相关研究提供了便利。

宋建（2019）对国内外中等收入群体测算方法进行了比较分析，选择中西部最贫穷省（自治区、直辖市）的城镇居民家庭现金消费支出的平均值为下限、东部地区最富裕省（自治区、直辖市）的城镇居民家庭人均现金消费支出的不同倍数为上限，测算出2009年我国中等收入群体占比大约为34%。

刘世锦等（2022）主要采用"可比口径家庭年收入"的数据口径，根据样本家庭实际人口情况，将家庭总可支配收入统一调整到"典型三口之家"的可比家庭收入口径，这样测算的中等收入群体占比往往要略小于不对家庭规模进行可比调整的测算结果。

三、中等收入群体比重变动的影响因素

（一）国外主要从宏、微观视角探讨影响因素

国外主要从宏观的经济增长、收入分配政策等因素（Easterly，2001）和行业、职业、经验等微观因素（Jenkins，1955）两个方面研究中等收入群体比重变动的原因。也有学者研究提高中等收入群体比重的路径，包括提高人力资本水平（Jenkins，1955）等。

Chun等（2017）通过研究72个发展中经济体1985—2006年的中产阶级相关数据，使用不同的中产阶级衡量标准，发现人力资本投资水平与中产阶级发展呈现显著正向关系，同时指出较高的城市化水平、更高的民主性以及种族集中度均与中产阶级有正向关系。在控制初始条件和其他要素投入后，研究发现中产阶级的规模与经济增长之间通过较高的学校教育水平存在稳健、积极和显著的关系。

Schettino和Khan（2020）采用相对分布工具并使用ASEC-CPS数据集对美国中产阶级的收入分配进行分析，认为1998—2018年典型两极分化现象（许多中产阶级家庭向收入分配的低端转移）的原因在于种族、阶级和性别因素共同作用于弱势人群，并形成恶性循环。

Farzanegan等（2021）在研究伊朗石油收入对中产阶级规模的影响中，采用1965—2017年的时间序列数据、向量自回归（VAR）模型以及脉冲响应和方差分解分析，发现伊朗中产阶级对正的石油收入冲击的反应是积极和显著的。

Herradi和Leroy（2022）通过量化1970—2017年132个经济体的银行危机对富人、中产阶级和穷人收入分配的影响，采用工具变量法，发现银行危机对中产阶级

产生了积极影响。

（二）国内主要从收入流动、减税等视角探讨影响因素

权衡（2012）将收入流动引入分析框架，分析了向上流动是低收入群体向更高收入群体迈进的重要途径。

刘运转和宋宇（2017）提出扩大中等收入群体规模以及提高其收入水平是缩小收入差距、刺激消费需求、推动技术创新的重要方面。

徐佳舒和段志民（2017）采用控制个体不可观测异质性特征的持续期模型分析各种影响因素，结果发现个体特征（如性别、年龄、受教育程度及工作单位类型）和地区特征（如各省人均地区生产总值、基尼系数、失业率及市场化程度等）均对中等收入者持续期产生显著影响。

杨修娜等（2018）认为工资性收入、储蓄率、受教育水平等是中等收入群体比重变动的主要影响因素。

杨凤娟等（2020）利用改进的 Jenkins 分解对不同年份的中等收入群体变动影响因素进行分解，结果显示经济增长因素效应为正，但收入分配一直不利于提高中等收入群体比重。

黄应绘和田双全（2022）以相对标准界定中等收入群体，探讨我国中等收入群体比重的宏观影响因素的城乡差异。着眼于缩小收入差距的收入分配政策对于提升农村中等收入群体比重的力度更大，效果更明显；国家财政政策对提升城镇中等收入群体比重产生了积极的影响，而对提升农村中等收入群体比重稍显不足。

郭晓丽（2022）基于 CFPS 数据库的数据，采用相对标准法对我国中等收入群体规模进行测算并分析其分布特征；同时，运用面板分位数回归模型，探究了收支不确定性对中等收入群体消费的影响。研究发现，收入、上期消费支出、耐用品消费价值、收支不确定性均显著影响中等收入群体的消费支出水平。

朱迪（2023）提出消费不仅是经济学问题，更是社会学问题，因为消费行为不仅受收入的影响，收入分配的结构、中等收入群体的成长、文化理念和生活方式等都对其有重要影响。

第三节　减税与中等收入群体经济关系的文献综述

为充分了解减税与中等收入群体的经济关系，以探究减税政策如何有效扩大中等收入群体规模，本节在梳理归纳国内外宏观税负变动影响收入阶层消费相关研究的基础上，进一步考虑税种的不同，从流转税与所得税视角梳理国内外各主体税种对不同收入阶层的税收效应，对主要税种税负变动对收入阶层的影响研究进行总结评述。

一、宏观税负变动对收入阶层的影响研究

（一）国内学者多倾向于分析宏观税负对不同收入群体消费的影响

国内学者往往聚焦于从居民消费的研究角度来分析宏观税负水平对不同收入水平群体的影响。

刘穷志（2017）认为税负重会导致资本严重外流，影响投资环境，从而影响工资、薪金，抑制居民收入。

王斐然和陈建东（2020）通过研究不同收入水平城镇居民的消费需求弹性和减税降费带来的价格效应，综合分析减税降费对城镇居民消费差距的影响。结果表明，减税降费从整体上能够有效改善城镇居民消费差距，但仍需密切关注中等收入户与低收入户之间的消费差距。

马克卫（2021）利用2017年投入产出与国民收入流量核算实际数据，分析减税对宏观经济的影响，发现减税对社会产出增加、消费、资本形成都有明显的拉动作用，能够有效促进各部门可支配收入水平提高。

（二）国外学者主要关注税收与经济增长及收入分配的经济关系

Zidar（2019）研究了不同收入群体的税收变化如何影响总体经济活动，利用NBER's TAXSIM的退税数据构建了一个可以衡量第二次世界大战后税收变化的标准。结果发现，减税和就业增长之间的正向关系主要是由低收入群体的减税所驱动的，而对前10%的人减税对就业增长的影响很小。

Alfò等（2020）采用1965—2010年21个经合组织国家的数据，通过Barro（1990）模型的增强版进行预测，表明税收可能对人均实际GDP增长产生永久性的负向影响。

Deskar-Škrbić等（2021）在研究税收变化对克罗地亚经济活动的影响时，利用罗默的叙述方法来确定外生的税收冲击，并构建2004—2019年这些冲击的独特时间序列。结果表明，与直接税相比，间接税对宏观经济总量的影响更大，同时表明直接税的影响在整个时间范围内具有统计学意义，并且不会消退。

Hope和Limberg（2022）发现在过去的50年里，一些发达国家对富人的税收急剧下降，因此通过建立一个新的富人税收指标来确定1965—2015年18个经合组织国家对富人进行重大减税的所有情况，最终发现对富人的减税在短期和中期内都会导致更大程度的收入不平等状况，且对经济增长和失业没有任何重大影响。

Bezeredi等（2022）基于行政数据的税收楔子来研究克罗地亚的税收负担，发现克罗地亚的税收楔子过高，会对经济产生不利影响，因为它会降低雇主和雇员的积极性。在过去的几年里，克罗地亚对强制性缴款和矿坑制度进行了重大改革，以降低劳动力成本和劳动力收入的税收负担。

二、流转税税负变动对收入阶层的影响研究

（一）国内学者探讨流转税能否有效缓解不同收入阶层的收入差距

首先，大多数学者认为间接税对调节收入分配、缩小收入（消费）差距具有积极的正向作用。

崔景华（2015）基于日本中等收入阶层税收制度及政策调整的经验，提出在我国降低间接税的税收负担，会提高经济效益和增加居民收入，培养中等收入群体。

马骁等（2017）通过考察直接税和间接税对我国城乡居民消费差距的影响发现，直接税和间接税对我国城乡居民消费差距起着正向调节作用，从逐步提高直接税比重、深化间接税改革和增强社会购买力3个方面提出了政策建议。

郭晓辉（2019）发现我国劳动税负和消费税负均已成为制约居民消费进一步扩大的重要因素。

岳希明和张玄（2021）提出对增值税进行结构性减税、适时调整消费税税制，有利于增强税收调节力度和精准性，进而改善我国居民收入和财富分配。

另外，也有部分学者认为间接税具有逆向调节作用，会恶化不同收入群体间的收入不平等程度。

聂海峰和岳希明（2013）认为间接税增强了城乡内部不平等程度，降低了城乡之间的不平等程度。间接税主要对低收入群体影响较大，略微恶化了整体收入不平等情况。

陈建东等（2015）通过研究2009—2012年扣除直接税、间接税前后我国城乡居民基尼系数和MT指数的变化，考察了直接税和间接税对我国城乡居民收入差距的影响。结果表明，我国的直接税和间接税对城乡居民收入差距分别起正向调节和逆向调节的作用。

（二）国外学者侧重研究流转税对实现收入公平的影响

国外学者的研究分析了流转税对不同国家各收入阶层收入分配的影响，并重点探讨了流转税对实现收入公平的影响。

Slintáková 和 Klazar（2010）在研究捷克加入欧盟后增值税税率的统一对收入分配的影响的过程中，利用广义熵和基尼系数来衡量收入的不平等程度，对增值税税负在不同收入类别的家庭中的分布情况进行分析。结果表明，对年收入进行分析，捷克的增值税税负是递减的，而对终身收入进行分析，捷克的增值税税负是递增的。

Ho等（2018）利用1999—2015年欧睿国际、世界银行和世界卫生组织的面板数据来研究亚太地区22个低收入和中等收入国家的物价上涨对烟草税收的影响。结果表示，消费税税负的增加对降低吸烟率和避免吸烟导致的死亡人数有很大影响，且收入中等和中等偏上国家受高税率政策影响最大；同时，征税后的收入分配在统一之前更加平等，2004年增值税税率的变化对低收入家庭的影响可能更大。

Xing 等（2022）调查了由流转税造成的扭曲。其通过进行准自然实验发现，较小型的非创新型制造公司外包更多，重新分配提高了受影响的服务公司的创新质量，研究为流转税对企业投入的负面影响提供了新的证据。

Naderi 和 Salatin（2018）主要研究了增值税对收入分配的积极性。

Allcott 等（2018）在研究中表示 Atkinson 和 Stiglitz（1976）定理是现代最优税收理论中一个有影响力的结果，认为对于一大类效用函数来说，所有的再分配都应该通过劳动所得税来进行，而不是对商品或资本征收差别税。研究表明，商品税对再分配是有用的。而最佳商品税基本上遵循经典的多人拉姆齐规则（Diamond，1975）。因此，在商品税不（完全）显著的情况下，当商品的消费弹性较小，且主要由较富裕的消费者消费时，应该对商品征税。

三、所得税税负变动对收入阶层的影响研究

（一）国内学者聚焦于所得税对调节收入分配的积极作用

国内学者的研究结果聚焦于所得税对调节收入分配的积极作用，且大多学者认为所得税改革能使中低收入群体受益，达到扩大中等收入群体规模的目的。

田志伟（2018）发现降低企业所得税有利于提高最低收入阶层收入占国民总收入的比重。

杨沫（2019）通过建立反事实检验，发现新一轮的个人所得税改革显著降低所得税税额，对中等收入群体的影响最大，降低了中等收入群体大约89%的工资、薪金所得应纳税额。

赵嘉宝（2020）从个人所得税与我国居民消费水平的关系出发，研究新个人所得税改革对中产阶级的扩张、居民个人可支配收入的影响。

李晶和牛雪红（2022）利用CFPS数据库2018年的数据，在分析居民收入特征的基础上，从收入结构的整体及分解两个层面评估了2019年个人所得税改革的收入分配效应，结果发现分组收入减轻了中低收入群体的税收负担，对收入分配状况有一定的改善作用，但是对高收入群体的收入分配效应不足。

（二）国外学者提出所得税累进性特点具有公平作用

国外学者的有关研究依据所得税累进性特点，得出个人所得税与企业所得税能有效调节收入分配、降低收入不平等程度的结论。

Ma 等（2015）使用连续的微观数据来研究中国从1997年开始的个人所得税的收入分配效应，发现在决定个人所得税的收入分配效应方面，平均税率的作用比税收累进性的作用更大。跨国研究表明，我国的个人所得税税负比发达国家低，累进性比发达国家强，与拉丁美洲相似。

Stephenson（2018）研究5个欧盟国家的所得税经验，结果显示，德国和比利时的分级所得税结构在减轻收入不平等方面最为有效；与波兰的分级税率结构相比，立陶宛的分级所得税结构在减轻收入不平等方面要有效得多；一个适当大小的所得税门槛可以将一个统一的结构转变为一个重新分配的结构，比一些分级税率结

构更有优势。就保加利亚而言，引入一个与平均收入大致相当的所得税门槛将使不平等现象减少约4%。

Xue 和 Lin（2018）在我国政府增加扣除项目和降低工资、薪金的税率档次的背景下，利用我国家庭收入项目的2013年城市家庭收入和资产调查数据，考察了工资、薪金所得应纳税额改革对收入再分配的影响。结果表明，个人所得税改革在改善中国的收入再分配方面并不有效，反而夸大了个人工资和其他收入来源的税负差距。

Song 等（2022）基于个人所得税递延型商业养老保险政策，计算出其节税效果对不同收入群体有较大差异。低收入群体由于基数小，其所得税递延后的节税效果不明显，不如 TEE 模式；对于高收入群体，由于最高保费限额的限制，节税效果逐渐减弱。在现行的个人税收递延型商业养老保险制度下，中等收入群体受益最多，而低收入群体和高收入群体受益少于中等收入群体。

Milligan（2022）研究了加拿大税收负担，特别关注收入分配顶层的所得税，发现加拿大的个人所得税是累进的，并且满足比较收入分配顶端和中间的巴菲特规则。

四、主要税种税负变动对收入阶层的影响研究

（一）国内学者重点研究主体税种税负变化的影响

国内学者更多研究我国各类税种税负变动对不同群体的收入及消费等经济行为的影响，具体以增值税、消费税、个人所得税和企业所得税等为代表。

黄晓虹（2018）提出税改对中等收入群体的消费影响较为强烈；税改应保持减税主旨不变，包括提高免征额、边际税率及进行税级调整等减税措施，以降低居民税负，刺激居民消费以及有利于消费结构升级。

聂海峰和刘怡（2010）以中国住户调查数据为基础，利用投入产出表的估算，得出增值税、消费税和资源税等在城镇居民不同收入群体中的负担情况。

田志伟（2015）通过研究个人所得税、企业所得税、增值税、营业税以及消费税五大税种对收入分配的影响，发现五大税种对不同收入群体的影响程度是不同的，其中中等收入群体最受益。

景剑文（2021）提出在提高个人所得税费用扣除标准、减少中等收入群体税收的同时，最好能辅以相应的低收入群体补助标准，发布一些有利于低收入群体的政策，进一步提升民生福祉。

田时中和张健（2022）将税收分为总量和结构两个方面，将产业结构分为高级化和合理化两个维度，基于我国31个省（自治区、直辖市）的面板数据构建 Tobit 模型。研究发现：分税种来看，降低各税种税负有利于产业结构的合理化，提升增值税、企业所得税和个人所得税比重，有利于产业结构高级化。

高培勇（2023）提出从结构失衡走向结构优化，是建立现代税收制度的一条基本线索。目前，增加居民个人缴纳的税收，提高居民个人缴纳的税收收入占全部税

收收入的比重，即提高直接税比重是税制结构优化的最重要、最具核心意义的方面。

（二）国外学者聚焦于税种实证研究

国外学者的研究聚焦于实证分析税制改革，如个人所得税改革和增值税改革等引起的税负变动对收入分配的影响。

Morini 和 Pellegrino（2018）以意大利为例进行研究，采用遗传算法，构建出个人所得税"最佳"结构，以最大限度增强税收的再分配效应。

在 2018 年中国个人所得税改革的背景下，Zhan 等（2019）利用中国个人所得税微观模拟模型，比较了 2011 年和 2018 年个人所得税制度的差异，发现一旦税制改为 2018 年，就对财政收入产生负面影响。如果个人收入继续增加，个人所得税在财政收入中的份额将在 2022 年恢复到 2018 年的水平，但其收入再分配功能在短期内难以恢复。同时发现，个人所得税对收入分配的影响取决于税收结构；在条件合适时逐步过渡到"完全综合"的税制，将在较低的平均税率下取得更好的收入再分配效果。

Chen 等（2022）利用中国 2012 年投入产出表，通过增值税扣除机制嵌入价格模型，构建了一个可计算的一般均衡模型，并分析了增值税取代营业税改革对居民收入分配的影响。结果表明，增值税改革总体上有利于居民的收入分配。具体来说，增值税改革降低了居民的间接税负担，增加了居民的实际收入，并缩小了城乡居民的相对收入差距。

Yonzan 等（2022）利用家庭调查数据，发现使用美国、德国和法国的案例，基于调查和税收数据的结果（总收入、平均收入、收入组成和收入份额）非常吻合，高于 90 百分位，直到分布的前 1%。在美国，大约 3/4 的税收/调查差距是由于非劳动收入的差异，特别是自雇（商业）收入。这种差距可能是由税收导致的收入从公司到个人的重新分类，以及调查获取前 1% 收入的能力较弱。

本章小结

国外学者对于减税理论研究和调节收入分配的实证研究比较深入，尤其是重点进行了实证分析。国内相关研究大部分集中在结构性减税政策定性分析和税收对整体居民收入差距的调节作用方面，为本研究提供了良好的基础和思路。但是已有研究还有相当大的拓展空间：一是目前很少有文献专门将减税与中等收入群体规模置于一个研究框架之下；二是鲜有研究运用实证模型专门度量减税与中等收入群体规模扩大之间存在正向、反向或中性的税收调节效应，并运用我国实际数据进行测度；三是探讨扩大中等收入群体规模的减税政策规律较少，有补充研究的实践需要。以上研究盲点凸显本书具有较大研究空间和研究价值。

第三章　减税政策调节中等收入群体规模的机理

　　减税是政府调节收入分配、促进收入流动、实现社会公平的重要干预手段，本章基于福利经济学第二定理与凯恩斯有效需求理论，遵循减税对收入分配的调节效应可影响收入流动水平与方向，引发不同收入阶层的位次变化，有利于中等收入群体规模扩大，促进橄榄型社会结构形成，进而扩大内需、实现共同富裕这一基本思路，逐步递进分析减税政策影响收入分配和收入流动的机理、收入流动影响中等收入群体规模的机理以及中等收入群体规模扩大对社会稳定的意义，以揭示减税政策调节中等收入群体规模的机理。

第一节　减税政策影响收入分配和收入流动的机理

　　福利经济学表明，不仅效率是影响外部性的重要问题，还应注重考虑收入分配问题。就总量控制与交易制度而言，在收入分配五等分的情况下，处于收入分配最低阶层的人们所承担的相对负担是处于收入分配最高阶层的3到4倍。福利经济学第二定理指出，社会通过适当地安排初始资源禀赋，让人们彼此自由地交易，进而实现帕累托效率。这表明政府干预可改变初始资源禀赋，促进公平，而减税是政府调节收入分配、促进收入流动、实现社会公平的重要干预手段。

　　根据凯恩斯有效需求理论，减税对居民收入分配有一定的影响。从商品价格的角度来看，税收的本质即价格，减税在某种程度上相当于降低商品价格。如增值税、消费税等的税率变化会带来商品价格的变化，商品价格改变会影响居民消费水平，从而对居民的收入分配产生影响。因此，当需求不足时，减少税收可以增加居民可支配收入，从而刺激居民消费，而需求过热时增加税收会导致居民可支配收入减少，进而降低居民消费水平。同时，由于边际消费倾向递减规律，低收入阶层的边际消费倾向远大于高收入阶层，这说明居民内部消费欲望的差异会影响居民间的收入差距。理论上，减税具有调节收入的重要作用，可以在一定程度上缩小收入差距，从而在整体上调节收入分配，促进收入流动。从居民收入的角度来看，减税政策的实施会增加居民的可支配收入，并在一定程度上体现税收公平原则，即在各个纳税人承受的负担与经济状况相适应的基础上，对纳税能力强者多征税，对纳税能力弱者少征税。因此，减税政策通过各类税种的税率变化等措施实现以上所述的差别征税，对于调节个人收入差别、抑制社会分配不公起到了积极的作用。

综上分析，在不考虑其他因素的条件下，减税除了在某种程度上可以直接影响收入分配与收入流动外，还会通过影响商品价格和居民收入而间接影响收入分配和收入流动。而减税的途径包括调整税种、优化税率和降低税负等。为进一步详细阐释减税政策影响收入分配和收入流动的机理，本章将从税种、税率、税负3个视角分析（如图3-1所示）。

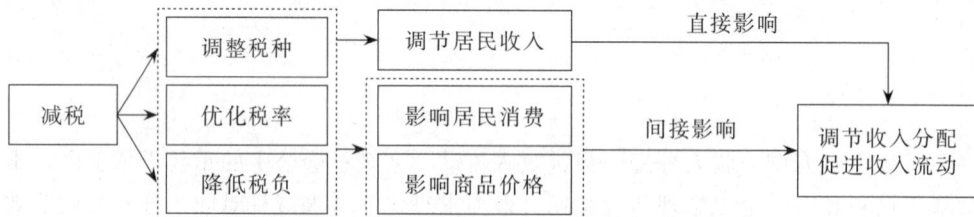

图3-1　减税政策影响收入分配和收入流动的机理

一、税种对收入分配和收入流动的影响分析

我国现行的税种有18个，包括增值税、消费税、企业所得税、个人所得税等，涉及生产流通的各个环节，覆盖面极广。由于减税调节收入分配主要涉及的税种为流转税、所得税和财产税，特别是针对增值税与个人所得税的调整，因此，本节基于分析三大税类如何影响收入分配，进一步以增值税与所得税为对象，分析两者对收入分配与收入流动的影响机理。

从居民收入的角度看，居民收入的统计口径可分为三类：居民原始收入、居民可支配收入和居民实际可支配收入。居民原始收入体现整个收入初次分配的结果，表示居民在初次分配过程中最终取得的生产性收入。居民可支配收入是在居民原始收入的基础上，扣减所得税等税收（含社会保障）及其他刚性支出后的收入。居民实际可支配收入是在居民可支配收入的基础上进一步剔除了居民在消费和储蓄（投资）中所支付或负担的税收。依据3类居民收入的定义，在从原始收入到居民可支配收入的计算过程中，所得税等直接税发挥着重要的调节作用。在消费过程中，最终产品税负（最终消费者购买产品支付的总价款包含的增值税、消费税税额等）由最终消费者承担，最终产品税负变化影响居民实际可支配收入。居民实际可支配收入通过储蓄、消费或投资等方式，最终形成居民的财产。部分财产税以居民财产为征税对象，体现了税收在这一环节的分配调节作用（如图3-2所示）。因此，减税可通过税种设置影响居民各个阶段的收入水平，促进收入流动。

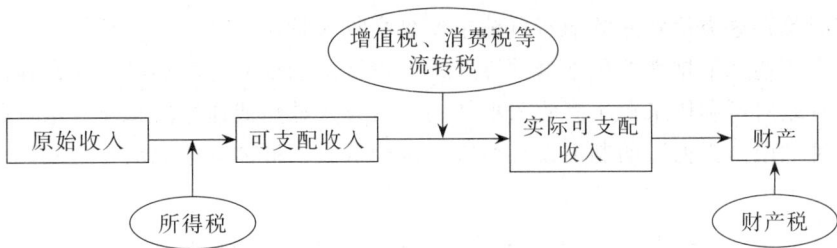

图 3-2 税种设置调节收入分配的传导机制

（一）增值税影响收入分配和收入流动的机理

增值税主要通过收入效应间接影响居民收入分配。税收收入效应一般是指政府征税会减少居民可支配收入，从而降低居民购买力，减少消费。根据交换学说"税收价格论"的观点，税收主要用以支付政府提供的公共产品价格，这一观点证明了税收本质上的"价格"属性（李建军、徐菲，2020）。增值税是我国最大单一价外税种，具有征税广泛和中性等特征。

首先，增值税减税的收入效应一般是指减税改变了最终产品税负，降低了最终消费者承担的总税负水平，最终产品税负减少间接提高了居民实际可支配收入水平，进而改进收入分配和提高边际消费倾向。中低收入群体的边际消费倾向大于高收入群体，有利于提升社会总体消费需求。

其次，增值税减税会通过价格影响最终产品的税负结构，这对不同收入阶层的居民实际可支配收入影响具有异质性，使得居民收入分配差距在一定程度上发生了改变。如果减税的主要对象是食品等基本生活必需品，则会较大幅度提升中低收入群体的收入水平，可能促进中低收入群体因为减税而向上流入到中高收入群体，从而影响收入流动。

总之，增值税减税会通过价格改变最终产品税收总水平和税负结构，从而改善收入分配和影响收入流动。

（二）消费税影响收入分配和收入流动的机理

作为对特定商品选择性征收的税种，消费税内含调节收入分配、引导消费的功能，总体上对城镇居民收入分配产生累进效应。

首先，消费税作为特殊的选择性税种，主要通过调整征税范围、对纳入征税范围的消费品设置不同的税率，以及对同一消费品的不同类型、数量采用差别税率调节居民消费行为，进而调节收入分配和促进收入流动。

其次，不同收入阶层的居民的消费支出结构不一致，那么对价格敏感性更强的低收入阶层会倾向消费低税率或不征税商品（如从 2006 年 4 月 1 日起，我国取消了"护肤护发品"消费税目，同时将原属于护肤护发品征税范围的高档护肤类化妆品列入化妆品税目，高档护肤品消费税税率则从 8% 上调至 30%，增幅达 22%），而高收入阶层的消费行为会趋向于高税率商品，且消费税税负可以转嫁，因此高收入阶层因消费这类消费品而承担的消费税会高于低收入阶层。

最后，消费税的部分税目属于高档消费品，如高档化妆品、高尔夫球、高档手表、游艇等，这类消费品的消费群体主要是高收入阶层。

综上所述，依据消费税本身的性质，如设置差别税率等增加高收入群体的税收负担，且政府可利用来源于高收入群体的税收收入补贴或通过转移支付给低收入群体，这种"限高提低"的制度设计可以促进中低收入群体向上流动，达到调节收入分配、扩大中等收入群体的目的。

（三）个人所得税影响收入分配和收入流动的机理

居民取得收入后首先需缴纳个人所得税，进而形成居民可支配收入，因此，个人所得税通常被作为调节收入分配的重要税种。个人所得税是基于量能负担原则实施累进税率，体现了税收公平原则，即个人收入越高、财产总额越多，则承担的税负越多。

首先，我国个人所得税超额累进的制度性安排（自动稳定器）会自动促进流动性，即针对不同收入水平的纳税人设置不同的税率，收入越高、纳税能力越强者，其税率越高；收入越低、纳税能力越弱者，其税率越低；无纳税能力者不纳税。这种情况下高收入者的边际税率会更高，平均征收比率会高于低收入者，以达到调节收入分配、促进向上流动的目标。

其次，设计费用扣除标准（免征额），即收入低于这一标准的群体免于纳税，其调节低收入群体收入差距的效果是直接的。

最后，税前扣除和减免政策，符合一定条件可以享受一定的税收优惠，税前扣除能带来累进性。例如，各类个人所得税专项附加扣除能起到调节收入分配差距的作用。

二、税率对收入分配和收入流动的影响分析

税率是构成税种的主要因素，因此考虑税种设置对收入分配和收入流动的影响时，不能忽略税率的影响。同时，税率是税制三大基本要素之一，是计算税额的尺度，也是衡量税负轻重的重要标志。通过减税调整收入分配要考虑拉姆齐法则，拉姆齐法则的最终目的是实现超额负担最小化。其中，逆弹性法则是拉姆齐法则的表述方法之一。它是指为保证效率损失能够最小，两种商品的税率应与其需求弹性成反比。这表明有效率的税种扭曲决策的可能性应尽可能小，商品的需求弹性越大，扭曲的可能性就越大。这一原则要求政府对相对缺乏弹性的商品课征相对高的税率。但在现实生活中，相对缺乏弹性的商品如食用盐、大米之类的生活必需品，若对此类商品以较高税率征税，则不利于缩小收入差距。因此，与税率相关的减税政策不应仅重视效率，而忽略税率对收入分配和收入流动的影响。

（一）税率结构影响收入分配和收入流动的机理

中国现行的税率结构主要有比例税率、累进税率和定额税率三大类。针对累进的税率结构，收入越高，则其适用的税率越高。累进税率进一步被细分为全额累进税率、超额累进税率等，通常多用于所得税和财产税。与之相对的是累退的税率结构和固定比例税率结构。累退税率是指随着课税对象数额的增大，税率却逐级降

低，意味着课税对象数额与其适用的税率成反比关系，即收入或利润越高，承担的税负越低。如增值税属于典型的累退税。固定比例税率是指对所有的收入额和财产总额按同一比例征税。在这一税制设计下，高收入者与低收入者适用的税率一致。3种税率结构具体可由图3-3区分。

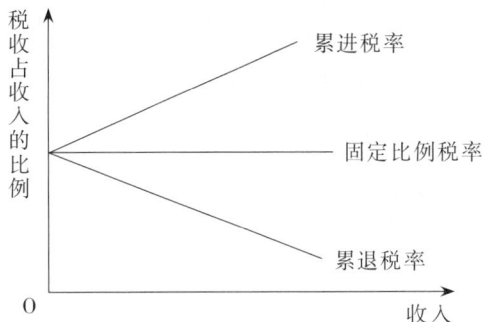

图3-3　3种税率结构的比较

如图3-3所示，只有累进税率使税收占收入的百分比随着收入的增加而增加，体现公平原则；相反，累退税率使税收占收入的百分比随着收入的增加而减少；在固定比例税率中，税收占收入的百分比不随收入变化而变化。因此，累退税率与固定比例税率不符合现代公平原则，难以实现税收合理负担；累进税率能有效调节不同收入阶层的收入和财富，增强收入流动性。

（二）税率调整影响收入分配和收入流动的机理

调整税率是我国减税政策的常用手段。以增值税和个人所得税为例，我国的增值税实行多档税率。2018年，增值税税率由原适用的17%和11%分别调整为16%和10%，到2019年进一步下调至13%和9%。这表明增值税税率调整对不同商品价格影响存在结构性差异。由于不同收入群体的消费支出结构存在明显差异，因此，对低收入人群消费较多的商品进行减税会强化增值税税率调整对收入分配的改善效果；反之，则可能弱化。如针对中低收入群体，增值税调低税率或免税优惠政策的范围扩大，涉及居民日常生活必需品方面，以此降低中低收入群体购买生活必需品所负担的增值税，从而实际提高中低收入群体的可支配收入；针对高收入群体，增值税中的高档税率面向高收入群体，使其消费奢侈品和高档服务时承担较高税负，低税率和税收优惠政策则集中在日常生活、教育等商品和服务上。由于不同消费品在各增值税纳税环节适用的税率及相应的减税力度不同，因而增值税减税对不同消费品所含的最终税负的影响也就不同。以上说明降低增值税税率能影响居民最终消费时承担的税负，继而影响到居民实际可支配收入和不同收入群体之间的收入流动性。

另外，《个人所得税法》针对部分税率级距进一步优化调整，扩大3%、10%、20% 3档低税率的级距，缩小25%税率的级距，30%、35%、45% 3档较高税率级距不变。这一减税制度向中低收入群体倾斜，有效改善不同收入阶层的收入不平等状况，进而影响收入分配和收入流动性。针对费用扣除标准（免征额），《个人所得税法》确定费用扣除标准为每月 5 000 元，并规定居民个人的综合所得，以每一纳税年度的收入额减除费用 60 000 元以及专项扣除、专项附加扣除和依法确定的其他扣除后的余额，为应纳税所得额。此减税措施可将每月收入低于 5 000 元的居民剔除纳税人范围，增加低收入群体可支配收入，调节收入差距，同时能进一步提升中低收入群体的向上流动性。

三、税负对收入分配和收入流动的影响分析

税率的变化最终体现在税收负担的大小上，因此税负水平对收入分配和收入流动的影响也非常重要。税收负担理论是税收制度与税收政策的基础与核心理论。一方面，税收负担与国家能够集中多少财力以及由此形成的宏观调控能力密切相关；另一方面，税收负担直接影响企业和居民的可支配收入，降低企业和居民的收入水平（安体富，2006）。减税的主要功能也是降低纳税人的税收负担，因为过重的税收负担于企业而言会导致企业的自主发展能力变弱，产品竞争力无法与国际企业匹敌；于居民而言会降低居民的实际购买能力，不利于橄榄型社会结构的形成与发展。因此，学术界通常会采用税收负担来代表或测度减税效果。

税收负担调节收入分配的过程主要分为两个方面：一是税收负担可以影响收入在企业部门和居民部门间的分配（许坤等，2019）；二是税收负担会影响居民部门内部的收入分配。针对税收负担调节企业部门和居民部门间的分配，随着市场改革的深入，再加上我国劳动人口规模巨大，企业部门不可避免在薪资谈判过程中拥有更强的议价能力，从而获得更大比例的收入。此外，由于税负转嫁存在，尽管企业承担名义上较大比重的税负，但可通过提高商品价格等方式向前转嫁给居民，降低自身税负水平。针对税收负担调节居民部门内部的收入分配，这是税收负担发挥调节收入分配作用的重要方式，主要原则为对高收入阶层居民多征税、对低收入阶层少征税。如个人所得税制度的累进设计和混合征收模式有利于降低中低收入群体税收负担，促进其向上流动；消费税制度的选择性设计和差别征税直接和间接作用于税收负担，使得高收入群体进行高消费时税负更高；同时，通过转移支付或补贴的方式提高中低收入群体的可支配收入，有利于免除或降低中低收入群体税收负担，促进其提高收入水平和向上流动。

第二节 收入流动影响中等收入群体规模的机理

中等收入群体规模的扩大与收入流动性问题息息相关，其重要途径就是低收入群体向上流动，因此本节基于收入流动性的理论内涵及现实意义，从收入流动的方向出发，探讨收入流动影响中等收入群体规模的传导机制。

一、收入流动性的理论内涵及现实意义

收入流动（income mobility）是指某个特定的收入组人员的收入在经过了一段时间的变化后，其所拥有的收入份额或者所在的收入组别（以五等份分组来计）

所发生的位置变化（权衡，2005），这是基于同一个人或同一组人不同时期的收入在同一群体收入分配的位次变动进行分析的。另一方面，收入流动性除追踪同一家庭在不同时期的收入变动外，也反映不同家庭的收入动态变化状况，所以根据观察视角的不同，收入流动性的定义也有所不同。为此，从不同层面考虑收入流动性的分类也存在差异。基于收入位次的改变和收入水平的改变，我们可将收入流动性的含义区分为相对收入流动性与绝对收入流动性；围绕收入流动方向，收入流动性则分向上收入流动性与向下收入流动性，本书采用按照流动方向分类标准。

快速的收入流动性一方面可以从实质上改善收入不平等的状况，特别是从低收入群体向高收入群体的流动本身意味着中低收入者收入状况的积极改善。但收入流动性的重要意义不仅在于此，收入流动还可以大幅缓解由收入分配不均所引发的社会心理压力与社会矛盾；同时，中等收入群体规模扩大与收入流动性问题息息相关，只有形成一个处于较低收入阶层的收入向上流动以及处于较高收入阶层的收入向下流动的机制，才有可能形成真正拥有一定实业基础和财富实力的中产阶级，而这无疑是推动一个国家经济实现长期稳定发展的重要物质基础（权衡，2008）。因此，下文将从收入流动方向出发，探讨收入流动性影响中等收入群体规模的传导机制。

二、收入流动影响中等收入群体规模的机理分析

收入流动的方向对中等收入群体规模扩大非常重要。根据收入水平的高低，城乡居民可被简单分为低收入、中等收入和高收入3个群体，不同群体间由于收入水平变化会产生流动性，既可能是向上流动，也可能是向下流动（如图3-4所示）。因为不同收入群体的分布并不是静态的，在不同收入阶层之间，每个家庭在收入分配结构中的地位总是处于变动过程中的，有人在流向较高收入阶层时（向上流动），也就会有人流向较低的收入阶层（向下流动）。因此，在一定时期内，若低收入群体流向中高收入群体的数量（或比例）大于中高收入群体流向低收入群体的数量（或比例），即向上流动大于向下流动，则意味着当期中等收入群体规模有所扩大，收入流动是扩大中等收入群体规模的有效工具。因此，从收入流动的角度来看，扩大中等收入群体的关键路径有两类：一是促进向上收入流动，具体包括流转税、所得税和财产税减税等途径；二是稳定现有中等收入群体，防止其向下流动，主要包括降低税率和税负等途径。

影响收入流动的因素有很多，减税是其中一种非常重要的政策工具。减税政策通过税种、税率和税负综合调节收入水平，促进向上流动，扩大中等收入群体规模。具体可参考本章第一节"减税政策影响收入分配和收入流动的机理"。

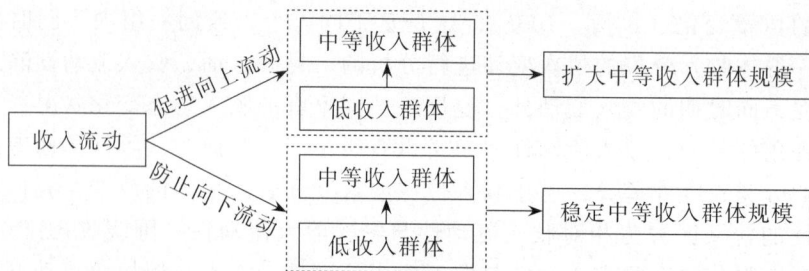

图 3-4　收入流动扩大中等收入群体规模的传导机制

第三节　中等收入群体规模扩大的意义

在 2021 年的中央财经委员会第十次会议上，中央第一次把橄榄型分配结构与共同富裕相联系，指出"要坚持以人民为中心的发展思想，在高质量发展中促进共同富裕，正确处理效率和公平的关系"，"扩大中等收入群体比重"，"形成中间大、两头小的橄榄型分配结构"，并强调扩大中等收入群体比重是促进共同富裕的重要途径。党的二十大报告提出到 2035 年"人民生活更加幸福美好，居民人均可支配收入再上新台阶，中等收入群体比重明显提高"，这是对党的十七大报告提出的"合理有序的收入分配格局基本形成，中等收入者占多数"，党的十八大报告、党的十九大报告分别提出的"中等收入群体持续扩大""中等收入群体比例明显提高"等政策的进一步明确与强调。由此可见扩大中等收入群体规模的重要性与急迫性，"培育和扩大中等收入群体"已成为我国社会发展的一项重大战略决策，对社会稳定发展的意义重大。本节基于经济与政治层面将中等收入群体规模扩大的意义归纳为以下 5 点。

一、扩大中等收入群体规模能够产生显著的消费促进效应

随着近年来国际、国内环境的极大变化，我国经济发展面临需求收缩、供给冲击、预期转弱三重压力。目前，中国经济增长从投资拉动型转向消费推动型，中等收入群体体现较为关键的作用。中等收入群体既有消费意愿，也有消费能力，扩大中等收入群体规模有利于发挥消费在经济增长中的基础性作用，促进经济向消费推动型转型。

基于边际消费倾向递减规律，高收入群体虽然消费能力最强，但其消费倾向是最低的；低收入群体的消费倾向虽然是最高的，但其较低的收入水平限制了其消费能力，大部分低收入群体的收入在满足其刚需支出后所剩无几，无力负担其他消费需求。所以，低收入群体即使拥有强烈的消费欲望，经济实力也会导致其消费水平无法提升。高收入群体虽不存在满足消费需求的预算障碍，但由于边际消费倾向递减规律，其收入的增长只能引发消费小幅度的增长。相比之下，中等收入群体的边际消费倾向较高，介于高收入群体与低收入群体之间（李春玲，2009）。同时，中等收入群体的收入水平较高，消费观念也较为时尚，因此具有较强的消费能力。低

收入群体成为中等收入群体之后也会产生显著的消费促进效应。低收入群体成为中等收入群体之后，收入增长会带来两种效应：一是价格效应，即低收入群体成为中等收入群体后，收入的提高会使其消费倾向下降；二是收入效应，即收入的提高产生消费的增长。但收入效应显著大于价格效应，也就是说，低收入群体成为中等收入群体之后会产生显著的消费促进效应。

二、扩大中等收入群体规模能够扩大投资和增加储蓄

中等收入群体是指家庭收入在社会平均水平之上的群体，他们多半是受过良好教育的人才，具有稳定的收入。伴随着当前我国整体经济发展进入中高速发展阶段，中等收入居民家庭的人均年收入保障水平不断提高，可支配资产不断增加，个人的理财意识也日益增强。由于当今住房、医疗、教育、工作等压力持续攀升，中等收入群体的收入提升，受教育水平提高，理财观念发生了明显转变。这时候的中等收入群体具有较为旺盛的投资需求，因此在满足日常开销后，中等收入群体会考虑将手中的盈余资金用于投资，以获得长期或短期收益，因此扩大中等收入群体规模能够扩大投资。同时，中等收入群体规模扩大在扩张投资时也能间接增加储蓄。针对风险承受能力较弱或属于风险厌恶型的中等收入群体来说，他们一方面倾向于选择将自身剩余资金存放至银行以此获得存储利息；另一方面会选择以购买国债的方式处理闲散资金。我国储蓄国债可细分为电子式和凭证式，它是国家为满足个人长期储蓄投资需求，较多偏重储蓄功能而设计的一种国债，深受稳健型投资者喜爱。而中等收入群体投资更为谨慎，国债"稳收益"符合其心理预期，因此中等收入群体成为购买主体。

三、扩大中等收入群体规模能够优化人力资本结构

在人力资本结构差异较大的区域，高素质劳动力和低素质劳动力根据人力资本获得报酬的水平会存在较大的差距，贫富差距可能由于受教育程度的不同而扩大。而在人力资本结构较为合理的区域，比例适中的各种类型的人力资本都能有效率地发挥其生产力功能，并依据劳动生产率贡献大小获得相应报酬，由此收入分配不平等状况也将趋于缓解，收入分配结构也将趋于合理化。因此，优化人力资本结构对实现收入分配合理化至关重要。而扩大中等收入群体规模除了会产生显著的消费促进效应之外，还有利于促进人力资本结构的优化。这与中等收入群体的构成特点密切相关，因为中等收入群体大多是高技能的生产劳动者和专业技术者，如律师、工程师、教师、技术工人等。这一类人群均属于人力资本密集的范畴，所以中等收入群体规模的扩大会带来汽车、教育、住房、旅游和新兴服务业的旺盛需求，意味着高技能的生产劳动者和专业技术者人数越来越多，有利于缩小区域间较大的人力资本结构差异。同时，中等收入群体规模的扩大有助于人力资本投资的增加。中等收入群体规模扩大意味着经济收入水平提高，无论是政府还是家庭，对人力资本的投资力度都会加大；同时，大大增加对教育和科技的投入，提升我国劳动者的素质，促使我国产业逐渐向高端产业迈进，由劳动密集型转为资本密集型，以及以创新作为产业发展的动力，增加科技含

量，增强全球竞争力，进而达到优化我国人力资本结构的目的。

四、扩大中等收入群体规模能够维护社会稳定

西方中产阶级被认为在社会发展中充当社会结构的"稳定剂"、社会矛盾的"缓冲层"及社会行为的"指示器"（许永兵，2013）。当前我国社会结构仍趋向于金字塔结构，这意味着位于中下阶层的群体规模众大，位于社会顶层的人数较少，但大部分社会资源与财富掌握在社会上层少数人手中，广大的中下层人民只能拥有较少的资源与财富，这极易引起社会大众的不满情绪甚至不稳定事件。社会中下层群体的向上流动促进中等收入群体规模的扩大，一方面可以优化社会结构，减少上层和底层的社会冲突，大大缓和社会矛盾，另一方面能在更大范围内让更多社会成员共同享有丰富的社会资源与财富，以此缓解社会贫富分化、社会排斥、对立和冲突等问题，进而有利于维护社会稳定，最终形成以中等收入群体为主的社会结构，即形成中间大、两头小的橄榄型稳定社会结构。

五、扩大中等收入群体规模能够加快服务型政府的构建

中等收入群体与政府之间良性互动，有利于服务型政府的构建。研究认为中等收入群体是随着我国改革开放发展起来的，他们是改革的受益者，希望维护社会政治经济稳定，以维护其现有利益不受损害。在这种情况下，他们对于政府的政策和现存政治体制持基本肯定的态度，对于政府的治理能力有较高的信任度，他们认可政府的合法性和承认国家权威。同时，随着中等收入群体的发展，他们对政府的收入分配政策、住房政策、医疗政策、教育政策、环境保护问题等提出合理诉求，希望政府对相关社会经济问题实施更好的解决方案，并通过自身去影响政府决策者调整、修改或强化相关政策，政府需要对中等收入群体的希望和要求不断地作出回应，从而与中等收入群体之间形成一种良性互动，有利于提升政府的社会治理能力和构建服务型政府。

本章小结

考虑扩大中等收入群体规模的两个重要途径分别为低收入群体流向中等收入群体以及稳定中等收入群体原有规模。这两个路径与收入流动性息息相关，故本章聚焦于收入流动性，深入探究减税政策调节中等收入群体规模的机理。

首先，基于减税对商品价格与居民可支配收入的影响，从税种、税率、税负3个视角结合减税政策工具分析减税政策影响收入分配和收入流动的机理，主要涉及增值税、消费税、个人所得税等主体税种。

其次，考虑收入流动性的理论内涵及缩小收入差距的重要作用，从收入流动的方向出发，探讨收入流动性影响中等收入群体规模的传导机制。

最后，基于经济与政治层面从促进消费、扩大投资与储蓄、优化人力资本结构、稳定社会结构、构建服务型政府5个层面归纳总结中等收入群体规模扩大的意义。

第四章　减税政策和中等收入群体的界定与测度

　　减税政策和中等收入群体的具体界定以及如何测度是本章重点关注问题。"减税"一词由来已久。减税是提高居民消费倾向、推动就业和产业结构升级以及提振经济的重要税收政策手段。为界定并测度减税效果，本章遵循减税逻辑，对减税概念进行界定，同时对不同的减税政策工具进行分类总结。另外，本章结合对我国减税政策的梳理，分析其总体变化趋势，依据税负理论从宏观与微观角度对减税效果进行测度，尝试从不同口径、不同区域、不同税种等多个维度比较分析我国的宏观与微观实际税负水平，以期对我国近几十年实施减税政策后的实际税收负担水平和变化趋势有一个整体认识。本章同时归纳梳理国内外学者对于中等收入群体不同的概念界定标准，深入分析不同标准下中等收入群体规模的合理性，提出适合我国实际情况的中等收入群体界定标准。本章从全国、区域、城乡3个不同层次对中等收入群体的规模进行测度、分析特征以及流动性，以期对我国中等收入群体的规模及变化有较为完整的认识。

第一节　减税政策的界定

　　我国减税政策随着社会经济建设的发展与变化不断进行调整与改革，是税收政策的重要组成部分。本节通过对减税政策进行界定和分类，进一步梳理总结我国20多年来的减税历程，对不同视角下的减税政策工具进行分类总结，重点结合减税政策的3种主要形式，强调从收入分配角度以税种为主体对减税政策工具进行分类，以便更深入理解减税政策的内涵。

一、减税政策的概念、类型及评价

（一）减税政策的概念界定

减税是按照税收法律、法规减除纳税义务人一部分应纳税款，一般分为法定减税、特定减税和临时减税。减税一般指减税政策，如在《个人所得税法》中，费用扣除标准的提高、较低税率级距扩大等减税措施的主要受益对象为中低收入群体，其目的是实现橄榄型社会结构，最终实现共同富裕。从狭义角度看，减税隶属于税式支出，是其重要组成部分，本书将狭义减税界定为扶持与鼓励纳税人实施的、以减轻其税收负担为目的的特殊税式支出政策，如降低税率、缩小税基等税收减免政策与措施，主要涉及增值税、消费税、企业所得税和个人所得税等税种，与免税一样兼具税收的严肃性与灵活性。从广义视角看，减税与税式支出的内涵重合，因为减税的最终目的是满足社会共同需要（马海涛等，2023）。本书重点研究减税政策对我国中等收入群体规模的影响，目的是通过减税调节收入分配，缩小收入差距，实现橄榄型稳定社会结构，这与广义视角下的减税理念一致。故本书遵循减税逻辑，并考虑供给侧与需求侧不同环节纳税人的需求，进一步对广义的减税政策进行界定，将政府为降低纳税人生产成本和税收负担，进而拉动消费、促进投资而采取的一系列税制改革和税收优惠措施统称为减税政策。

（二）减税政策的类型

减税政策按照不同标准可以划分为多种类型。本书重点研究收入分配类减税政策，主要按照税种形式分类。根据税收种类的不同，减税政策可被分为流转税减税政策、所得税减税政策与其他税种减税政策。

1.流转税减税政策

流转税贯穿商品从生产到消费的各个流通环节，征税范围较广。其是财政收入的主要来源，也是中国税收负担较重的重要原因。流转税减税政策主要涉及税种为增值税、消费税、关税等，是政府通过调整和改革流转税给予纳税人各类减免税负的税收优惠政策。增值税是流转税的重要组成部分，流转税减税政策聚焦于增值税减税，直接受益对象为企业。如降低增值税基准税率，由17%调整为13%，可减缓流转税税负对企业资金的挤出效应，显著增加流动性资金，进而缓解企业融资压力和经营风险。中等收入群体是间接受益主体，因为流转税减税政策在降低生产成本后，企业可能降低商品销售价格，间接提升中低收入群体的可支配收入。

2.所得税减税政策

所得税主要是对纳税人收入扣除各项成本和费用后的余额征税，即对所得额征税。我国所得税主要分为个人所得税与企业所得税两类。所得税减税政策是政府通过调整和改革所得税给予纳税人各类减免税负的税收优惠政策。由于课征对象的不同，不同类型所得税减税的受益对象各有差异。如个人所得税减税政策的实施对中等收入群体具有显著的直接效应，可有效降低中低收入群体的税收负担，缩小收入差距。而企业所得税减税的受益对象为企业，特别是小微企业。我国出台了一系列普惠性所得税减税政策扶持发展小微企业，但企业所得税减税政策对中等收入群体的影响仅仅发挥间接作用。

3.其他税种减税政策

我国减税政策税种涵盖流转税、所得税、财产税、行为税和资源税五大类，其他税种减税政策是除流转税与所得税两类主体税种之外其他辅助税种减税政策的集合。由于其他税种规模整体较小，我国减税政策并未过多涉及。该类减税政策主要以财产税改革为主。财产税具有调节收入和财富差距的功能，而财产税的改革重点在于房产税制度改革。目前我国个人住房房产税改革仍在逐步试点推行中。

另外，按照减税方式分类，减税政策包括税基式减税政策、税率式减税政策和税额式减税政策。因为这不是本书研究重点，此处略过。

（三）我国减税政策简评

减税贯穿我国历次的财税改革。通过梳理归纳我国减税演进历程和实施效果，本研究发现我国减税政策可大致分为4个阶段：

第一阶段的减税基本从2003年简化税制开始，包括2006年的全面取消农业税、多次提高个人所得税起征标准等。

第二阶段的结构性减税始于2008年全球金融危机，是我国为提高居民消费倾向、推动就业和产业结构升级以及提振经济而采取的税收政策手段。结构性减税有别于全面的减税，它是选择性地针对特定税种、基于特定目的进行的税负减压。结构性减税还有别于大规模的减税，所实行的是小幅度、小剂量的税负水平削减，意在从量上降低税负水平，因此是"有限度"的减税。

第三阶段是"营改增"时期。我国于2012年开始"营改增"试点改革，2016年实现全面"营改增"，这一减税举措取得明显成效。

第四阶段为大规模减税降费时期，时间跨度为2018年至今。2018年我国进入大规模减税元年，2022年我国积极财政政策实施重点在于新组合式税费支持政策，亮点是"减退并举"，增值税留抵退税政策使资金直达企业，结合《个人所得税法》的实施等，减税政策呈现出全面发力、多点突破的势态。

二、减税政策目标和工具

减税政策目标和工具十分重要。减税政策目标在政策实践过程中发挥其导向作用，而政策目标的实施离不开正确合理的政策工具选择。减税政策工具是为扶持、鼓励或照顾某些纳税人、征税对象，以减轻其税收负担而采取的措施与手段。本书依据减税广义与狭义的概念界定，将减税政策工具分为广义视角下的一般减税政策工具与狭义视角下的收入分配类减税政策工具。考虑本书主要从流转税、所得税和财产税等主体税种出发研究减税政策对中等收入群体规模的影响，故狭义视角下的具备收入分配功能的减税政策工具是本书的研究重点。基于前面减税政策的3种形式，本书重点强调从收入分配角度，以各税种为主体对减税政策工具进行分类。

（一）流转税减税政策工具

流转税减税政策工具主要是税率式减免和税额式减免。以增值税为例，其减税政策工具主要包括免税、退税、降低税率3种手段。针对降低税率，首先我国增值税设置了1档基本税率和2档低税率，从本质上体现了对适用低档税率行业的减税优待。从整体上看，增值税税率已经历过两次下调，分为3个阶段：

第一阶段为2016年全面实施"营改增"后，增值税设置4档税率：17%、13%、11%、6%，并在2017年简并增值税税率，取消13%税率，增值税税率变为17%、11%、6%。

第二阶段为2018年增值税改革，基本税率由17%下调至16%，低税率则由11%、6%调整为10%、6%。

第三阶段为2019年增值税基本税率由16%再次降低到13%，11%的低税率下降至9%，原低税率6%仍不变。

另外，针对小规模纳税人实施的简易计税方法，以法定征收率征税也是减税的一种形式。针对免税，这一减税政策工具的主要帮扶对象为农业生产者，《中华人民共和国增值税暂行条例》规定农业生产者销售的自产农产品为免税项目，同时对从事蔬菜批发、零售的纳税人销售的蔬菜免征增值税。针对退税，出口退税是增值税另一种常用的减税手段，主要针对出口企业，适用于出口货物、劳务和跨境应税行为以往环节纳过税而需要退税的情况，这在一定程度上可鼓励企业发展出口业务。

（二）所得税减税政策工具

个人所得税减税政策工具较为丰富，涵盖税前扣除、费用扣除标准、免征额等，主要为税基式减免形式。个人所得税的计税依据为应纳税所得额，是由收入进行费用减除后的所得。个人所得税费用扣除的方法包括定额扣除、定率扣除、定额或定率扣除，不同类型的所得适用不同的扣除方法。如居民个人综合所得适用定额扣除，具体扣除项目包含基本减除费用、专项扣除、专项附加扣除等，其中基本减除费用的扣除标准在《个人所得税法》中增至60 000元/年；劳务报酬所得、稿酬所得、特许权使用费所得则采用定率扣除进行费用扣除，以该项所得减除20%后的余额作为收入额，这与微观税收政策工具中以缩小税基来降低纳税人税负水平的税收扣除的目的一致；财产租赁所得则同时采用定额与定率扣除两种方法，但只在收入数额小于4 000元时，按定额扣除的方法减除费用800元，4 000元以上的，减除20%的费用。

企业所得税和其他税种减税政策工具也较为丰富，因为与本书重点内容关系不大，此处略过，不再赘述。

第二节　减税效果测度和变化趋势

为准确测度减税效果，分析其变化趋势，首先，本节将在梳理各阶段主要减税政策内容的基础上，通过比较 GDP 增速、税收收入增长率以及具体税种税收收入的变化情况来大致梳理我国减税政策的脉络。其次，考虑宏观税负测度口径不一，本节将分别测度大、中、小口径宏观税负水平，进一步分析不同口径、不同税种以及不同区域宏观税负的变化趋势。最后，针对微观税负的测度，在分析流转税与所得税整体税负水平和变化趋势的基础上，本节利用 CFPS 微观数据库，进一步测度与居民个人间接或直接相关的增值税、消费税和个人所得税 3 个主体税种的微观税负水平，并分城乡和区域探究其税负水平的异质性。

一、我国减税政策梳理与变化趋势

通过梳理历年的政府文件并参考相关研究（庞凤喜、刘畅，2019；龚辉，2021；马海涛等，2020），减税政策可被分为以增值税转型政策为主的减税阶段、全球金融危机后的结构性减税阶段、以"营改增"为核心的减税阶段、减税降费常态化阶段。在梳理各阶段主要税改内容的基础上，本书通过比较 GDP 增速、税收收入增长率以及具体税种税收收入的变化情况来大致梳理我国减税政策的脉络。

（一）以增值税转型政策为主的减税阶段（2003—2007 年）

2003 年我国十六届三中全会提出了税制改革分步骤推进的工作任务，并确立了"简税制、宽税基、低税率、严征管"的税改原则。2004 年 9 月，我国采取"增量抵扣"的方式将东北地区作为改革试点，覆盖领域限定于八大行业；同年 12 月，我国又将东北地区税改关键政策的抵扣方式由"增量抵扣"调整为"全额抵扣"；2005 年，我国东北地区改革试点方案再度转变为"增量抵扣"。

政府将东北地区作为税改试点主要是为了振兴东北、推动东北地区的经济发展。改革开放以来，东部地区受益于政府的优良政策，国家相继在此设立了经济特区、开辟了沿海经济开放区。东部地区充分利用其先发优势和地理优势，实现率先发展，在全国经济发展中处于引领地位。我国东北地区则受限于经济转型，逐渐走向衰落。作为振兴东北老工业基地的重要抓手，我国自 2004 年开始在东北地区实行试点推行增值税转型改革，以振兴东北，促进区域经济协调发展。与此同时，这一阶段的减税政策主要还有农业税的取消、上调个人所得税免征额等（见表 4-1）。

由图 4-1 可知，我国 GDP 与税收收入增长速度自 2003 年最低点起均整体呈逐年上升趋势，至 2007 年两者增长率达到最大值，且税收收入的增长态势更足，远高于同时期的 GDP 增速，其年平均增长幅度超过 20%。这种税收收入弹性显著大于 GDP 的现象，一方面反映出国家高水平的税收征管能力，另一方面表明我国税收领域征管空间大，我国具有加大税收征管力度的可能（高培勇，2006）。

表4-1 　　　　　　　　　2003—2007年我国部分减税政策示例

政策文件发文字号	政策内容
国税发〔2003〕80号、财税〔2003〕12号	提高个人缴纳增值税、营业税的费用扣除标准，对未达到以上费用扣除标准的纳税人免征个人所得税
财税〔2004〕156号	黑龙江省、吉林省、辽宁省和大连市主要从事装备制造业、石油化工业、冶金业、船舶制造业、汽车制造业、农产品加工业产品生产的增值税一般纳税人固定资产进项税额自2004年7月1日起可全部抵扣
《个人所得税法》第三次修正	自2006年1月1日起，个人所得税免征额由800元调整为1 600元
中发〔2006〕1号	自2006年1月1日起，在全国范围取消农业税

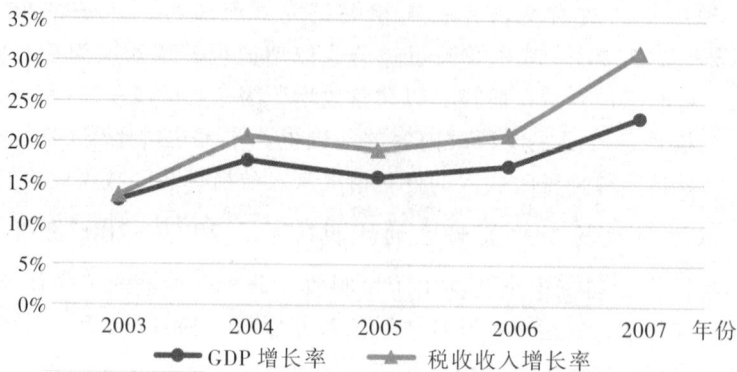

图4-1　2003—2007年我国GDP增长率与税收收入增长率比较

　　具体分税种类型来看，增值税、营业税、个人所得税和企业所得税的税收收入均逐年稳定增加。虽然2004年在东北地区试点增值税转型改革，但从全国范围来看，增值税收入仍不断增加且增长趋势不断增强，超过同期营业税的增长幅度（如图4-2所示）。这说明在东北地区实行的试点改革带来的减税幅度远小于全国范围内增值税收入的增长幅度，导致东北地区减税成效不够显著；同时，从侧面反映了增值税税基广泛、道道征收、监管便利的特点，从而在经济快速发展的趋势下与营业税收入拉开差距。

（二）全球金融危机后的结构性减税阶段（2008—2011年）

　　2008年的全球金融危机导致各国经济都呈下滑态势，我国经济也面临下行压力。为此，我国实施结构性减税政策来提高居民消费倾向，推动就业和产业结构升级。为提振经济，我国频繁地出台一系列减税政策，涉及税种具体包括增值税、个人所得税、企业所得税等（见表4-2）。

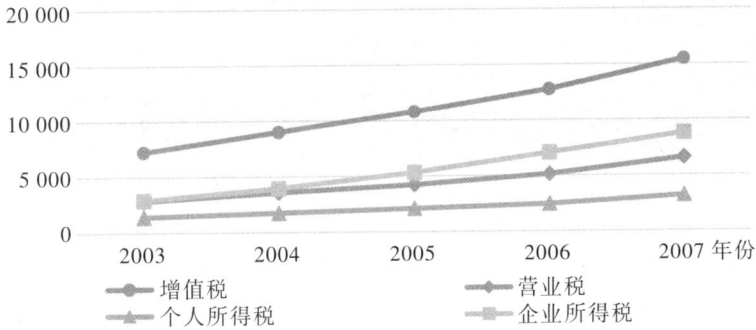

图4-2 2003—2007年我国主体税种税收收入（单位：亿元）

表4-2 2008—2011年我国部分减税政策示例

政策文件发文字号	政策内容
财政部令第65号	自2011年11月1日起，增值税费用扣除标准的幅度为：销售货物的，为月销售额5 000~20 000元；销售应税劳务的，为月销售额5 000~20 000元
《企业所得税法》	自2008年1月1日起，符合条件的小型微利企业，减按20%的税率征收企业所得税；国家需要重点扶持的高新技术企业，减按15%的税率征收企业所得税
财税〔2011〕58号	自2011年1月1日至2020年12月31日，对设在西部地区的鼓励类产业企业减按15%的税率征收企业所得税
《个人所得税法》第六次修正	自2011年9月1日起，提高工资、薪金所得减除费用标准，将减除费用标准由2 000元/月提高到3 500元/月
货便函〔2009〕12号	对纳税人自2009年1月20日至2009年12月31日期间购买的排气量在1.6升（含）以下的小排量乘用车，暂减按5%的税率征收车辆购置税

由图4-3可知，2007—2011年我国GDP增长率与税收收入增长率有别于2003—2007年这一阶段。在此期间，GDP与税收收入的变化趋势具有波动性，2007—2009年两者的增长率急速下降，2009年达到最低点后有所回升，最后至2011年增幅趋于平稳。具体原因可能是2008年全球金融危机爆发，导致我国GDP增长受限。为快速恢复并稳定经济，我国辅以系列针对性的减税政策，切实为企业纾困解难。因此，我国税收收入显著减少，进而使得这一阶段的增速出现较大的波动。值得注意的是，虽然受全球金融危机的影响，我国税收收入增速放缓，但一直保持增长率为正。

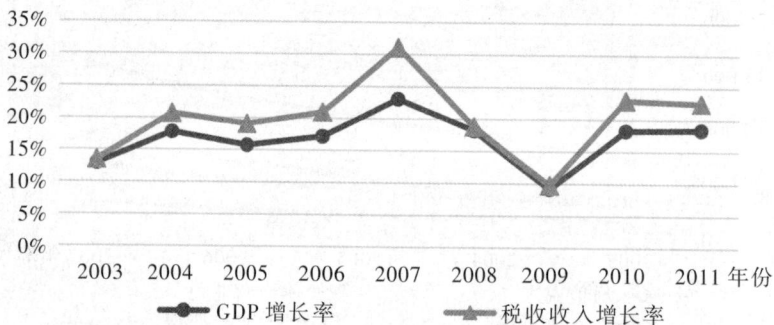

图4-3　2003—2011年我国GDP增长率与税收收入增长率比较

　　由图4-4可知，4类税种的税收收入增长幅度均在2009年有所减缓，随后增长幅度逐步提升，这与图4-3中税收收入增长率在2009年出现最低值是匹配的。2008年企业所得税税率的下调使税收收入增速从2009年开始有所下降，2009年开始全国推行的增值税转型政策也使得增值税收入增速有所放缓。但整体而言，4类税种的税收收入是逐年递增的，因为税收收入增长率始终大于零。

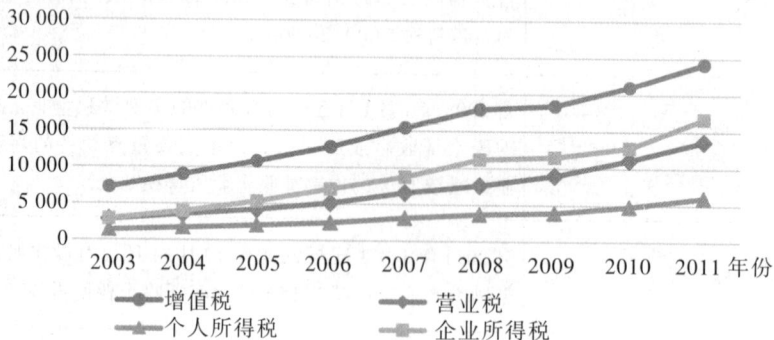

图4-4　2003—2011年我国主体税种税收收入（单位：亿元）

　　结构性减税政策的特点是"有增有减，结构性调整"。不同于一刀切的大规模减税，结构性减税方案具有一定选择性且更强调减税，涉及税种是可选择的，减税规模较小，对促进消费、扩大内需具有积极作用；但因为减税幅度小，减税不全面，改革不系统，仍需进一步完善顶层设计（段龙龙、叶子荣，2021）。

（三）以"营改增"为核心的减税阶段（2012—2017年）

　　营业税改征增值税的初始时间为2012年1月1日，并以上海为试点率先改革，"营改增"的试点选择整体呈渐进式突围形式，经历地区扩围、行业扩围、全面推开3个阶段，历时约4年半后于2016年5月1日，我国正式全面推行"营改增"。在此期间，企业减税8 400亿元，特别针对广大小微企业减税力度大，为结构优化升级奠定基础。截至2017年年底，我国"营改增"已累计减税近两万亿元，减税成效显著。表4-3为我国"营改增"试点实施时间表。

　　与此同时，我国对小微企业的企业所得税减税政策进行了相关调整（见表4-4）。

表4-3　　　　　　　　　我国营业税改征增值税政策试点实施时间表

政策文件发文字号	政策开始实施时间	政策实行地区	政策覆盖行业
财税〔2011〕111号	2012年1月1日	上海市	交通运输业和部分现代服务业
财税〔2012〕71号	2012年8月1日至12月1日	北京市、天津市、江苏省、安徽省等8个省（自治区、直辖市）	
财税〔2013〕37号	2013年8月1日	全国	
财税〔2013〕106号	2014年1月1日		增加铁路运输和邮政业
财税〔2014〕43号	2014年6月1日	全国	增加电信业
财税〔2016〕36号	2016年5月1日		增加建筑业、房地产业、金融业、生活服务业；将所有企业新增不动产所含增值税纳入抵扣范围

表4-4　　　　　　　　我国部分有关小微企业的企业所得税减税政策

政策文件发文字号	政策内容
财税〔2011〕117号	自2012年1月1日至2015年12月31日，年应纳税所得额在6万元以下（含6万元）的小型微利企业，减半征收其企业所得税
财税〔2015〕99号	自2015年10月1日至2017年12月31日，年应纳税所得额在20万元到30万元（含30万元）之间的小型微利企业，减半征收其企业所得税
财税〔2017〕43号	自2017年1月1日至2019年12月31日，年应纳税所得额在50万元以下（含50万元）的小型微利企业，减半征收其企业所得税

　　由图4-5可知，2012—2017年，我国GDP与税收收入增速出现先下降后上升的趋势，但整体波动幅度显著小于2008—2011年全球金融危机时期的波动幅度。与此同时，税收收入与GDP增速的差距也越来越小，并在2016年全面推行"营改增"后税收收入接近最低值，随即在2017年反弹，但仍远小于2011年的税收收入增速。这一阶段减税政策的效果已非常明显。结合图4-6看，受全面"营改增"政策影响，2016年，我国增值税税收收入大幅增加，营业税自2017年起退出税收历史舞台，税收收入为零。企业所得税与个人所得税则保持持续增加的态势，这可能是因为这一阶段减税政策主要针对小微企业，税收体量较小，且针对个人所得税的减税政策较少。但总的来看，这一时间段的减税政策效果显著。

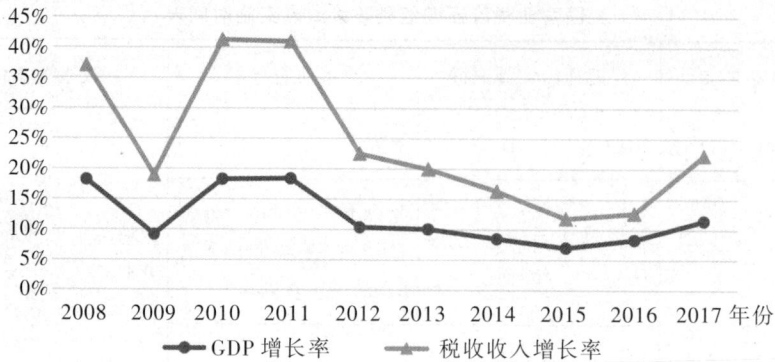

图4-5 2008—2017年我国GDP增长速度与税收收入增长速度比较

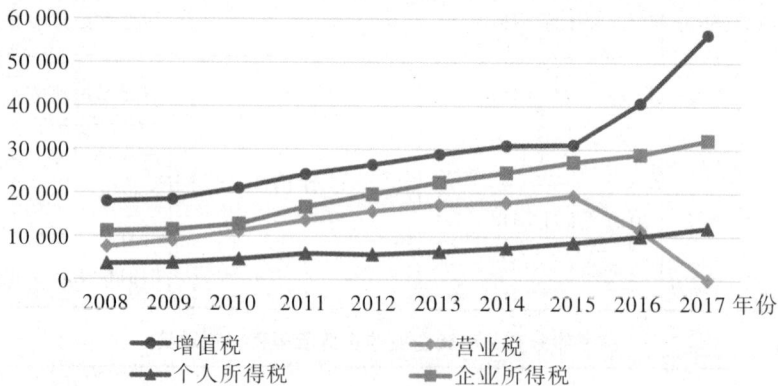

图4-6 2008—2017年我国主体税种税收收入（单位：亿元）

（四）减税降费常态化阶段（2018年至今）

2018年《政府工作报告》提出1.1万亿元的减税降费目标，在一系列优良减税政策的协助下，最终实现全年减税降费超1.3万亿元。2019年《政府工作报告》持续推进减税降费政策，减税力度加大，减税降费规模达到2.36万亿元。2020年我国经济下行，但《政府工作报告》仍增大减税幅度，为企业注入更多发展活力，最终实现新增减税降费超2.5万亿元。2021年《政府工作报告》提出"实施新的结构性减税举措，对冲部分政策调整带来的影响"，减税降费仍聚焦于小规模纳税人和小微企业，先后出台多项相关税收优惠政策，新增减税降费超过1万亿元，如制造业中小微企业、煤电和供热企业实施阶段性缓缴税费。2022年《政府工作报告》强调"稳字当头"，要把稳增长放在更突出的位置。因此，面对2022年我国经济发展更为复杂的内外形势，为追求"稳中求进"，《政府工作报告》提出实施新的组合式税费支持政策，坚持阶段性措施和制度性安排相结合，减税与退税并举，预计全年退税减税约2.5万亿元，其中留抵退税约1.5万亿元。2022年全年实际新增减税降费和退税缓税缓费超4.2万亿元，退税资金全部直达企业，可极大加强企业的资金流动性，为企业提供现金流支持。2018—2022年我国部分减税政策示例见表4-5。

表4-5   2018—2022年我国部分减税政策示例

政策文件名称	政策内容
《财政部 税务总局关于调整增值税税率的通知》	自2018年5月1日起，纳税人发生增值税应税销售行为，原适用17%和11%税率的，税率分别调整为16%、10%
《财政部 税务总局 科技部关于提高研究开发费用税前加计扣除比例的通知》	企业实际发生的研发费用，未形成无形资产计入当期损益的，按照实际发生额的75%在税前加计扣除
《个人所得税法》（第七次修正）	自2019年1月1日起，个人所得税费用扣除标准由每月3 500元提高至每月5 000元
《国家税务总局 财政部关于制造业中小微企业延缓缴纳2021年第四季度部分税费有关事项的公告》	制造业中小微企业（含个人独资企业、合伙企业等）可延缓缴纳2021年第四季度部分税费
《财政部 税务总局关于扩大全额退还增值税留抵税额政策行业范围的公告》	扩大全额退还增值税留抵税额政策行业范围至批发和零售业、住宿和餐饮业、农林牧渔业等行业

由图4-7不难发现，一系列减税政策的实施使得我国税收收入增速从2018年开始下降，2020年我国GDP和税收收入增速同步下降。税收收入的弹性更大，下降幅度更显著，2020年其增长率为负值，跌至-2.33%，2021年短暂回升后，2022年税收收入增长率达最低点-3.54%。

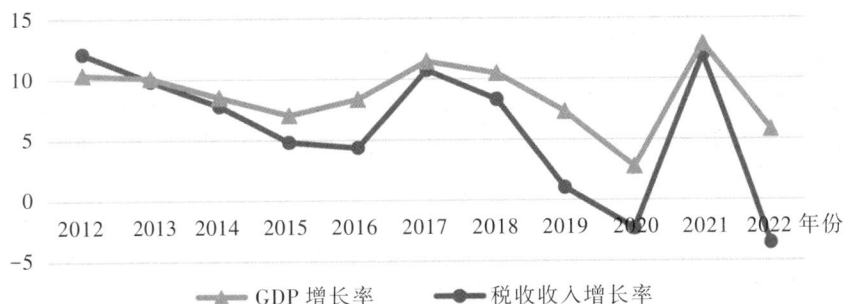

图4-7 2012—2022年我国GDP与税收收入增长速度比较（%）

在图4-8中，2018—2020年的增值税、企业所得税和个人所得税税收收入呈下降趋势，而在2021年各类税种税收收入都有所增加，所以图4-7中的税收收入增长速度开始回升，GDP增幅也有所上涨。但2022年税收收入增长率再次跌破零点，呈现负增长，GDP增速也随之呈下降趋势。这主要是因为2022年我国减税降费规模进一步扩大，首次提出新组合式税费支持政策，其特点为"减退并举"，在减税降费的基础上结合增值税留抵退税措施，退税资金直达企业，以助其纾困解难。此时，图4-8中的增值税收入迅速减少，导致整体上税收收入增速明显下降。

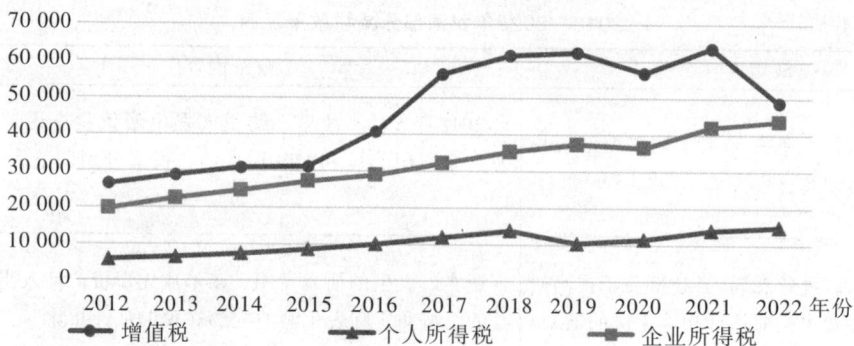

图 4-8 2012—2022 年我国主体税种税收收入（单位：亿元）

综上可知，自 2018 年以来，面对百年未有之大变局，我国沉稳应对，有序推进"六稳""六保"政策、优化调整税制结构、实施积极财政政策，将减税降费常态化。而减税带来的将不仅是企业的发展、经济的稳定，其带来的政治、生态等方面的连锁反应也值得期待。

二、宏观税负测度与变化趋势

因为减税受益群体众多，国内外学者大多采用实际税负或税率来测度减税效果。国内部分，如贺佳和马海涛（2022）用税收收入占国内生产总值的比重（宏观税负）代表减税效果，马海涛等（2022）用人均税收增长率的增速下降幅度作为衡量各省（自治区、直辖市）减税程度的代理变量，申广军等（2016）用增值税有效税率即实际缴纳的增值税税额与营业收入的比值测度增值税减税效果，李明等（2018）用资产所得税率评估 2002 年所得税分享改革带来的减税效果。国外许多学者用税率（税负）测度或评估减税效果。Djankov 等（2010）基于跨国数据，考察了所得税税负对企业家精神的影响，发现税负越高，创业行为越少，为通过减税推动创新创业提供了支持；House 和 Shapiro（2008）、Zwick 和 Mahon（2017）基于美国固定资产折旧税收优惠政策冲击，考察了企业投资对税率的敏感性，发现减税显著促进了固定资产投资，为通过减税提升投资需求提供了证据。基于我国减税政策时间跨度长、复杂多样且阶段性特征显著等特点，本书采用宏观税负和微观税负作为解释变量来测度减税效果。

（一）宏观税负水平测度及变化趋势

宏观税负是特定历史时期内国家税收占国民经济总量的比例，是政府衡量一国居民和企业税收负担的重要指标，也是影响我国现代财税体制改革的基础性要素。本书在既有税负理论基础上尝试从不同口径、不同区域等多维度比较分析我国的宏观税负水平，对我国近几十年的实际税收负担规模和变化趋势有一个整体认识。本书使用的数据资料均来自可查询的历年《中国统计年鉴》、各省（自治区、直辖市）统计年鉴、万得数据库及财政部官网"财政数据"中预决算执行情况公报等。

1.大、中、小口径宏观税负水平测度

宏观税负是衡量税收与国民经济关系的重要指标。我国对宏观税负的研究由来已久，但总体来看，社会各界在宏观税负的测算口径方面仍存在分歧。本书主要从小、中、大3种口径来衡量宏观税负，即税收收入/GDP、财政收入/GDP和政府收入/GDP（安体富、岳树民，1999；马拴友，2002；郭庆旺、吕冰洋，2010），即从税收收入→财政收入→政府收入口径的逐步放大测算其占GDP的比重。小口径宏观税负又称名义税负，其测算口径较为一致，统一为税收收入占GDP的比重。中口径的宏观税收负担是指财政收入占GDP的比重。财政收入由税收收入与非税收入构成，是指政府一般公共预算收入（即狭义财政收入，本书一般采用"财政收入"，下同）。因此，中口径宏观税负是在小口径宏观税负的基础上加入非税收入部分。相对来说，中口径宏观税负水平更能反映政府实际支配公共财政资金的能力与集中程度。大口径宏观税负的测算与中小口径宏观税负密切相关，一般指政府收入占GDP的比重，但其统计口径比中小口径更为复杂，已有研究未确定统一的测算标准，易出现偏误。根据《中华人民共和国预算法》及财政部2016年印发的《政府非税收入管理办法》，目前我国的政府收入实行的是"四本预算"，即一般公共预算、社保基金预算、政府性基金预算和国有资本经营预算。为方便计算，本书政府收入由一般公共预算收入、政府性基金收入、国有资本经营收入和社会保险基金收入构成（杨灿明、詹新宇，2016）。

1994年分税制改革是我国财税体制改革的重大转折点，因此本书统计分析时间段选取1994—2022年，对不同口径宏观税负进行测度，数据主要来源于《中国统计年鉴》。具体测算结果参见表4-6。

如表4-6所示，不同口径测算的宏观税负水平具有差异性。

首先，大口径宏观税负水平无论是整体上还是平均水平皆显著高于中小口径宏观税负水平，3种口径的宏观税负水平均值分别为25.62%、17.15%和15.09%，主要是因为政府收入包含了财政收入与税收收入，所以计算大口径宏观税负的基数大于中小口径；另一主要原因是随着国民经济的发展，预算外的政府性基金收入、国有资本经营收入、社会保险基金收入等规模逐年扩大，而小口径与中口径间宏观税负水平差异略小，这表明税收收入是财政收入的重要来源，非税收入部分所占比重较小。

其次，1994年，我国政府收入、财政收入、税收收入分别为5 960.10亿元、5 218.10亿元和5 126.88亿元，彼此只有微弱差距。随着我国社会主义市场经济体制的建立、发展和优化，经济得到迅猛发展，3类国家收入与GDP保持一致趋势。在此期间，政府收入逐渐与财政收入和税收收入拉开较大差距，至2021年实现政府收入372 660.86亿元，分别是财政收入和税收收入的1.84倍和2.16倍；2022年，政府收入进一步增至388 740.21亿元，较前年增长4.31%。当前，我国的政府性基金收入、国有资本经营收入与社会保障基金收入之和占政府收入的比重越来越大。本书统计的2021年政府收入中该三类收入占比为45.6%；2022年占比达到47.6%。而1998年未超20%，这也是大口径宏观税负相较于另两种口径宏观税负明显偏高的原因。

表4-6 　　　　　　　　1994—2022年我国不同口径宏观税负水平 　　　　　　金额单位：亿元

年份	GDP	政府收入	财政收入	税收收入	大口径（%）	中口径（%）	小口径（%）
1994	48 637.50	5 960.10	5 218.10	5 126.88	12.25	10.73	10.54
1995	61 339.90	7 248.20	6 242.20	6 038.04	11.82	10.18	9.84
1996	71 813.60	8 660.39	7 407.99	6 909.82	12.06	10.32	9.62
1997	79 715.00	10 109.34	8 651.14	8 234.04	12.68	10.85	10.33
1998	85 195.50	12 032.13	9 875.95	9 262.80	14.12	11.59	10.87
1999	90 564.40	14 102.50	11 444.08	10 682.58	15.57	12.64	11.80
2000	100 280.10	16 482.86	13 395.23	12 581.51	16.44	13.36	12.55
2001	110 863.10	19 927.94	16 386.04	15 301.38	17.98	14.78	13.80
2002	121 717.40	23 400.34	18 903.64	17 636.45	19.23	15.53	14.49
2003	137 422.00	26 937.58	21 715.25	20 017.31	19.60	15.80	14.57
2004	161 840.20	32 592.18	26 396.47	24 165.68	20.14	16.31	14.93
2005	187 318.90	39 031.38	31 649.29	28 778.54	20.84	16.90	15.36
2006	219 438.50	47 824.80	38 760.20	34 804.35	21.79	17.66	15.86
2007	270 092.30	62 174.24	51 321.78	45 621.97	23.02	19.00	16.89
2008	319 244.60	75 073.53	61 330.35	54 223.79	23.52	19.21	16.99
2009	348 517.70	84 718.00	68 518.30	59 521.59	24.31	19.66	17.08
2010	412 119.30	139 583.63	83 101.51	73 210.79	33.87	20.16	17.76
2011	487 940.20	171 235.25	103 874.43	89 738.39	35.09	21.29	18.39
2012	538 580.00	186 773.71	117 253.52	100 614.28	34.68	21.77	18.68
2013	592 963.20	218 300.69	129 209.64	110 530.70	36.82	21.79	18.64
2014	643 563.10	236 293.17	140 370.03	119 175.31	36.72	21.81	18.52
2015	688 858.20	242 882.59	152 269.23	124 922.20	35.26	22.10	18.13
2016	746 395.10	262 105.68	159 604.97	130 360.73	35.12	21.38	17.47
2017	832 035.90	303 805.93	172 592.77	144 369.87	36.51	20.74	17.35
2018	919 281.10	340 931.37	183 359.84	156 402.86	37.09	19.95	17.01
2019	986 515.20	361 824.04	190 390.08	158 000.46	36.68	19.30	16.02
2020	1 013 567.00	355 555.90	182 913.88	154 312.29	35.08	18.05	15.22
2021	1 143 669.70	372 660.86	202 554.64	172 730.47	32.58	17.71	15.10
2022	1 210 207.20	388 740.21	203 649.29	166 620.10	32.12	16.83	13.77
平均值	435 506.76	140 240.29	83 391.72	71 030.87	25.62	17.15	15.09

2.大、中、小口径宏观税负变化趋势

通过分析发现，我国宏观税负随着减税降费历程呈现阶段性特征。通过前文减税政策梳理，我国减税降费的4个阶段可被总结为：2003—2007年的转型性减税降费阶段；2008—2011年的结构性减税降费阶段；2012—2017年的制度性减税降费阶段；2018年至今的普惠性减税降费阶段。图4-9列出了1994—2022年我国3种不同宏观税负变化趋势，可以看到3种口径宏观税负随着时间推移差距越来越大，大口径与中小口径宏观税负级差较大，中口径和小口径宏观税负级差相对温和。图4-10展示了1994—2022年我国政府收入、财政收入与税收收入不同口径收入的增长速度，也进一步说明了不同口径收入增长与经济增长之间的关系，可以看到我国的不同口径收入的增长率变化趋势存在高度相似性，且与GDP增长变化表现出相互依存的关系。

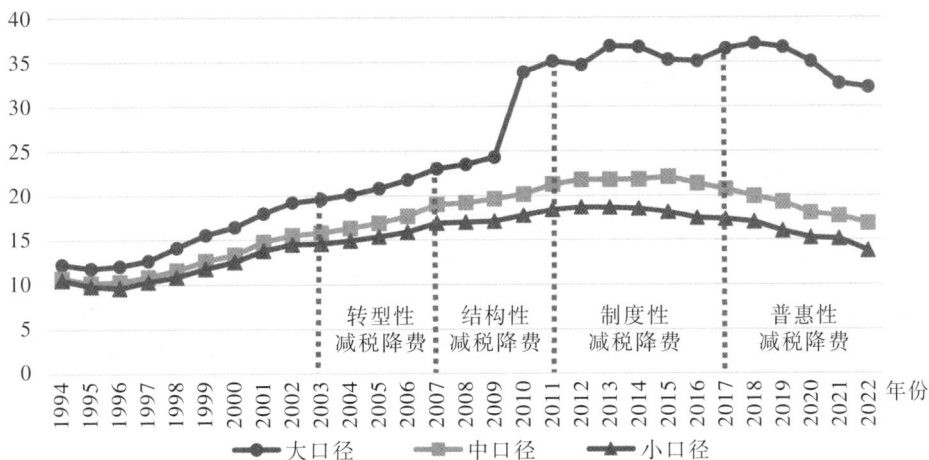

图4-9　1994—2022年我国3种不同宏观税负的变化趋势（%）

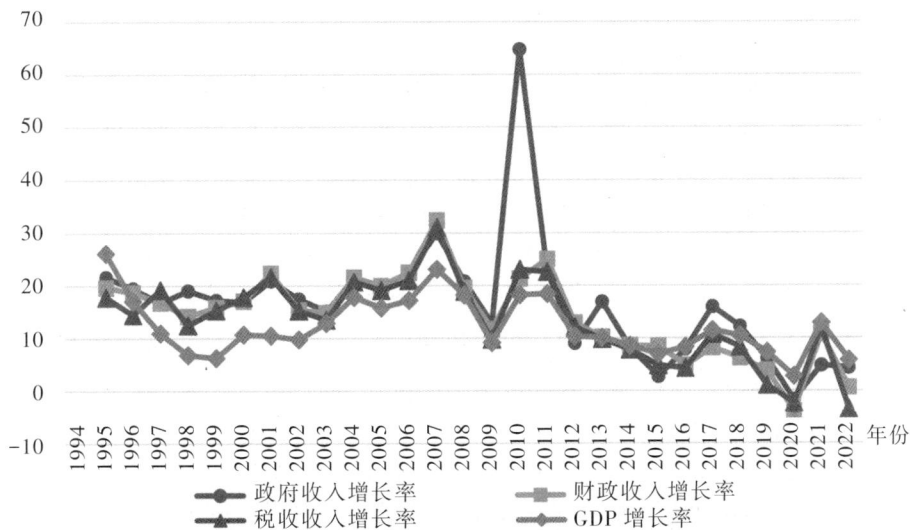

图4-10　1994—2022年我国不同口径的收入增长率和GDP增长率（%）

  2003—2007年的转型性减税降费阶段是以增值税转型政策为主的。这一时期属于我国减税初步阶段，减税范围较为狭窄，增值税转型也是在东北地区实行试点改革。因此，由图4-9可以看出，转型性减税降费阶段3种口径的宏观税负与2003年以前的3种宏观税负保持一致变化趋势，逐年递增，且3种口径的税负水平逐渐拉开差距，大口径宏观税负保持在20%~25%的水平，而中小口径的税负水平介于15%~20%之间。由图4-10可知，2003—2007年的不同种类收入的增长率呈波动式增长，增长幅度略微高于2003年以前，这可能是因为我国减税政策初步实施，且政策调整具有滞后性，导致初期的减税政策成效甚微。

  随着全球金融危机爆发，全球经济下行趋势明显，我国在2008年首次提出结构性减税政策，目的是通过"有增有减"的选择性减税政策来减轻特定的税负。由图4-10可知，这一阶段的减税特点也导致2008—2011年3类收入的增长率呈现先下降后上升再趋于平稳的趋势。从图4-9中也可以看出，2008年以后，通过一系列结构性减税政策的实施，总体上我国中小口径的宏观税负逐年递增的幅度减弱，但大口径宏观税负水平在2009—2010年变化较大，由24.32%增加至33.87%，且政府收入的增长速度也由12.5%猛增至64.76%。这可能是因为大口径宏观税负涵盖范围较广，而2008—2011年的结构性减税重点是针对特定群体和特定税种进行结构性调整。这一阶段政府的减税措施主要集中于扩大投资和促进消费方面，所以整体上政府收入仍是逐年增加的趋势。此时3种口径的宏观税负水平拉开显著差距。

  2012—2017年，我国经历了营业税改为增值税的税收制度改革，2012年率先在上海对交通运输业和部分现代服务业进行"营改增"试点改革，至2016年将"营改增"试点全面推开，所有行业都纳入"营改增"范围内，这是我国制度性减税降费阶段"制度性"的体现。在图4-9中，2012—2017年，我国3个口径的宏观税负都有开始下降的趋势，其中大口径宏观税负水平呈波动式下降趋势，说明"营改增"减税成效良好，但大、中、小口径的宏观税负水平仍维持原有较大的差距。不同口径收入的增长速度也开始出现明显的逐年递减趋势，在2015年增长速度分别仅为2.79%、8.48%和4.82%，是截至2017年的最低值，这与"营改增"制度性减税措施的关系密不可分，因为其可以避免重复征税，减轻税收负担。

  2018年我国进入大规模减税元年，2019—2022年持续推进大规模减税。在2018年至今的普惠性减税降费阶段，一系列更大力度、更具全面性的减税政策陆续出台，如增值税税率再次下调，2019年施行的《个人所得税法》等，减税降费进入常态化。图4-9展示了2018—2022年我国3种口径宏观税负水平呈下降趋势，增长速度明显减缓，大口径宏观税负水平保持在30%~40%之间，而中小口径的宏观税负水平回落至15%~20%，与转型性减税降费阶段的水平一致，这表明减税降费政策实施至今产生了较为显著的成效。图4-10中3类收入的增长率也呈整体下降趋势，特别2020年政府收入、财政收入和税收收入进一步下降1.73%、-3.93%和-2.33%，跌破零值，为1994年以来新低，但此时GDP增长率仍保持正增长，为2.74%，并且通过GDP拉动经济增长，国家为复苏经济活力采取一系列措施。2021

年3种口径收入的增长率逐渐回升至正值，但整体增长速度仍处于较低水平。2022年税收收入增长率再次呈负增长趋势，这主要受2022年新组合式税费支持政策中大规模实行增值税留抵退税政策的影响。

（二）宏观税负水平的区域测度及其比较

由于区域资源禀赋和经济发展水平等存在差异，我国东、中、西部地区的税负也存在异质性，本书将从中口径和小口径两个角度比较分析中国31个省（自治区、直辖市）的区域宏观税负的规模结构状况及差异性。本书重点测度1994—2022年31个省（自治区、直辖市）的宏观税负水平。关于东、中、西部地区的划分，《2020中国卫生健康统计年鉴》将北京、天津、河北、辽宁、上海、江苏、浙江、福建、山东、广东、海南共11个省（直辖市）划为东部地区；将山西、吉林、黑龙江、安徽、江西、河南、湖北、湖南共8个省归为中部地区；将12个省（自治区、直辖市）列为西部地区，包括内蒙古、重庆、广西、四川、贵州、云南、西藏、陕西、甘肃、青海、宁夏和新疆。

1.中小口径宏观税负水平区域测度及变化趋势

表4-7统计了1994—2022年我国东、中、西部地区的中小口径宏观税负水平，各区域的宏观税负水平为该区域各省（自治区、直辖市）宏观税负水平的算数平均值。表4-8则展示了东、中、西部地区各省（自治区、直辖市）在1994—2022年的平均宏观税负水平。从不同口径的宏观税负水平比较看，由表4-7可知，东部地区中小口径宏观税负水平均值分别为9.33%和7.87%，中部地区分别为7.31%和5.36%，西部地区则为8.65%和6.50%，各区域中口径宏观税负水平与小口径宏观税负水平存在较明显差距。1994年，各区域的中小口径宏观税负水平差异微弱；一直到2008年，虽然中小口径宏观税负水平逐年提高，但彼此差距仍不明显；在2008年及以后，随着减税降费规模扩大，中小口径的宏观税负水平逐渐拉开差距；截至2022年，各区域的中小口径宏观税负水平分别为9.77%、7.17%；7.70%、5.11%；8.72%、5.78%，差距较为明显。

从区域宏观税负水平比较看（见表4-7），我国东、中、西部地区的中口径宏观税负水平最大值均位于2015年，分别为12.64%、10.11%和12.38%。2022年三大地区的中口径宏观税负水平则分别为9.77%、7.70%和8.72%。这意味着随着减税降费政策的实施，我国东、中、西部三大地区的税收负担明显下降，且中部地区的中口径宏观税负水平一直低于东西部地区。2014年，三大地区小口径宏观税负水平达到最大值，分别为东部地区10.24%、中部地区7.03%和西部地区8.66%。2022年，东、中、西部地区的小口径宏观税负水平则分别为7.17%、5.11%和5.78%。由此可得出与仅考虑中口径宏观税负水平一致的结论，中部地区的小口径宏观税负水平仍低于东西部地区。综上所述，减税降费政策的实施带来良好成效，可有效降低我国东、中、西三大地区的宏观税负水平，且在整体上呈现东西部地区宏观税负水平高、中部地区宏观税负水平低的税负格局。

表4-7　　　　　　　　1994—2022年我国区域宏观税负水平（%）

年份	东部地区		中部地区		西部地区	
	中口径	小口径	中口径	小口径	中口径	小口径
1994	5.52	4.99	5.31	4.57	5.33	5.13
1995	5.45	4.96	5.31	4.30	5.28	4.90
1996	5.81	5.19	5.52	4.34	5.78	5.13
1997	6.08	5.24	5.59	4.42	5.98	5.29
1998	6.17	5.45	5.58	4.51	6.32	5.40
1999	6.59	5.63	5.76	4.62	6.49	5.55
2000	6.92	6.15	5.61	4.52	6.51	5.56
2001	7.92	6.74	5.78	4.70	6.85	5.55
2002	7.79	6.65	5.75	4.74	6.95	5.64
2003	7.81	6.91	5.75	4.46	6.84	5.29
2004	7.78	6.58	5.91	4.44	6.95	5.66
2005	8.61	8.01	6.29	4.58	7.50	6.30
2006	8.91	8.40	6.97	4.82	7.92	6.53
2007	9.49	8.81	6.86	4.98	8.57	6.24
2008	9.71	8.92	7.09	5.18	8.94	6.41
2009	10.05	8.55	7.39	5.34	9.52	6.86
2010	10.54	8.96	7.67	5.63	10.27	7.53
2011	11.36	9.46	8.51	6.06	11.57	8.13
2012	11.88	9.78	9.26	6.53	11.99	8.48
2013	12.15	10.08	9.73	6.91	12.10	8.67
2014	12.35	10.24	9.93	7.03	12.13	8.66
2015	12.64	10.17	10.11	6.96	12.38	8.44
2016	12.54	9.90	9.68	6.49	11.43	7.65
2017	11.96	9.48	9.24	6.38	10.48	7.20
2018	11.74	9.56	8.96	6.42	10.06	7.26
2019	11.35	9.02	8.58	6.14	9.55	6.75
2020	11.01	8.62	8.10	5.62	9.19	6.27
2021	10.77	8.54	8.08	5.58	9.12	6.31
2022	9.77	7.17	7.70	5.11	8.72	5.78
均值	9.33	7.87	7.31	5.36	8.65	6.50

表4-8　1994—2022年我国不同区域省（自治区、直辖市）的平均宏观税负水平（%）

序号	东部地区	中口径	小口径	中部地区	中口径	小口径	西部地区	中口径	小口径
1	北京	13.86	13.37	山西	10.21	7.23	重庆	8.45	5.95
2	天津	13.37	9.81	吉林	8.43	6.18	四川	7.80	5.91
3	河北	7.41	5.47	黑龙江	8.10	6.19	贵州	10.23	7.53
4	辽宁	10.15	8.93	安徽	7.33	5.49	云南	9.63	7.51
5	上海	15.09	13.40	江西	8.50	6.70	西藏	8.13	5.79
6	江苏	7.70	6.39	河南	6.08	4.42	陕西	8.32	6.29
7	浙江	8.23	7.56	湖北	6.61	4.96	甘肃	8.13	5.98
8	福建	7.61	6.44	湖南	6.65	4.40	青海	8.44	6.53
9	山东	7.36	5.74				宁夏	9.39	7.14
10	广东	9.58	7.74				新疆	9.02	6.65
11	海南	11.08	9.09				广西	7.86	5.37
12							内蒙古	9.84	8.45

从各地区来看，由表4-8可知，总体而言，东部地区宏观税负水平前4位的省（直辖市）是上海、北京、天津和海南，山东和河北较低，且中口径级差达7.73%，小口径级差达7.93%；中部地区宏观税负水平前3位是山西、江西和吉林，河南和湖南较低，中小口径级差也分别为4.13%和2.83%；在西部地区，贵州和内蒙古的宏观税负水平最高，四川和广西较低，且中小口径级差分别为2.43%和3.08%。这意味着三大地区内部各省（自治区、直辖市）之间的宏观税负水平差异较大，而且宏观税负水平与经济发展水平并不一定成正比，如海南经济发展水平在东部地区省（自治区、直辖市）中较低，但宏观税负水平居于第四位。同时，三大地区宏观税负水平差异最大的是东部地区，其次是西部地区，最后是中部地区。

2.中小口径宏观税负水平的区域变化趋势

图4-11表示1994—2022年我国东、中、西部地区及全国中口径宏观税负水平的变化趋势。东、中、西部地区的宏观税负水平呈一致变化趋势，全国宏观税负水

平随之呈现逐年递增后缓慢下降的变化趋势。1994—2015年，我国东、中、西部地区的宏观税负水平持续增长，到2015年达到峰值，2015年及以后宏观税负水平呈下滑趋势，全国宏观税负水平也在2015年之前保持较快增长速度，2015年以后开始逐年下降，由最高点22.10%下降至17.71%。在此期间，中部地区的宏观税负水平始终低于东西部地区，这证明了中国的区域税负规模存在V型分布格局。

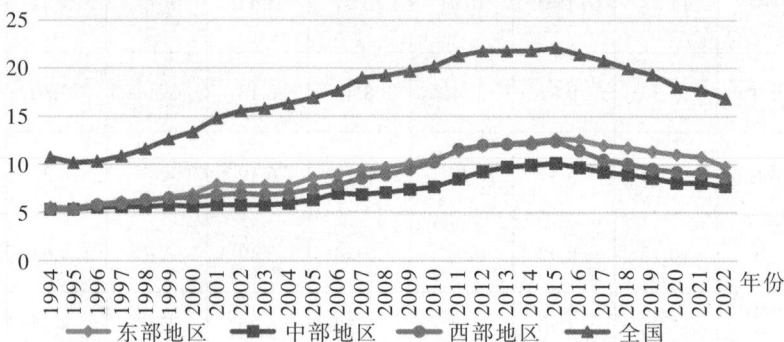

图4-11　1994—2022年三大地区及全国中口径宏观税负水平的变化趋势（%）

图4-12为1994—2022年三大地区及全国小口径宏观税负水平的变化趋势。三大地区小口径宏观税负水平保持同步变化趋势，以2014年为节点，2014年之前呈上升趋势，之后则趋于下降。全国小口径宏观税负水平变化趋势也具备先上升后下降的特点，但从2012年起就出现逐年递减的趋势。另外，东部地区的宏观税负水平最高，西部地区次之，中部地区最低，这进一步验证整体上东西部地区宏观税负水平高、中部地区宏观税负水平低的税负格局没有发生根本变化。

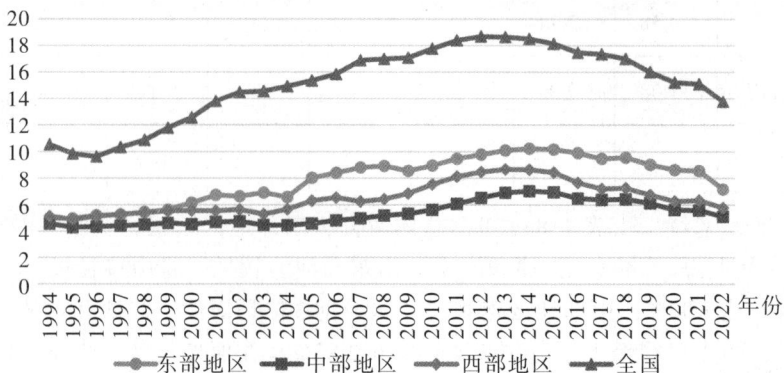

图4-12　1994—2022年三大地区及全国小口径宏观税负水平的变化趋势（%）

3.中小口径宏观税负水平区域比较分析

针对我国宏观税负的区域异质性分析，本书主要运用变异系数测算方法，分别对我国东、中、西部地区以及全国的中小口径宏观税负水平的差异程度进行比较。表4-9给出了我国不同区域中小口径宏观税负的差异情况。中国东、中、西部地区和全国的中口径宏观税负水平均值分别为9.33%、7.31%、8.64%和17.15%；小口径宏观税负水平的均值分别为7.87%、5.36%、6.50%和15.09%，这进一步证明了中国区域的V型税负结构。

表4-9 我国不同区域中小口径宏观税负的变异系数

宏观税负	区域	均值（%）	标准差	变异系数	最大值（%）	最小值（%）
中口径	东部地区	9.33	2.34	0.25	12.64	5.45
	中部地区	7.31	1.60	0.22	10.11	5.31
	西部地区	8.64	2.21	0.26	12.38	5.28
	全国	17.15	3.84	0.22	22.10	10.18
小口径	东部地区	7.87	1.75	0.22	10.24	4.96
	中部地区	5.36	0.89	0.17	7.03	4.30
	西部地区	6.50	1.15	0.18	8.67	4.90
	全国	15.09	2.82	0.19	18.68	9.62

从变异系数可看到，在中口径宏观税负中，东部与西部地区变异程度较高，分别为0.25和0.26，而全国和中部地区的变异程度最低，仅为0.22。小口径宏观税负中，东部地区变异程度最高（0.22），其次是全国（0.19），而中部地区的变异程度最低（0.17），西部地区的变异程度也较低（0.18）。这说明了中国31个省（自治区、直辖市）及各地区的宏观税负水平存在较大的差异与不均衡状况，且中口径宏观税负水平在各区域的差异程度要大于小口径宏观税负水平，区域税制改革有待持续推进。

本书进一步绘制了1994—2022年我国三大地区中小口径宏观税负的变异系数图（如图4-13和图4-14所示）。我国各区域的宏观税负变异程度发展趋势表现出明显差异。一方面，由图4-13可知，东、中、西地区的中口径宏观税负变异系数在1994—2021年均呈波动性下降趋势，2022年略有回升。东部地区的波动幅度更强烈；东西部地区中口径宏观税负的变异系数在2003年及以后的波动趋势较为平缓，但西部地区的宏观税负变异系数下降趋势最明显，由1994年的0.40降至2022年的0.17。由图4-14可知，3个地区的小口径宏观税负变异系数也呈波动性下降趋势，但东部地区的宏观税负变异程度波动性更强，西部地区的宏观税负变异系数仍具有最大的下降幅度。这表明减税降费政策从整体上缩小了东、中、西地区内部各省（自治区、直辖市）间的宏观税负差距，且针对西部地区所产生的政策效果最为显著。

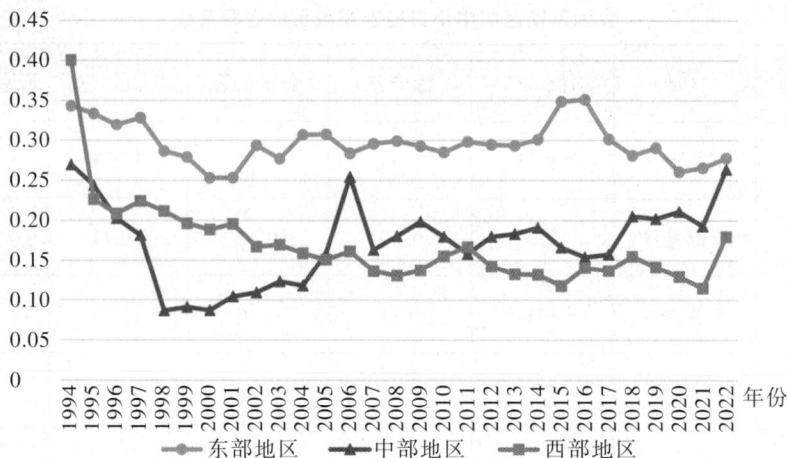

图4-13 1994—2022年我国三大地区中口径宏观税负的变异系数

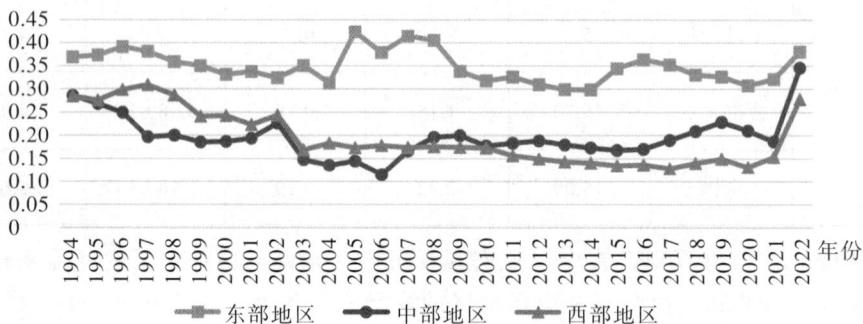

图4-14 1994—2022年我国三大地区小口径宏观税负的变异系数

　　虽然相比中西部地区，我国东部地区的中小口径宏观税负变异程度波动的态势较弱，但东部地区的中小口径宏观税负变异系数始终大于中西部地区。另外，在2005年以前，我国西部地区中口径宏观税负变异程度始终高于中部地区，在2006年以后，中部地区反超西部地区；在小口径宏观税负方面，2007年以前，西部地区的变异系数更大，2007年以后，中部地区的变异系数则略大。这意味着，东部地区不仅承担较高的税收负担，而且东部地区内部各省（自治区、直辖市）之间在承担的宏观税负水平方面也存在较大的差异。相对来说，中西部地区承担较低水平的负担，且区域内部各省（自治区、直辖市）之间宏观税负水平也相对均衡。

三、流转税税负测度与变化趋势

（一）流转税总体税负测度与变化趋势

　　流转税是指以纳税人商品生产、流通环节的流转额或者数量以及非商品交易的营业额为征税对象的一类税收。我国主要的流转税包括增值税、消费税、关税、资源税、城市维护建设税以及2016年全面"营改增"后不再施行的营业税。因此，本书基于数据可得性，以增值税、消费税、关税、资源税、城市维护建设税与营业税之和衡量流转税，重点分析2003年我国实施减税政策以来流转税的变化趋势。

数据主要来源于《中国统计年鉴》、各省（自治区、直辖市）统计年鉴。

表4-10反映了2003年以来我国流转税税负水平。流转税税额整体呈逐年上升趋势，由2003年的12 819.69亿元增加至2021年的87 711.54亿元，增长了5.84倍，2022年略有下降，且2020年流转税税额为77 745.93亿元，相比2019年减少6 697.21亿元，主要原因是经济下行压力加大和减税降费政策实施等。而增值税、营业税、消费税、关税作为流转税的四大税源，其税负水平在表4-10中有详细体现，整体变化趋势均与流转税保持一致，其中消费税的变化幅度最明显，增值税次之，营业税和关税的变化程度较弱。截至2021年，消费税、增值税和关税的税额分别为13 880.70亿元、63 519.59亿元和2 806.14亿元，相较于2003年，消费税增长约11倍，增值税增长约8倍，而关税仅增长约2倍。营业税由于"营改增"自2016年就消失于税收舞台，但2016年营业税税额也较2003年翻了约3倍。至2022年，流转税总体税额较2021年下降10 970.87亿元，主要体现为增值税税额的急剧下降，主要原因可能是2022年实施的大规模增值税留抵退税政策导致增值税税收收入显著减少。

表4-10　　　　　　　　2003—2022年我国流转税税负水平　　　　　　　单位：亿元

年份	增值税	营业税	消费税	关税	流转税
2003	7 236.54	2 844.45	1 182.26	923.13	12 819.69
2004	9 017.94	3 581.97	1 501.90	1 043.77	15 918.44
2005	10 792.11	4 232.46	1 633.81	1 066.17	18 662.43
2006	12 784.81	5 128.71	1 885.69	1 141.78	22 087.82
2007	15 470.23	6 582.17	2 206.83	1 432.57	27 109.34
2008	17 996.94	7 626.39	2 568.27	1 769.95	31 607.40
2009	18 481.22	9 013.98	4 761.22	1 483.81	35 622.58
2010	21 093.48	11 157.91	6 071.55	2 027.83	42 655.45
2011	24 266.63	13 679.00	6 936.21	2 559.12	50 816.12
2012	26 415.51	15 747.64	7 875.58	2 783.93	56 852.66
2013	28 810.13	17 233.02	8 231.32	2 630.61	61 330.63
2014	30 855.36	17 781.73	8 907.12	2 843.41	65 116.08
2015	31 109.47	19 312.84	10 542.16	2 560.84	68 446.57
2016	40 712.08	11 501.88	10 217.23	2 603.75	70 019.37
2017	56 378.18	—	10 225.09	2 997.85	75 316.59
2018	61 530.77	—	10 631.75	2 847.78	81 480.18
2019	62 347.36	—	12 564.44	2 889.13	84 443.14
2020	56 791.24	—	12 028.10	2 564.25	77 745.93
2021	63 519.59	—	13 880.70	2 806.14	87 711.54
2022	48 717.71	—	16 698.81	2 860.29	76 740.67

此外，从表4-11中可知，自2003年以来我国的流转税结构发生了较大变化，主要税种是增值税、营业税、消费税和关税。2003—2021年这4类税种占流转税的比例合计均超过90%，但总体合计比例呈整体下降的趋势，2003年合计比例为95.06%。随着2016年全面实施营业税改征增值税，营业税退出历史舞台，由此形成了以增值税、消费税和关税为主要来源的流转税，再加上减税降费政策的大规模实施，2022年合计比例有所下降，为88.97%。

表4-11　　　　　　2003—2022年流转税结构比例（%）

年份	增值税/流转税	营业税/流转税	消费税/流转税	关税/流转税	合计
2003	56.45	22.19	9.22	7.20	95.06
2004	56.65	22.50	9.43	6.56	95.14
2005	57.83	22.68	8.75	5.71	94.97
2006	57.88	23.22	8.54	5.17	94.81
2007	57.07	24.28	8.14	5.28	94.77
2008	56.94	24.13	8.13	5.60	94.80
2009	51.88	25.30	13.37	4.17	94.72
2010	49.45	26.16	14.23	4.75	94.59
2011	47.75	26.92	13.65	5.04	93.36
2012	46.46	27.70	13.85	4.90	92.91
2013	46.98	28.10	13.42	4.29	92.79
2014	47.39	27.31	13.68	4.37	92.75
2015	45.45	28.22	15.40	3.74	92.81
2016	58.14	16.43	14.59	3.72	92.88
2017	74.85	—	13.58	3.98	92.41
2018	75.52	—	13.05	3.50	92.07
2019	73.83	—	14.88	3.42	92.13
2020	73.05	—	15.47	3.30	91.82
2021	72.42	—	15.83	3.20	91.45
2022	63.48	—	21.76	3.73	88.97

针对增值税和营业税，历年两者合计占流转税比例超70%，且增值税始终占流转税最大比例，2005—2008年合计比例进一步超过80%，分别高达80.51%、81.10%、81.35%和81.07%，而随着"营改增"政策推进，2016年我国的增值税和

营业税税收之和占比约为74.57%，与2017—2022年的增值税占比吻合一致，这说明中国的"营改增"政策确实在很大程度上降低了流转税税负。

针对消费税和关税，两者占流转税的比例较低，且关税所占比例整体上是递减的，至2022年占流转税比重仅为3.73%，远低于2003年的7.20%，这可能是国家发展经济、增强商品竞争力的需要。但消费税占流转税的比例整体上递增，由最初的9.22%增至21.76%。这表明消费税在流转税中发挥越来越重要的作用。

（二）增值税税负测度与变化趋势

增值税作为间接税是对增加值征税的税种，且税负具有易转嫁性，沿着生产过程层层转嫁，最终由消费者负担。利用增值税法定税率衡量增值税税负（刘怡、聂海峰，2004；平新乔等，2009）则忽视了其在不同部门的流转情况，因此本书参考聂海峰和刘怡（2010）的做法，利用投入产出法考量增值税税负在各部门的转嫁性，并以CFPS微观数据库为基础核算微观家庭中各类消费支出蕴含的增值税税负（王茜萌、倪红福，2019）。CFPS数据库是我国目前公认的数据类型丰富、质量较高的微观类追踪调查数据库，为学术研究和公共政策分析提供基础数据（谢宇等，2014），共包含2010年、2012年、2014年、2016年、2018年及2020年的数据，可利用该数据库中的样本数据对我国增值税等税种负担和中等收入群体比重进行测算。其中，2010年的数据为基线调查数据，2012年、2014年、2016年、2018年、2020年的数据为全样本追踪调查数据。该数据库覆盖我国25个省（自治区、直辖市）（不含我国香港、澳门、台湾以及新疆维吾尔自治区、西藏自治区、青海省、内蒙古自治区、宁夏回族自治区、海南省），这些省（自治区、直辖市）人口占据我国总人口的95%，因此CFPS数据库的样本数据具有全国代表性。由于CFPS数据库每两年更新一次，截至2023年10月，已有完整数据年份包括2010年、2012年、2014年、2016年、2018年、2020年，故本书仅使用以上6年数据进行分析（下同，即消费税、个人所得税税负测度作相同处理）。而"全国投入产出表"可与之对应的年份仅为2010年、2012年、2018年和2020年，所以本书主要测算这4年家庭承担增值税情况，分析其变动趋势。具体以2020年为例阐述本书的数据处理过程，基本计算步骤包括：

第一，根据2021年《中国税务年鉴》中的分税种各行业税收收入数据，按照与投入产出表部门的对应关系，确定各行业增值税的实际税收收入。

第二，利用各行业实际税收收入与"2020年投入产出表"中的总产出和增加值数据，计算各行业增值税的实际税率（又称实际税负，下同）。

第三，根据增值税实际税率，计算由增值税所引起的不同部门产品的价格变化，进而求得增值税有效税率。

第四，根据2020年CFPS数据库提供的家庭消费支出明细，确定居民各项消费性支出的行业归属，选取各项消费性支出所属行业的有效税率，测算居民增值税实际税负。

1.各部门增值税实际税收与实际税率的确定

投入产出表与税务统计年鉴的部门划分有所不同，为方便两表的部门匹配，本书首先将"2020年投入产出表"中Ⅱ级分类的153个部门按Ⅰ级分类合并为42个部门，再进一步与税务统计年鉴建立对应关系，将税务统计年鉴中的增值税、消费税、营业税和资源税实际税收收入数据与投入产出表中各部门进行一一对应，具体匹配关系见附录1，最后结合投入产出表中的增加值与总产出计算各类流转税的实际税率。部门增值税实际税率的计算公式为：

税率=部门实际税收/部门增加值

资源税、营业税和消费税的实际税率计算公式为：

税率=部门实际税收/部门总产出

2.增值税有效税率的确定

投入产出表反映了一定时期国民经济各部门间的生产技术联系与平衡关系，描述了部门生产时的投入来源与产出去向，可为模拟增值税、消费税等流转税在不同部门间的流转及确定其最终税负归宿提供基础计算工具。在构建投入产出税收转嫁模型时，我们需作出如下假设：

第一，在投入产出模型中假设市场是完全竞争的，市场自由进入和退出，各部门的生产技术是规模报酬不变的；

第二，42个生产部门只生产42种产品，每个部门只生产一种产品；

第三，价格变化不影响生产的投入系数，且各部门商品不含税时价格统一为1；

第四，为便于计算和表达直观，假设增值税等流转税的税收负担由企业向前全部转嫁给购买商品的居民。

由于市场是完全竞争的，42个部门生产42种产品，忽略价格变化影响。当市场达到均衡时不存在利润，考虑税负全部向前转嫁时，部门产品的总价值等于该部门全部投入的价值和转嫁的税收之和。达到均衡时的资金平衡公式为：

$$P_j = \sum_{i=1}^m a_{ij}P_i + (1+t_j)V_j + \sum_{i=1}^m a_{ij}\tau_{1i}P_i + \sum_{i=1}^m a_{ij}\tau_{2i}P_i + S_jP_j \quad (j=1,2,\cdots,m) \quad (4-1)$$

式中：P_j 为第 j 部门产品价格；a_{ij} 是第 j 部门单位产出中利用 i 部门产出的消耗系数；P_i 是第 i 部门产品的价格；t_j 是第 j 部门的增值税实际税率；v_j 是第 j 部门单位产品产出的增加值比例；τ_{1i} 是第 i 部门的消费税实际税率；τ_{2i} 是第 i 部门的资源税实际税率；S_j 是第 j 部门的营业税实际税率。将公式4-1矩阵化后可简化表述为：

$$P = \left(I - A'\left(I + [\tau_1] + [\tau_2]\right) - S\right)^{-1}(I+T)V \quad (4-2)$$

P 是一个 m 维产品价格向量，I 是 m 维单位矩阵，A 是 $m\times m$ 维的投入产出表的消耗系数矩阵，$[\tau_1]$、$[\tau_2]$、S、T 都是对角线之外为零的对角矩阵，对角线之外都为零，分别是消费税、资源税、营业税和增值税实际税率的对角阵。V 是 m 维的单位产品增加值比例的向量。上标"'"表示矩阵的转置，上标"−1"表示矩阵求逆运算。

基于以上公式可进一步求解价格中所含的增值税（具体原理不变）。通过征收增值税引起的价格变化来反映增值税有效税率，需要保持其他税收的税率为实际税率不变，分别计算增值税税率为0时的价格 P_0，税率为实际税率时的价格 P_1，由此得出各部门最终产品的价格中包含的增值税有效税率就是 $z_t = (P_1 - P_0)/P_0$。

3.微观家庭各类消费支出内含增值税税负的确定

家庭消费支出的微观数据主要来源于CFPS数据库中的家庭经济数据库。在居民八大类消费支出的基础上，结合CFPS数据库提供的消费性支出将居民八大类消费支出进一步细化为食品支出、衣着鞋帽支出、家庭设备及日用品支出、交通通信支出、商业性保险支出、房贷支出、居住支出、教育培训支出、医疗保健支出、文化娱乐支出10类，并将其与投入产出表中各部门匹配，由此求得各家庭不同消费品一一对应的增值税有效税率，最后结合消费品支出金额计算各家庭部门承担的实际增值税税负大小。具体计算公式为：

家庭实际增值税税负=消费品支出金额×对应部门增值税有效税率

由表4-12可知，在2010年、2012年、2018年和2020年，10类消费品增值税有效税率均显著低于当年适用的增值税法定税率。由于在实际征收过程中，在税前扣除、减免税等税收优惠政策作用下纳税人实纳税额会低于应纳税额，最终增值税测算实际税率与法定税率拉开较大差距。此外，可能是因为本书测算增值税有效税率所使用的各个时间段数据涵盖的实际征税对象数量与法定征税对象数量存在差异，测算所得的有效税率与法定税率不一致。这也表明与直接引入法定税率分析增值税减税变化趋势相比，使用投入产出法测算增值税有效税率更为合理准确。

表4-12 家庭消费品增值税有效税率

消费品支出类别	增值税有效税率（%）			
	2010年	2012年	2018年	2020年
食品支出	4.30	6.44	5.35	4.17
衣着鞋帽支出	8.44	6.13	7.55	6.14
家庭设备及日用品支出	8.75	7.08	7.89	6.55
交通通信支出	0.79	3.50	4.93	4.42
商业性保险支出	0.05	3.81	7.64	6.78
房贷支出	0.09	1.15	8.17	6.71
居住支出	1.33	3.45	5.96	4.60
教育培训支出	0.10	4.13	2.19	1.75
医疗保健支出	0.38	1.59	4.64	3.73
文化娱乐支出	0.80	4.85	4.19	3.23

通过分析图4-15可知，至2018年10类消费性支出均展现出倍速增长趋势。如在家庭人均消费性支出占比较大的食品支出、家庭设备及日用品支出中，2018年食品支出分别约为2012年和2010年的1.6倍与2.8倍，家庭设备及日用品支出则分别约为1.6倍与3.5倍，因此，税基扩大以及有效税率提高均导致增值税税负逐年递增。但在2020年突发的特殊经济形势下，消费品支出增幅减缓，且部分消费品对应增值税税负有所下降。

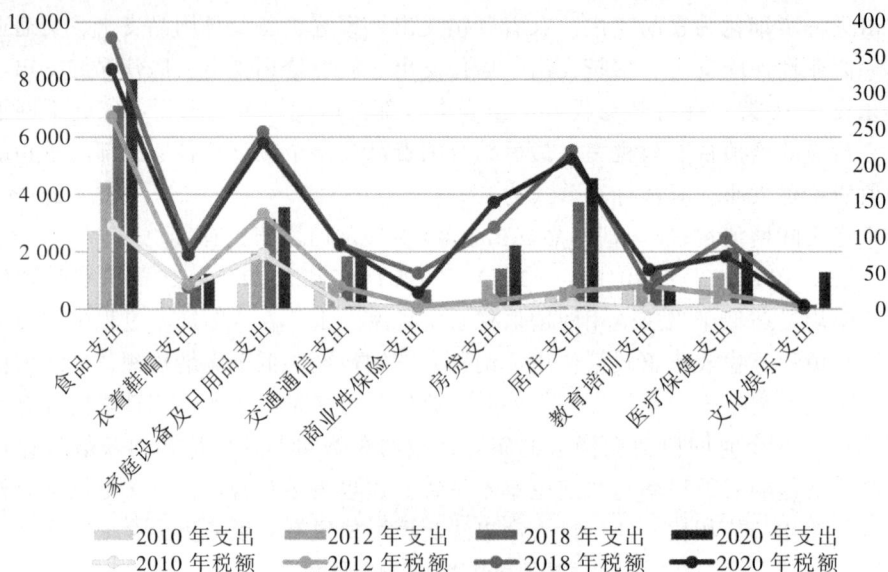

图4-15　2010年、2012年、2018年和2020年我国10类消费品人均支出及
增值税税负（单位：元）

家庭消费性总支出集中在食品支出、家庭设备及日用品支出上。虽增值税税负水平逐年提升，但2018年食品支出的增值税有效税率为5.35%，明显低于2012年的6.44%，且在各类消费品税负占消费性总支出比例（见表4-13）中，2018年食品支出中隐含的增值税税负占消费性总支出的比例为1.766%，相较2012年的2.350%有所下降。2020年，其占比进一步下降，同时家庭设备及日用品支出、教育培训支出以及文化娱乐支出所含人均税负占总支出的比例有所下降。这表明家庭的人均税负合计在增加，但占比较重的消费品税负占消费总支出的比例在减少，增值税减税政策可缓解家庭日常生活及教育支出压力。

表4-13　　　　　　　消费品增值税税负占消费性总支出比例

消费品支出类别	各类消费品增值税税负占总支出比例（%）			
	2010年	2012年	2018年	2020年
食品支出	1.504	2.350	1.766	1.379
衣着鞋帽支出	0.392	0.304	0.403	0.312

消费品支出类别	各类消费品增值税税负占总支出比例（%）			
	2010年	2012年	2018年	2020年
家庭设备及日用品支出	0.993	1.161	1.154	0.959
交通通信支出	0.097	0.274	0.421	0.371
商业性保险支出	0.001	0.032	0.234	0.093
房贷支出	0.0002	0.100	0.534	0.615
居住支出	0.096	0.216	1.033	0.864
教育培训支出	0.009	0.277	0.135	0.227
医疗保健支出	0.053	0.170	0.463	0.305
文化娱乐支出	0.018	0.030	0.026	0.020

（三）消费税税负测度与变化趋势

测算消费税税负沿用增值税税负的测算方法，在计算消费税有效税率时，保持增值税、营业税和资源税实际税负不变，分别求解消费税税率为0与实际税率时的价格，由此以两类价格变动反映消费税有效税率；同样，按公式"家庭实际消费税税负=消费品支出金额×对应部门消费税有效税率"，与CFPS数据库中的10类消费品支出进行匹配，得到最终消费税税负。

从表4-14中可看出，消费税有效税率同样明显低于当年法定税率，在2010年和2012年，10类消费品支出隐含的消费税有效税率显著升高。这表明这一阶段消费税逐渐受到重视，在税收领域占据越来越重要的地位，因为针对特定消费品征税的消费税可纠正消费者的偏好误差以及调节收入分配。在2012年、2018年和2020年，仅衣着鞋帽与家庭设备及日用品两类消费品的消费税有效税率持续增加，其他8类消费品税率均出现下降趋势，说明2018年开始的普惠性减税政策有效作用于消费税，减轻居民税收负担。

表4-14   家庭消费品消费税有效税率

消费品支出类别	消费税有效税率（%）			
	2010年	2012年	2018年	2020年
食品支出	1.34	1.77	1.73	1.86
衣着鞋帽支出	0.70	0.88	0.99	1.05
家庭设备及日用品支出	0.12	0.59	0.76	0.80

续表

消费品支出类别	消费税有效税率（%）			
	2010年	2012年	2018年	2020年
交通通信支出	0.02	0.50	0.37	0.39
商业性保险支出	0.02	0.45	0.36	0.26
房贷支出	0.02	1.20	0.95	0.97
居住支出	0.17	0.84	0.64	0.66
教育培训支出	0.04	0.47	0.43	0.46
医疗保健支出	0.01	0.98	0.84	0.87
文化娱乐支出	0.0001	0.90	0.80	0.87

本书利用CFPS数据库中家庭消费支出数据与消费税有效税率得到具体家庭人均承担的消费税税负。表4-15也列举了2010年、2012年、2018年和2020年家庭人均消费支出明细，发现随着经济发展和居民收入水平的提升，各类消费支出也相应增加，特别是商业性保险、房贷和居住这类享受型消费支出涨幅明显。至2020年，家庭人均消费支出总计达25 796.82元，而2010年仅为7 636.51元。各类消费品支出内含人均消费税税负也逐年增加，2018年家庭人均消费税税负合计227.00元，比2010年新增185.57元，但2020年在消费支出合计增加的情况，消费税税负合计降为148.98元。消费者收入水平下降从而更倾向于低消费税即低价格商品，而减少对高消费税商品（如奢侈品等）的需求量。

表4-15　　　　　　　　　消费品人均支出及消费税税负　　　　　单位：元

消费品支出类别	家庭人均消费税税负				家庭人均消费支出			
	2010年	2012年	2018年	2020年	2010年	2012年	2018年	2020年
食品支出	36.33	77.48	122.10	148.98	2 708.63	4 382.11	7 066.56	7 998.85
衣着鞋帽支出	2.51	5.06	11.31	12.98	359.18	576.19	1 141.93	1 231.61
家庭设备及日用品支出	1.02	11.47	23.75	28.59	878.05	1 927.88	3 128.34	3 542.43
交通通信支出	0.18	4.56	6.76	8.04	955.76	920.98	1 828.11	2 027.32
商业性保险支出	0.02	0.44	2.35	5.91	139.34	98.19	655.96	153.30
房贷支出	0.003	11.98	13.28	21.53	16.61	1 001.39	1 398.36	2 217.16
居住支出	0.97	6.30	13.28	30.34	557.80	748.27	3 711.09	4 548.04

续表

消费品支出类别	家庭人均消费税税负				家庭人均消费支出			
	2010年	2012年	2018年	2020年	2010年	2012年	2018年	2020年
教育培训支出	0.31	3.65	5.68	2.15	767.10	780.48	1 320.70	809.33
医疗保健支出	0.09	12.28	18.03	17.37	1 091.59	1 252.81	2 135.49	1 984.74
文化娱乐支出	0.01	0.64	1.04	1.34	174.13	71.41	130.65	1 284.04
合计	41.43	134.02	227.00	148.98	7 636.51	11 761.40	22 406.50	25 796.82

虽然居民承担的消费税税负在增加，但在表4-16中，2012年与2018年消费税税负合计占消费性总支出比重在减少，到2020年又有所上升，但部分消费品的消费税税负占总支出的比例整体逐渐降低，说明在普惠性减税降费阶段，居民可支配收入增加更趋向于享受型消费，从而有效促进消费升级。

表4-16　　　　　　　　　消费品消费税税负占消费性总支出比例

消费品支出类别	各类消费品消费税税负占总支出比例（%）			
	2010年	2012年	2018年	2020年
食品支出	0.4694	0.6797	0.5706	0.6154
衣着鞋帽支出	0.0325	0.0444	0.0529	0.0536
家庭设备及日用品支出	0.0131	0.1006	0.1110	0.1181
交通通信支出	0.0023	0.0400	0.0316	0.0332
商业性保险支出	0.0003	0.0038	0.0110	0.0244
房贷支出	0.00004	0.1051	0.0621	0.0889
居住支出	0.0126	0.0552	0.0621	0.1253
教育培训支出	0.0040	0.0320	0.0265	0.0089
医疗保健支出	0.0012	0.1077	0.0842	0.0717
文化娱乐支出	0.0001	0.0056	0.0049	0.0055

我国不同区域的社会经济发展状况存在差异，各地区居民收入水平也有高低。考虑产业结构差异、工业化与城市化差异和对外开放的区域差异等，为科学反映我国不同区域的社会经济发展状况，本书参照国家统计局的划分方法进一步将我国的经济区域划分为东部、中部、西部和东北四大地区，以探究分析不同地区流转税税负水平的差异。东部地区包括北京、天津、河北、上海、江苏、浙江、福建、山东、广东和海南；中部地区包括山西、安徽、江西、河南、湖北和湖南；西部地区包括内蒙古、广西、重庆、四川、贵州、云南、西藏、陕西、甘肃、青海、宁夏和新疆；东北地区包括辽宁、吉林和黑龙江。统计结果参见表4-

17，其中流转税税负由前文已测算消费税税负与增值税税负求和获得，故2014年与2016年流转税税负也无法利用投入产出法测算，仅针对2010年、2012年、2018年和2020年进行统计分析。

表4-17　　　　　　消费税、增值税与流转税税负分析　　　　　　单位：元

类别	区域	2010年	2012年	2018年	2020年
消费税税负	东部	53.53	162.52	295.36	353.01
	中部	34.03	109.81	188.78	240.98
	西部	28.94	109.95	178.56	217.73
	东北	47.50	153.32	227.21	268.75
增值税税负	东部	312.12	664.99	1 705.22	1 587.36
	中部	208.21	477.19	1 106.03	1 096.06
	西部	167.70	450.30	1 063.01	998.96
	东北	280.87	653.60	1 245.48	1 121.31
流转税税负	东部	365.65	867.48	2 000.58	1 940.37
	中部	242.25	601.04	1 294.80	1 337.04
	西部	196.64	578.12	1 241.57	1 216.69
	东北	328.37	819.02	1 472.69	1 390.06

可以看到四大地区的消费税税负呈逐年递增趋势，但增值税税负与流转税税负均在2020年有所下降，但各地区消费税税负占流转税税负比重较小，增值税税负始终占较大比例，这进一步证明了增值税在流转税中占据重要地位。同时，在2010年、2012年和2018年，流转税税负水平整体呈上升趋势，且流转税税负水平始终保持东部地区最高，东北地区次之，中部地区较低，以及西部地区最低的特征。东部地区由最初的365.65元增至2 000.58元，西部地区则由2010年的196.64元提升到1 241.57元，中部地区与东北地区在此期间也各有不同程度的增长，消费税税负与增值税税负也具有同样的变化趋势。这说明在社会经济发展状况越优越的地区，居民的收入水平越高，其承担的税负压力也越大。

四、所得税税负测度与变化趋势

（一）所得税总体税负测度与变化趋势

所得税对调节收入分配、实现社会公平具有显著的直接效应。它是针对所有以所得额为对象征税的税种，在我国具体包括个人所得税与企业所得税。表4-18统计

了 2003 年以来中国个人所得税、企业所得税和所得税总额，个人所得税税额增长 9.52 倍，企业所得税税额则增长 13.97 倍，所得税税负水平整体上以较快的速度逐年提高，由 2003 年的 4 337.54 亿元增至 2022 年的 58 618.23 亿元。

表4-18　　　　　　　　2003—2022年我国所得税税负水平及结构　　　　　金额单位：元

年份	个人所得税税额	企业所得税税额	所得税税额	个人所得税税额占比（%）	企业所得税税额占比（%）
2003	1 418.03	2 919.51	4 337.54	32.69	67.31
2004	1 737.06	3 957.33	5 694.39	30.50	69.50
2005	2 094.91	5 343.92	7 438.83	28.16	71.84
2006	2 453.71	7 039.60	9 493.31	25.85	74.15
2007	3 185.58	8 779.25	11 964.83	26.62	73.38
2008	3 722.31	11 175.63	14 897.94	24.99	75.01
2009	3 949.35	11 536.84	15 486.19	25.50	74.50
2010	4 837.27	12 843.54	17 680.81	27.36	72.64
2011	6 054.11	16 769.64	22 823.75	26.53	73.47
2012	5 820.28	19 654.53	25 474.81	22.85	77.15
2013	6 531.53	22 427.20	28 958.73	22.55	77.45
2014	7 376.61	24 642.19	32 018.80	23.04	76.96
2015	8 617.27	27 133.87	35 751.14	24.10	75.90
2016	10 088.98	28 851.36	38 940.34	25.91	74.09
2017	11 966.37	32 117.29	44 083.66	27.14	72.86
2018	13 871.97	35 323.71	49 195.68	28.20	71.80
2019	10 388.53	37 303.77	47 692.30	21.78	78.22
2020	11 568.26	36 425.81	47 994.07	24.10	75.90
2021	13 992.64	42 041.15	56 033.79	24.97	75.03
2022	14 922.85	43 695.38	58 618.23	25.46	74.54

同时，如图4-16所示，个人所得税税额与企业所得税税额占所得税总额的比重出现此消彼长的趋势。个人所得税税额占比呈波动性下降趋势，2003年个人所得税

税额占比为 32.69%，2019 年达到最低值 21.78% 后又缓慢回落至 2022 年的 25.46%，主要原因是我国个人所得税改革次数较为频繁，且改革多聚焦于减税效应以调节收入差距，因此占比有所降低。企业所得税税额占比却呈波动性增长趋势。2019 年，企业所得税税额占比达到峰值 78.22%；2020—2022 年，比重保持稳定在 75% 左右，且企业所得税税额占比始终是个人所得税的 2~3 倍，占据首要位置。

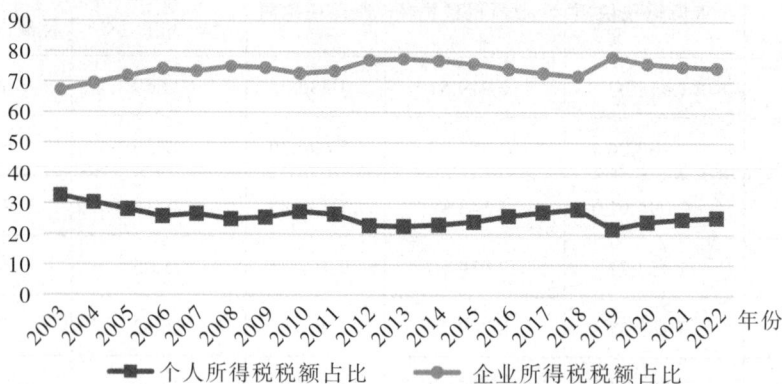

图 4-16　2003—2022 年我国个人所得税税额与企业所得税税额占比（%）

（二）微观个人所得税税负测度与变化趋势

已有关于个人所得税税负测算的文献多以《中国税务年鉴》和国家统计局为数据来源基础，从宏观角度搜集整理。由于 CFPS 数据库收纳了个人和家庭收入及支出数据，因此数据更具全面性与充分性。本书利用 CFPS 数据库的居民各类应税收入推算个人所得税应纳税额。本书主要测算并分析前文提到的 6 个年份的居民个人所得税税负变化趋势，具体计算步骤包括：首先，将各年 CFPS 数据库中个人和家庭的明细收入数据与属于个人所得税征税范围的工资、薪金所得以及经营所得等进行匹配；其次，除财产租赁所得外，CFPS 数据库披露的是个人和家庭税后收入数据，故需将税收收入数据换算为税前收入数据；最后，根据应纳税所得额结合适用税率计算各类所得对应的应纳税额，各类所得应纳税额合计则为居民个人所得税税额。

CFPS 数据库并没有直接与各类所得对应的变量，需根据对应年份的问卷设置选择对应变量并进行匹配。CFPS 数据库未设置特许权使用费所得、稿酬所得对应变量，且两者对个人所得税的影响较弱，本书参考雷根强和郭玥（2016）的做法剔除这两类所得；同样，对于利息、股息、红利所得，财产转让所得，偶然所得，CFPS 数据库中也无对应变量进行测算，故本书着重计算工资、薪金所得，劳务报酬所得，经营所得，以及财产租赁所得对应的应纳税额。前两类所得对应变量来自 CFPS 数据库中的成人库，量化后两类所得的变量则选自 CFPS 数据库中的家庭经济关系数据库。由于成人库的调查主体为居民个人，而家庭库的主体对象为居民家庭，考虑两个子数据库统计对象的差异，本书首先分别计算成人库与家庭库中各自对应的收入所得应缴纳的个人所得税税额，最后根据家庭库中的"个人编码"变量与成人库中的"*pid*"变量进行匹配，将两库合并后将已测算的 4 类所得应纳税额加总求得个人所得税总额。

1.工资、薪金所得与劳务报酬所得处理

（1）工资、薪金所得应纳税额测算与变化趋势

本书主要参照雷根强和郭玥（2016）选择CFPS成人库中主要工作税后总收入，包括税后工资、税后奖金和税后福利作为工资、薪金所得的替代变量，而依据税后收入换算公式可推导出工资、薪金所得应纳税所得额：

$$应纳税所得额 = \frac{税后收入 - 各类扣除项目 - 速算扣除数}{1 - 适用税率} \tag{4-3}$$

值得注意的是，公式4-3中的适用税率与速算扣除数应与工资、薪金所得不含税税率级距表匹配，因为该公式以税后收入作为计算对象进行倒推，通过该公式将税后收入转换为税前收入后求得应纳税所得额，根据应纳税所得额则可求得应纳税额：

$$应纳税额 = 应纳税所得额 × 适用税率 - 速算扣除数 \tag{4-4}$$

此时公式4-4中的税率与速算扣除数适用于工资、薪金所得含税税率级距表。最后，税前收入的公式为：

$$税前收入=税后收入+应纳税额 \tag{4-5}$$

人均可支配收入是指居民总收入剔除应缴纳税费后用于最终消费支出和储蓄的总和，工资、薪金收入则是居民可支配收入的主要来源，因此，在图4-17中选择CFPS数据库中居民工资、薪金税后人均收入与国家统计局公布的人均可支配收入对比发现，两者间存在较小的差距。这个差距体现为CFPS数据库统计的人均工资、薪金税后收入水平整体略高于国家统计局公布的居民人均可支配收入，这可能是因为CFPS数据库统计的是除西藏、新疆、宁夏、内蒙古、海南、青海6个省（自治区）之外的25个省（自治区、直辖市）的数据，且西藏、新疆等自治区的经济水平相对落后，人均可支配收入处于快速进步阶段，而国家统计局中的人均可支配收入涵盖31个省（自治区、直辖市），这易导致CFPS数据库统计得出的税后收入存在高估情况，但由于两者未见显著差异，可见本书选择CFPS成人库中主要工作收入衡量居民工资、薪金所得具有一定可行性与合理性。

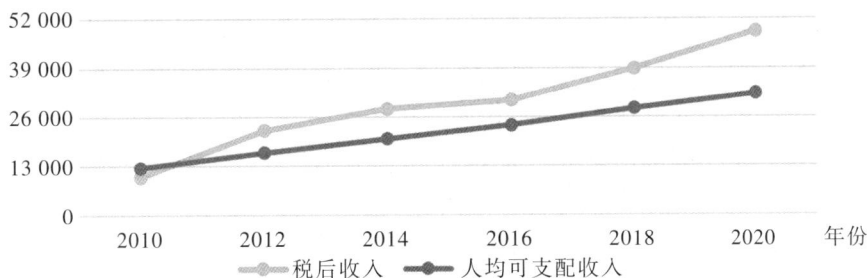

图4-17 我国工资、薪金税后收入与人均可支配收入对比图（单位：元）

由以上公式最终求得工资、薪金应纳税所得额与应纳税额结果（见表4-19），可以看到工资、薪金人均应纳税额逐年升高，至2020年达到2 637.08元，在2010年仅为211.18元，增长11.49倍。随着国家经济迅猛发展、居民生活水平显著提高，尽

管工资、薪金所得税率级数有所调整，但其应纳税额仍逐年增加。

表4-19　　　　　　　　　　　工资、薪金所得统计情况表　　　　　　　　　单位：元

年份	样本量	应纳税所得额均值	应纳税额均值	应纳税额最大值
2010	31 965	1 481.06	211.18	325 527.30
2012	10 008	3 199.49	398.67	489 163.60
2014	10 068	4 739.20	485.29	325 527.30
2016	5 797	7 707.49	1 111.88	652 800.00
2018	10 364	11 373.97	1 246.92	149 057.10
2020	4 240	20 677.54	2 637.08	252 676.90

考虑数据库样本量的影响，针对问卷中"税后主要工作收入"这一问题，除部分个人主要工作收入真实值为0外，存在部分人基于个人隐私等主观原因选择"0"选项的可能，但事实上其收入并不为0，因此，原始变量"税后主要工作收入"的有效样本中仍包括部分数值为0的样本是被低估的，而有效样本量越多，被低估的程度就越大。这一现象在其他3类所得中依然存在。如在表4-19中，2010年工资、薪金所得的有效样本量为31 965，其中收入为0的样本量占21.63%，比重较大。因此，除经济水平差异外，2010年有效样本量明显高于其他年份也是导致其应纳税额低于其他年份的原因。2016年有效样本量低于2018年，在2018年有效样本被低估的情况下，其工资、薪金所得应纳税额均值1 246.92元仍明显高于2016年的1 111.88元。对比样本量差异较小的2012年、2014年与2018年，工资、薪金所得应纳税额均值也呈增长趋势。综上所述，基于各年样本量的差异，工资、薪金所得应纳税额均值仍保持逐年增长趋势。

（2）劳务报酬所得应纳税额测算与变化趋势

CFPS成人库提供的收入包括两个类型，分别是主要收入和一般工作收入。一般认为工资性收入来源于主要工作，本书将CFPS成人库中其他所有一般工作税后年收入的总和作为居民个人劳务报酬所得，同样需将税后收入转换为税前收入求得劳务报酬所得应纳税额。由于劳务报酬是按次计算所得，因此本书假设居民每月进行一次劳务活动，一年共12次，平均到每月的劳务报酬所得=其他所有一般工作税后年收入总和÷12，并根据不同情形作如下假设：

情形1：每次劳务报酬所得不含税收入（税后收入）不超过3 360元时，劳务报酬应纳税所得额与应纳税额的计算公式为：

$$劳务报酬应纳税所得额 = \frac{每次劳务报酬税后收入 - 800}{1 - 20\%} \quad (4-6)$$

$$劳务报酬应纳税额 = 劳务报酬应纳税所得额 \times 适用税率 \quad (4-7)$$

情形2：每次劳务报酬所得不含税收入（税后收入）超过3 360元时，劳务报酬所得应纳税所得额与应纳税额的推导公式如下：

$$劳务报酬应纳税所得额 = \frac{(每次税后收入 - 速算扣除数) \times (1 - 20\%)}{1 - 适用税率 \times (1 - 20\%)} \quad (4-8)$$

劳务报酬应纳税额=劳务报酬应纳税所得额×适用税率-速算扣除数 （4-9）

上述公式中单次税后收入对应CFPS中换算后的每月的劳务报酬所得，公式4-6和公式4-8适用税率为不含税收入对应的税率表，公式4-7与公式4-9适用税率均为含税对应的税率表。

在表4-20中，劳务报酬所得应纳税额随年份增长具有较大的波动性，未见明显变化规律。如与2010年相比，2012年的应纳税额涨幅明显，应纳税额均值达706.11元，但2014年劳务报酬所得应纳税额均值回落至172.67元，2016年又有所提升，至2018年劳务报酬所得应纳税额均值猛增至3 327.50元，与之对应的应纳税所得额均值也由1 943.06元增至16 099.72元。2020年劳务报酬所得应纳税额均值又急剧下降，仅为298.28元。这主要因为：一是在2020年我国经济受到重创，劳务报酬总体水平降低；二是2018年修正的《个人所得税法》将劳务报酬纳入综合所得累进纳税，同年实行了提高费用扣除标准、增加专项附加扣除项目等减税措施，相应降低了劳务报酬税负；三是劳务报酬的收入来源具有不确定性，单次收入金额也因工作时长、种类等的不同而具有较大差距，所以导致各年对应的税额差异较大。

表4-20　　　　　　　　　劳务报酬所得统计情况表　　　　　　　　　单位：元

年份	样本量	应纳税所得额均值	应纳税额均值	应纳税额最大值
2010	8 273	140.26	28.05	9 523.81
2012	9 687	3 573.49	706.11	441 176.50
2014	24 371	853.60	172.67	107 368.40
2016	26 167	1 943.06	485.81	393 627.30
2018	2 896	16 099.72	3 327.50	271 764.70
2020	1 070	1 472.08	298.28	11 842.10

除此之外，2014年的样本量为24 371个，高于2012年，易导致其应纳税额被低估，仅为172.67元；2018年的样本量为2 896个，2016年则有26 167个，所以2016—2018年劳务报酬所得应纳税额均值有一个猛增的幅度，这也导致应纳税额每年有增有减，波动幅度大。

（3）工资、薪金所得应纳税额与劳务报酬所得应纳税额变化趋势比较

通过表4-21的对比分析可知，工资、薪金所得应纳税额在2010年、2014年、2016年、2020年会高于劳务报酬所得应纳税额，由于工资、薪金所得应纳税额占个人所得税的比重位居首位，远高于劳务报酬所得应纳税额占个人所得税的比重，因此，工资、薪金所得应纳税额高于劳务报酬所得应纳税额的趋势是符合常理的，但二者的差距不大，且2012年与2018年的劳务报酬所得应纳税额反高于工资、薪金所得应纳税额，初步判断为尽管两类所得均来源于CFPS的成人库，但由于数据

库是问卷调查的结果，所以两者计算税额时使用的有效变量有所差异，2012年与2018年劳务报酬所得的统计样本量均明显小于工资、薪金所得的统计样本量，因此样本量的差异易导致结果出现偏差。

表4-21　　　　工资、薪金所得应纳税额与劳务报酬所得应纳税额对比

年份	劳务报酬所得		工资、薪金所得	
	样本量	税额均值（元）	样本量	税额均值（元）
2010	8 273	28.05	31 965	211.18
2012	9 687	840.77	10 008	398.67
2014	24 371	172.67	10 068	485.29
2016	26 167	485.81	5 797	1 111.88
2018	2 896	3 327.50	10 364	1 246.92
2020	1 070	298.28	4 240	2 637.08

为进一步对比分析，剔除同一年份两类所得样本量差异的影响，本书同时删除各年劳务报酬所得与工资、薪金所得为缺失值的变量，最终得到两类所得所含有效变量一致的统一样本，再将两者应纳税额进行比较（如图4-18所示）发现，样本量一致后，劳务报酬所得应纳税额整体低于工资、薪金所得应纳税额，但劳务报酬所得每次收入的时间间隔并不固定，但本书将其假设为每月一次与工资、薪金所得保持一致，但实际上其收入的稳定性远不如工资、薪金所得，因此，视劳务报酬所得为一年12次的假设可能会高估其对应的税额。基于以上原因，2010年、2012年、2014年、2016年与2020年工资、薪金所得应纳税额大于高估后的劳务报酬所得应纳税额的部分较小。

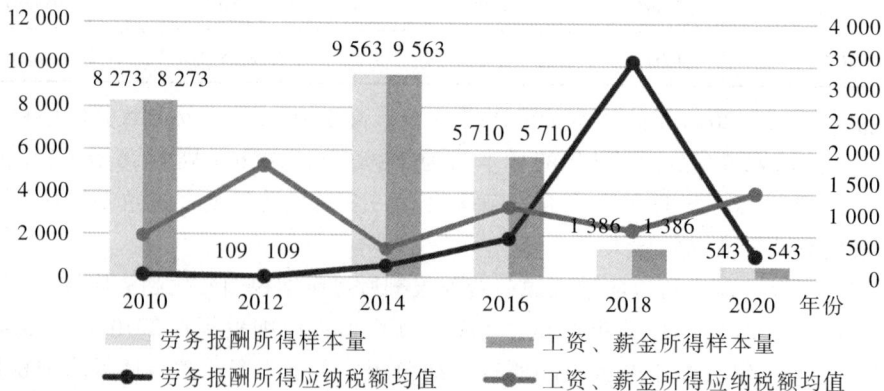

图4-18　样本统一后工资、薪金所得应纳税额与劳务报酬所得应纳税额对比图（金额单位：元）

另外，2018年劳务报酬所得应纳税额均值仍然显著高于工资、薪金所得应纳税额均值，除每年12次取得劳务报酬的假设存在高估情况外，一方面，2018年的有效变量仅为1 386个，不够全面，因此测算结果有所偏差；另一方面，特殊人群的单次

劳务性工作获得的报酬会远高于工资、薪金所得，如艺人出席商业活动获得的报酬等，这也会导致短期内劳务报酬所得应纳税额高于工资、薪金所得应纳税额。

2.经营所得与财产租赁所得处理

（1）经营所得应纳税额测算与变化趋势

经营所得的主体数据对应CFPS家庭库"个体经营净收入"变量，再通过家庭内部编码与生意管账人对应关系将该所得匹配至个人，然后根据如下公式求得应纳税额：

$$应纳税所得额 = \frac{个体年净收入 - 扣除项目 - 速算扣除数}{1 - 适用税率} \quad (4\text{-}10)$$

$$应纳税额 = 应纳税所得额 \times 适用税率 - 速算扣除数 \quad (4\text{-}11)$$

经营所得征税采用5级超额累进税率，其中公式4-10中的税率适用不含税级距超额累进税率表，公式4-11采用的税率则对应含税级距税率表。

结合表4-22与图4-19可知，经营所得应纳税额增幅明显，除2010年样本量明显高于其他年份外，2012—2020年的偶数年份的统计样本量未见明显差距。2010年经营所得应纳税额均值最低，2012年和2014年的样本量相差较小时应纳税额均值增加968.81元，样本量差距较小的2018年和2020年的应纳税额均值增加5 102.23元，增幅更明显。

表4-22　　　　　　　　　　**经营所得统计情况表**　　　　　　　　金额单位：元

年份	样本量	应纳税所得额均值	应纳税额均值
2010	14 387	1 807.32	575.30
2012	590	12 207.62	3 305.92
2014	656	16 488.15	4 274.73
2016	721	26 703.51	7 075.22
2018	643	50 875.17	14 876.72
2020	453	68 731.71	19 978.95

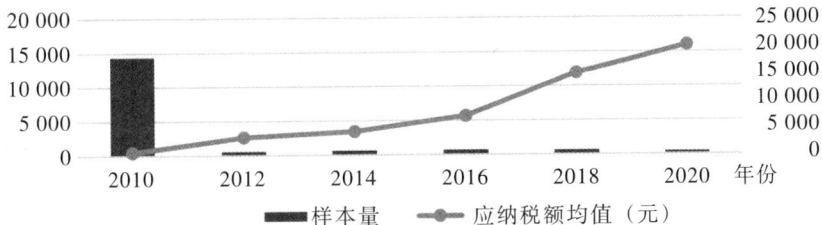

图4-19　我国经营所得应纳税额均值变化趋势

（2）财产租赁所得应纳税额测算与变化趋势

本书选择CFPS数据库中列举的房屋出租所得衡量财产租赁所得，并通过"房产证上家人的名字"将该收入匹配至成人库的家庭成员。由于房屋出租所得为税前收入，因此不需进行换算可直接计算应纳税额。另外，财产租赁所得也是按次计税，同样假设每月取得一次财产租赁所得，一年共 12 次，每月租金收入为总收入除以 12，同时假定扣除项目仅包括每月扣除 800 元的修缮费用，按照出租自有住房 10% 的优惠税率计算缴纳个人所得税。分情形具体公式如下：

情形 1：每次财产租赁所得税前收入不超过 4 000 元时，财产租赁应纳税额计算公式为：

$$应纳税额=（税前收入-800-800）\times 10\% \qquad (4-12)$$

情形 2：每次财产租赁所得税前收入超过 4 000 元时，财产租赁应纳税额计算公式为：

$$应纳税额=（税前收入-800）\times（1-20\%）\times 10\% \qquad (4-13)$$

根据表 4-23 与图 4-20，财产租赁所得需个人出租房屋、土地等财产才可取得收入，与经营所得一样并不是个人经常性的收入，且拥有此类所得的人群较少，所以由 CFPS 数据库统计得到的有效变量比较少，且各年统计样本差距也较小。在 2010 年和 2012 年，财产租赁所得应纳税额均值的增速较快，由 194.53 元增至 1 027.21 元；在 2012 年和 2014 年，应纳税额均值明显下降；在 2014 年和 2016 年，应纳税额均值有所增长，增速较缓；但 2016 年和 2018 年的应纳税额均值又呈下降趋势；2018 年和 2020 年的应纳税额均值有所增加，为 957.56 元。

表4-23　　　　　　　　　　财产租赁所得统计情况表　　　　　　　　金额单位：元

年份	样本量	应纳税所得额均值	应纳税额均值
2010	315	743.94	194.53
2012	482	1 371.69	1 027.21
2014	370	1 227.99	426.44
2016	305	1 697.79	844.20
2018	314	1 655.89	768.45
2020	223	1 900.12	957.56

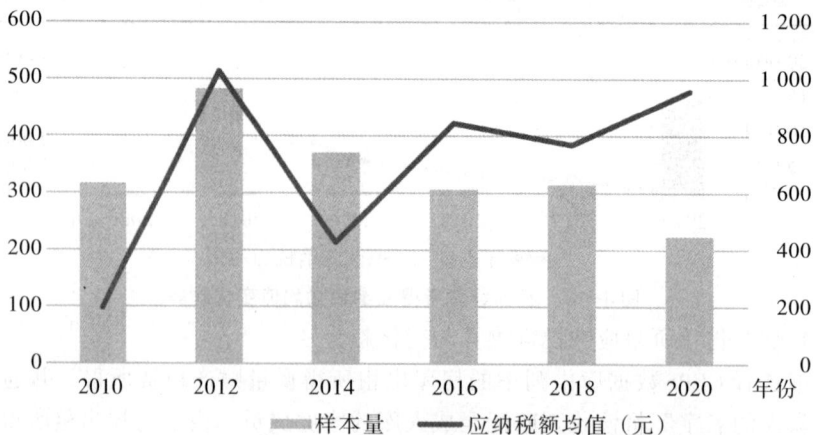

图4-20　我国财产租赁所得应纳税额均值的变化趋势

3.个人所得税税负测度与变化趋势分析

将CFPS成人库与家庭库以"*pid*"变量为基础合并后,基于前文的工资、薪金所得,劳务报酬所得,经营所得,以及财产租赁所得,根据《个人所得税法》,求和可得2010—2020年的偶数年份个人所得税税额,同时考虑本书未统计稿酬所得应纳税额与特许权使用费所得应纳税额,由工资、薪金所得应纳税额与劳务报酬所得应纳税额可测算年度个人所得税综合所得应纳税额。

由表4-24可知,综合所得与个人所得应纳税额均值保持同步变化,在2010年和2012年呈上升趋势,在2014年又迅速回落,分别由1 064.57元和1 403.42元下降为210.66元、326.92元,在2014—2020年的偶数年份逐年增长,2020年分别达到2 394.36元与3 964.94元。考虑样本差异,2014年与2016年的有效样本量明显更大,存在与工资、薪金所得同样的低估应纳税额问题,因此这两年的综合所得应纳税额与个人所得应纳税额均值低于其他年份,但2016年较2014年仍较高;2012年、2018年与2020年的有效样本量差距微弱且少于其他年份,因此这3个年份的两类所得应纳税额均值较高,整体仍是2020年保持更高水平。

表4-24　　　　　　　个人所得与综合所得应纳税额均值统计表　　　　　　金额单位:元

年份	样本量		应纳税额均值	
	综合所得	个人所得	综合所得	个人所得
2010	8 288	15 498	581.21	848.83
2012	3 966	4 751	1 064.57	1 403.42
2014	24 827	25 074	210.66	326.92
2016	26 250	26 390	285.87	487.41
2018	4 383	5 284	1 324.41	2 761.97
2020	4 892	5 237	2 394.36	3 964.94

综合所得应纳税额=工资、薪金所得应纳税额+劳务报酬所得应纳税额　　　（4-14）

$$个人所得税应纳税额 = 工资、薪金所得应纳税额 + 劳务报酬所得应纳税额 + 经营所得应纳税额 + 财产租赁所得应纳税额 \qquad (4\text{-}15)$$

表4-25考虑同一变量不同年份的样本差异,将综合所得与个人所得两个变量中为0的数据剔除,最终得到不含0的2010—2020年的偶数年份综合所得与个人所得的样本量及对应的应纳税额均值。对比表4-24和表4-25可以看到,2010年与2012年样本量较少,因此对应的个人所得税应纳税额也较高,而2014—2020年的偶数年份的样本量相差不大,此时综合所得应纳税额与个人所得税总额呈逐年递增趋势,2014年与2016年的应纳税额随着样本量的减少而明显增加,如个人所得应纳税额均值分别由326.92元、487.41元增至2 390.16元和2 992.56元。这证明了本书计算工资、薪金所得应纳税额提到有效样本中包括部分数值为0的样本是被低估的,而有效样本量越多被低估程度就越大的合理性。

表4-25　　　　　　　调整后综合所得与个人所得应纳税额均值统计表　　　　　金额单位：元

年份	样本量（去0后）		应纳税额均值（去0后）	
	综合所得	个人所得	综合所得	个人所得
2010	867	900	5 556.04	7 152.98
2012	900	976	4 691.21	6 526.20
2014	2 609	2 660	2 004.64	2 390.16
2016	2 719	2 758	2 759.87	2 992.56
2018	2 057	2 279	2 822.01	6 354.12
2020	2 455	2 586	4 771.16	8 029.54

　　忽略每年综合所得与个人所得两者统计样本的差异问题，2010—2020年的偶数年份的每年综合所得应纳税额虽小于个人所得应纳税额，但两者的差距并不大。2010—2016年的偶数年份的综合所得应纳税额均值在个人所得应纳税额均值中占比均超过70%，尤其是2016年综合所得应纳税额均值占个人所得应纳税额均值比重达92.22%。但图4-21考虑综合所得与个人所得不同变量间的样本差异，将综合所得与个人所得缺失值分别作删除处理，以统一样本，可以看到综合所得应纳税额均值始终小于个人所得应纳税额均值，但两类所得应纳税额均值之间的差额并未扩大，这进一步验证综合所得在个人所得税中的重要地位。

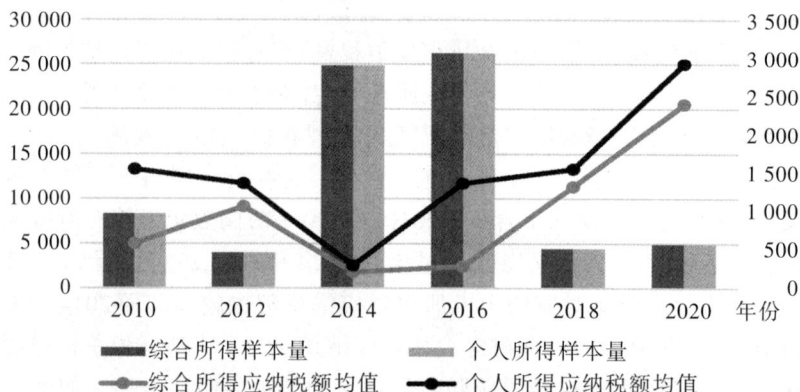

图4-21　我国综合所得与个人所得应纳税额均值的变化趋势（金额单位：元）

　　为进一步分析不同经济区域间个人所得应纳税额均值的差异，本书将样本划分为东部、中部、西部和东北四大地区进行统计，具体结果参见表4-26。

表4-26　　　　　　　　我国不同区域个人所得应纳税额均值统计表　　　　　　　金额单位：元

区域	变量	2010年	2012年	2014年	2016年	2018年	2020年
东部	样本量	5 451	1 727	8 123	8 478	2 103	2 107
	应纳税额均值	1 995.43	1 835.76	722.19	845.93	3 066.57	5 986.03
中部	样本量	3 505	1 243	6 368	6 448	1 234	1 188
	应纳税额均值	407.30	1 280.84	160.02	347.86	1 363.24	2 279.48
西部	样本量	4 498	1 033	7 383	8 124	1 263	1 298
	应纳税额均值	110.36	1 199.21	98.94	183.61	3 892.47	3 317.16
东北	样本量	2 036	744	3 200	3 338	684	643
	应纳税额均值	173.87	892.14	181.73	585.99	2 261.43	1 761.77

　　通过纵向对比可知，同一区域不同年份所含的有效样本量差距较大，但整体特点为：四大地区2012年、2018年与2020年样本量比较一致，2014年则与2016年样本量比较一致。东部地区总体上个人所得应纳税额均值先下降后上升，中部、西部和东北地区均呈波动性增长趋势，其中西部地区波动幅度最大。局部对比2018年与2020年，东部和中部地区的个人所得应纳税额均值明显增加，西部与东北地区与之相反。其中，东部地区个人所得应纳税额均值从3 066.57元增至5 986.03元；中部地区由1 363.24元提升至2 279.48元；西部地区升至3 317.16元，东北地区降至1 761.77元。2014年和2016年与之对比，4个区域样本量都较多且个人所得应纳税额均值较低，但也都有所增加。结合图4-22从横向角度分析，四大地区不同年份拥有的有效样本量差异不算大，在2010—2020年的偶数年份，东部地区个人所得应纳税额均值大多高于其他3个地区，中部地区次之，西部地区落后于东北地区。这主要是因为东部地区先进制造业、高科技产业和第三产业相对发达，城市的综合经济实力与城市化水平较高，开放程度也更大，因此该区域居民收入水平更高，个人所得应纳税额均值也更高。对比东北地区与西部地区，东北地区以重化工业为主导，西部地区则是农业经济占有较大比重，因此东北地区个人所得税应纳税额均值更高。

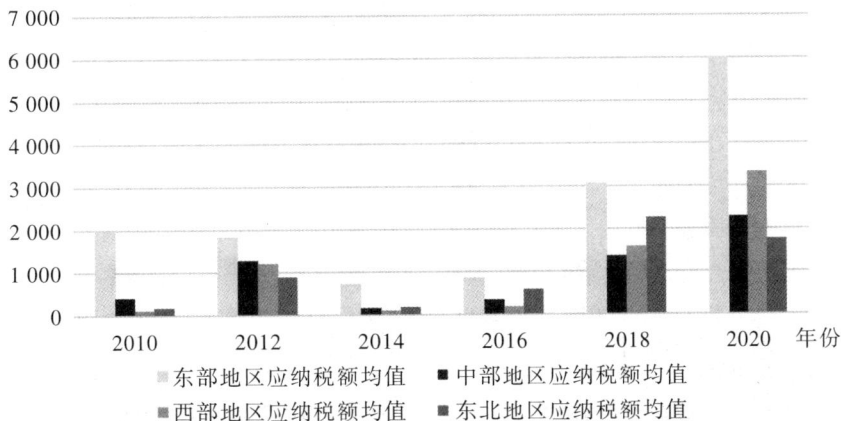

图4-22　我国不同区域个人所得应纳税额均值的变化趋势（单位：元）

考虑各省（自治区、直辖市）间经济差距较大，前文分析了四大不同经济区域间个人所得税水平差异，而城镇和乡村的经济状况差距可能更大，同一省（自治区、直辖市）内的城镇和乡村居民在收入水平和日常支出上也会有明显的差异。因此，本书将 CFPS 数据库的统计样本分城镇与乡村两个类型居民作进一步分析。

由表4-27与图4-23可知，从纵向对比角度，城镇居民与乡村居民个人所得应纳税额均值都在2010年和2012年短暂增加后在2014年突降，此后年度呈持续增长趋势。其中，2014年城镇居民个人所得应纳税额均值为618.63元，乡村居民仅为81.09元，均小于各自其他年份个人所得应纳税额均值。究其原因，一方面，2014年城乡居民样本量分别为 10 761 与 13 593 个，远高于2010年与2012年对应样本量，因此，该年度个人所得税水平可能被低估，从而导致其城乡个人所得应纳税额均值比2010年与2012年低；另一方面，2014年 GDP 总量远低于2016年、2018年和2020年，导致其城乡个人所得税水平也低于这3个年度。

表4-27　　　　我国城镇与乡村居民个人所得应纳税额均值统计表　　　　金额单位：元

年份	城镇居民		乡村居民	
	样本量	个人所得应纳税额均值	样本量	个人所得应纳税额均值
2010	7 002	902.21	8 496	804.84
2012	2 490	1 950.08	2 200	811.42
2014	10 761	618.63	13 593	81.09
2016	12 101	888.84	14 094	144.36
2018	3 271	3 926.06	1 876	673.09
2020	3 072	5 154.17	1 810	1 396.66

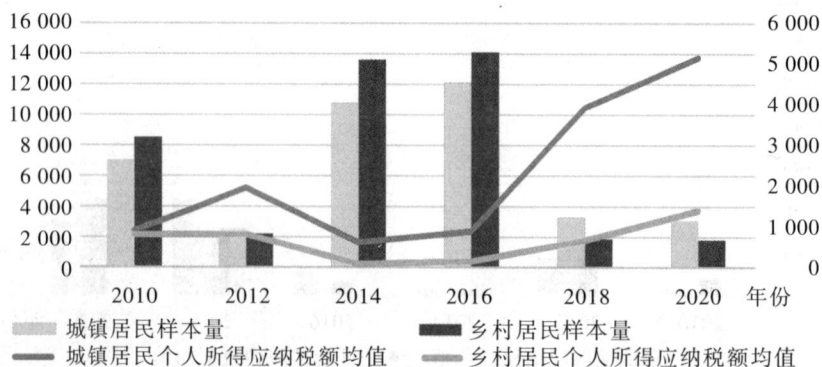

图4-23　我国城镇与乡村居民个人所得应纳税额均值的变化趋势（金额单位：元）

从横向对比角度分析，在2010—2020年的偶数年份，城镇居民样本量与乡村居民样本量无明显差距，因此在无样本差异影响下，城镇居民个人所得税水平始终高于乡村居民，且这种差距逐年扩大，在2020年绝对值差额最大。这反映出我国城乡居民收入差距逐渐拉大。为缩小城乡与不同地区间收入差距，我国于2019年聚焦于减税效应进行个人所得税改革，具体措施包括规定综合征税范围、完善个人所得税费用扣除模式、优化调整个人所得税税率结构等。

第三节　中等收入群体的界定

对于中等收入群体的研究，国外学者早有涉及，并且提出"middle class"概念。由于翻译版本的不同，"middle class"衍生出不同的表述方式，但其核心在于"中产阶级"的研究。因此，在研究我国中等收入群体时，应充分讨论其与中产阶级之间的联系和区别，同时从绝对标准、相对标准角度梳理国内外学者关于中等收入群体界定的主流方法。本节通过对主流界定方式的测算，结合我国实际情况，比较分析界定方法的优劣，为本书确定最优的界定方法作准备。

一、中产阶级与中等收入群体辨析

（一）中产阶级

"中产阶级"一词起源于国外，从概念上来讲，中产阶级与中等收入群体有较高的相似性，相互可提供研究参考。英语中的"middle class"可以囊括众多概念，被翻译成不同的中文表述，如中间收入群体、中产阶级等，因此，国内学者对不同的表述进行了不同的界定。

在国外的相关研究中，学者们从多个方面对中产阶级的概念进行界定，包括收入水平、财产水平、教育程度、价值观念、生活方式、职业、地位等，综合来看更接近社会学上的概念，更注重在社会中广泛的身份认同。英国人詹姆斯·布雷肖（James Bradshaw）是最早提出"中产阶级"这一词的人，并将其收录于1745年自己撰写的手册中，介绍中产阶级主要指商户或工场主等，以及在社会中新出现的人群。这一阶级的人主要处于贵族和农民之间，并且推动了法国大革命（李春玲，2016）。但是从思想和理论上说，无论是学术讨论还是政策讨论，"中产阶级"这一概念源于马克思和恩格斯的《共产党宣言》。两位无产阶级革命导师曾表明，中产阶级所走的道路是资产阶级和无产阶级的中间道路，这一道路注定走不通，终究会没落（冯仕政、李春鹤，2022）。美国社会学家C.赖特·米尔斯（C. Mright Mills，1951）第一次提出将"白领"阶级作为中产阶级概念（即从事管理工作和专业技术的人员），并通过将美国中产阶级分为老式中产阶级和新式中产阶级对其现状进行分析。但是"白领"的上下边缘界限在现实生活中很难区分。

（二）中等收入群体

学者对中等收入群体的定义主要分为社会学界和经济学界的定义。社会学界从社会结构角度出发，而经济学界从收入分配的角度出发，将处于中间位置的人群称为中等收入群体。这两个学界对于中等收入群体的关注点和研究目的不同，但是每一种定义和分类都具有一定意义，并可通过从社会现实环境和特征的角度进行划分的方法对其进行有效性检验。

我国对于中等收入群体的研究可追溯到 20 世纪 80 年代后期。当时学者们对中等收入群体的概念还处于初期，更多的是使用"中产阶层""中间阶层"等概念。1992 年，李强教授在《关于中等收入阶层问题的研究》中首次明确提出了"中等收入群体"这一概念。他在文中指出，学者们通常根据收入将群体分为上、中、下 3 个层级。通过各国的统计数据可以看到，高收入群体或上层收入群体比例较小，中层收入群体和下层收入群体之间存在此消彼长的关系（李强，1992）。此后，一些具有社会影响力的社会学家掀起了重点研究中产阶级的热潮，并预判出随着经济的发展，中产阶级将会发展壮大，并成为社会的主体（程丽香，2019）。

随着对中产阶级的深入研究，学者们对"中等收入群体"这一概念进行了广泛的研究，但并没有统一的划分标准。二者在功能上存在些许的差别："中产阶级"主要指处于社会中间的结构性位置，以社会关系作为考量对象；"中等收入群体"则多指处于社会中间的等级性位置，以经济资源作为判断依据，在深入分析二者之间的本质性差异时，需要通过理论分析和实证研究进行更为准确的研究（朱斌、范晓光，2019）。2002 年，"中等收入群体"这一概念被政府相关部门采纳，并在党的十六大报告中正式提出"中等收入者"，明确提出了"以共同富裕为目标，扩大中等收入者比重，提高低收入者收入水平"，体现党中央高度重视对中等收入群体的培育。党的十九大报告进一步明确，到 2035 年基本实现社会主义现代化，"人民生活更为宽裕，中等收入群体比例明显提高"。党的十九届四中全会再次强调"扩大中等收入群体"。习近平总书记在 2020 年 4 月 10 日的中央财经委员会第七次会议中提出："消费是我国经济增长的重要引擎，中等收入群体是消费的重要基础。目前，我国约有 4 亿中等收入人口，绝对规模世界最大。要把扩大中等收入群体规模作为重要政策目标，优化收入分配结构，健全知识、技术、管理、数据等生产要素由市场评价贡献、按贡献决定报酬的机制。要扩大人力资本投入，使更多普通劳动者通过自身努力进入中等收入群体。"党的二十大报告又一次提出，到 2035 年，我国发展的总体目标之一是"人民生活更加幸福美好，居民人均可支配收入再上新台阶，中等收入群体比重明显提高"。

（三）内在联系

"中产阶级"的界定是一个综合性的概念，其不仅包含收入标准，还包含财产规模、职业地位、教育层次、生活水平和消费能力等多个维度。因此，这一概念的界定更偏向社会结构性，主要是以社会关系作为判断依据。"中等收入群体"则主要是以收入作为主要的划分标准，将收入处于中间阶层的群体视作中等收入群体。这一概念的界定更偏向社会等级，主要将经济资源作为划分标准（李实、杨修娜，2021）。总体来看，中等收入群体应当具有社会中间水平的收入，能够稳定就业，具备基本的居住条件、一定数量的家庭储蓄、适量的财产收入以及能承担超过基本生存需要的相关消费等特征。

其实，从表面上来看，"中等收入群体"更多的是在强调"收入"这一维度，而中产阶级包含更多维度的指标。二者的关系可以简单理解为：中等收入群体是中产阶级发展起来的源头，也更是历史发展的必然产物。随着经济不断发展，中等收入群体会积累财产、提高消费等级、提升教育学历、注重社会认同等，逐渐形成具有中产阶级特点的中等收入群体，即满足一定职业、教育水平、收入水平、消费水平、生活方式和思想观念的群体，最终成为保证社会和谐、稳定发展的中坚力量。本书认为"中等收入群体"应该将家庭（人均）收入作为主要的衡量标准，是在一定时期内处于中等收入水平区间的群体。

综上可知，中等收入群体不一定等同于中产阶级，但中产阶级很有可能包含中等收入群体。中等收入群体的界定标准是一个动态的概念，这一标准会随着社会分配制度、经济发展水平、个体特征的变化而变化。但是不难发现，大多数学者均将收入水平作为衡量中等收入群体的重要标准。

二、国内外对中等收入群体的主要界定方法

在国内外研究中，学者们对于中等收入群体的界定主要有两种思路，分别是绝对标准和相对标准。当然，除去两种主流的思路，还有学者将个体的社会经济地位和职业作为中等收入群体的判断依据。下面，本书将从两种主要思路的角度进行系统梳理。

（一）绝对标准

绝对标准测算方法采用一定的收入水平、消费水平、财产状况等判断准则加以衡量。由于各国之间的发展水平不同，一个国家内各个时期的标准不同，所以，各个国家都会根据国内实际情况对中等收入群体进行确定，而这一确定标准为了和国家之间进行比较通常会采用绝对标准。本书总结了常用的国际、国内绝对标准（见本书表1-2），此处不再赘述。

国内许多学者依据绝对标准进行了测算。例如李强和徐玲（2017）利用CGSS 2013年数据和CFPS数据库2013—2014年数据测算得出：我国中等收入群体占比分别为19.7%、21.0%、21.9%，其中，城市中等收入群体占比分别为27.9%、27.1%、30.3%，乡村中等收入群体占比分别为6.0%、14.4%、13.0%。刘志国和刘慧哲（2021）同样根据CFPS数据库中的数据对中等收入群体进行测算，2012年我国中等收入家庭占比只有8.4%，到2018年已经达到28.9%。李春玲（2021）利用中国社会科学院社会学研究所中国社会状况综合调查数据，采用世界银行经济学家布兰科·米兰诺维克（Branko Milanovic）和什洛莫·伊茨哈克（Shlomo Yitzhak）提出的中等收入群体界定标准，计算得出我国2019年中等收入群体规模为33.9%。国家统计局作为我国数据信息的权威机构，对"中等收入群体"的测度标准作出了定义。2018年，国家统计局将家庭年收入介于10万~50万元（按三口之家计算，家庭人均年收入为3.3万~16.7万元）之间的人群界定为中等收入群体，测算得出

2018年我国中等收入群体规模为4亿人，占比约为28%。这就是目前我们常提到的我国中等收入群体约4亿人的来源（刘世锦，2021）。

（二）相对标准

相对标准是更为灵活的测算方法，将收入中位数作为划分依据的核心，设定具有浮动性的中等收入群体上下边界。这一方法得到了李培林和朱迪（2015）的认可，这样的划分依据可以认为排除货币购买力差异带来的干扰。本书总结了常用的国际、国内相对标准（见本书表1-1），此处不再赘述。

国内不少学者依据相对标准进行测算。例如李培林和崔岩（2020）将收入中位数的75%~200%作为衡量中等收入群体规模的标准，并表明我国中等收入群体规模近10年基本维持在40%左右。王宏（2020）从家庭的角度出发，将人均可支配收入的75%~200%作为界定标准，利用CHIP和CFPS数据库的数据测算中等收入群体规模，结果为：1988年中等收入群体占比为44.5%，2002年为42.3%，2007年为41.3%，2013年为40.1%，2016年为40.6%。王一鸣（2020）则是以全球人均GNI中位数作为判断核心，选定中位数67%~200%作为中等收入群体的上下限，测算出我国2019年中等收入群体占比为28.6%，约为4亿人口。李实和杨修娜（2021）采用4种不同的界定标准对我国中等收入群体进行测算，利用2018年CHIP数据计算结果分别为24.7%、29.4%、29.4%、54.2%，并提出预估假设，如果年均经济增长率为6%不变，那么到2025年和2035年我国中等收入群体比重将分别达到37.7%和44.3%。常远（2018）将收入中位数的75%~125%作为测算中等收入群体规模的标准，利用2010—2015年城乡居民七等份收入数据，测算我国城乡中等收入群体比重分别介于27%~29%和22%~24%之间。结合以上学者们的研究成果可知，我国中等收入群体占比约为30%，人口规模超过4亿人，这一成果和2019年国家统计局公布的官方数据基本一致。

综上，绝对标准和相对标准在方法的采用上有着本质的区别，测算结果也有一定差异。近10年来，学者们以绝对标准对中等收入群体进行测度，结果显示我国中等收入群体比重基本在20%~30%；以相对标准对中等收入群体进行测度，结果显示中等收入群体占比在30%~40%。

（三）其他方法

除了上文所提到的绝对标准和相对标准的划分方法，还有学者从社会地位、自我评价、权力等角度对中等收入群体进行划分界定。例如，有学者以个人经济地位与相对应的职业作为判断依据（Bourdieu，1984；周晓虹，2006）；将个体的阶级意识自我评价和公众声誉作为判断依据（Warner，1963）；以公共权力、资产控制权和技术资本作为阶层地位的划分依据（刘欣，2007；何麟、邱建新，2009）。由于社会学在概念界定上以定性特点为主，并且相对应的经济类指标中财富数据透明度较差，与经济学界对于"中等收入群体"的界定有些差异，因此本书对这类方法不再赘述。

三、本书采用的中等收入群体界定方法

各国学者们对中等收入群体的划分标准多种多样，其根据各个国家的实际情况进行精准的判断，以此反映真实有效的中等收入群体规模。本部分将结合本书的研究目的，借鉴学者们已有的研究方法，确定本书对于中等收入群体测度的具体方法。

（一）将收入作为划分中等收入群体的基准

社会学方面的指标在定义上具有数量上的模糊性，缺少较为直接的经济指标与之相匹配，且所选对象过于广泛，针对性不强。收入指标则恰好弥补了社会学定义的这一缺陷。收入指标在口径上全国基本统一、宏观及微观数据可获得性较好，且更为客观，可以在一定程度上反映社会学因素，因为收入往往与教育、职业、技能等多种因素直接相关。

因此，本书对中等收入群体的界定暂时不考虑社会学因素，主要使用单一指标——收入进行界定。本书的中等收入群体界定标准不涵盖财产、生活方式、道德意识等因素，仅从收入角度对中等收入群体进行测度，将收入水平符合界定条件的人群定义为中等收入群体。

（二）数据库的选择

目前，我国收入分布总体状况呈现不均衡的右偏分布，因此对中等收入群体进行相关测算时，要真实、准确地反映我国中等收入群体的状况，对数据有较高要求。在我国的宏观数据中，对于人均可支配收入仅从规模、结构、五等份分组、分地区、分城乡等视角进行了相应的统计，并未对各收入层次的人口数量有明确的说明。因此，对中等收入群体的测度需要借助微观数据库，并且微观数据相较于宏观数据更能准确反映不同收入群体的真实状况。

本书同前文统一采用CFPS数据库，分析在2010—2020年的偶数年份我国中等收入群体的状况，并着重分析2020年我国中等收入群体的特征及变动趋势。CFPS数据库的单年度数据量约有16 000户共60 000余人；在数据处理上将最大1%和最小1%部分的数据视作异常值与缺失值一并加以剔除。

（三）绝对标准与相对标准相结合

单纯地从收入角度讲，收入本身具有绝对性概念特征，收入的多少可以反映社会经济发展水平、收入分配方式、人民生活质量等。但是，中等收入群体又区别于低收入群体和高收入群体，从社会学角度上讲是结构性概念。因此，研究中等收入群体应当将绝对标准和相对标准相结合。

在绝对标准上，本书主要借鉴分析了13种被众多学者们采用的界定方法（见本书表1-2）。本部分对以上学者们的划分标准运用CFPS数据库的数据逐一进行测算，具体结果参见表4-28。根据测算结果可知，在不同绝对标准的定义下，利用CFPS数据库测算的我国中等收入群体规模大不相同。在吴青荣（2015）的界定标准下，我国中等收入群体占比大多为个位数，仅2020年为11.77%，显然与我国实

际情况不符。在刘渝琳和许新哲（2017）的界定标准下，我国中等收入群体规模最大，平均在60%左右，依照2010年、2018年我国人口分别在13亿、14亿左右进行测算，显示我国中等收入群体人口在8亿左右，而2018年国家统计局公布的我国中等收入群体为4亿人口，二者相差较大。由于绝对标准的界定具有一定的差异性，所以不同年度的测算结果也会有一定的出入。但从整体上看，我国中等收入群体的占比呈现出逐年扩大的趋势。

表4-28　　　　　　　根据绝对标准测算的中等收入群体占比（%）

学者或组织	中等收入群体界定方法	2010年	2012年	2014年	2016年	2018年	2020年
刘福坦（2002）	人均年可支配收入为2.59万~5.18万元	7.26	8.98	14.58	25.08	33.56	37.55
狄煌（2003）	人均年收入为1万~4万元	26.78	34.26	43.71	49.38	48.99	50.83
王开玉（2006）	家庭财产为15万~30万元	1.77	23.18	22.71	20.35	20.59	17.96
纪宏和陈云（2009）	人均年收入为6 761~13 612元	24.19	24.50	26.77	24.68	22.09	20.69
常兴华和李伟（2012）	人均年可支配收入为1.5万~3.75万元	14.38	19.51	26.01	33.04	33.38	35.24
国家发改委社会发展研究所课题组（2012）	城乡居民年可支配收入为2.2万~6.5万元	8.43	9.79	16.26	21.36	28.07	34.61
Chen和Qin（2014）	每天人均消费支出4~10美元（由2005年购买力平价换算所得）	23.86	29.07	35.27	38.39	34.47	34.80
吴青荣（2015）	个人年收入为5.7万~17.2万元	1.36	1.39	2.19	5.19	9.77	11.77
李强和徐玲（2017）	人均年收入为3.5万~12万元；家庭年收入为6.9万~23.6万元	3.96；10.17	4.53；14.13	7.87；20.74	13.77；30.69	21.41；37.55	24.06；43.07
刘渝琳和许新哲（2017）	家庭年可支配收入为0.4万~3.1万元	59.78	59.16	66.17	68.47	62.80	61.17
世界银行（2002）、李春玲（2017，2018）	日人均收入或支出10~100美元（即人均年收入为2.5万~25万元人民币	7.50	8.41	13.85	19.55	30.05	40.23
瑞信研究院（2018）	家庭财富为1万~10万美元	11.57	17.29	21.89	34.92	45.55	49.39
国家统计局（2018）、李逸飞（2022）	家庭年收入为10万~50万元（按三口之家计算，人均年收入为3.3万~16.7万元）	4.49；4.61	6.36；5.17	9.14；9.22	15.91；16.78	23.35；25.38	28.27；28.50

在相对标准方面，本书参考了 13 种学者们常用的界定方法（见本书表 1-1）。本部分对以上学者们的划分标准运用 CFPS 数据库的数据测算，具体结果参见表 4-29。

表4-29 **根据相对标准测算的中等收入群体占比（%）**

学者或组织	中等收入群体界定方法	2010年	2012年	2014年	2016年	2018年	2020年
Blackburn 和 Bloom（1985）	收入中位数的 60%~225%	48.02	42.41	67.95	50.78	47.54	49.61
Thurow（1984）、Birdsall 等（2000）、Foster 和 Wolfson（2010）	收入中位数的 75%~125%	19.78	16.25	20.64	23.32	18.89	18.95
Castellani 和 Parent（2011）	先排除最穷和最富的各 20% 的人口，再选择收入中位数的 50%~300%	91.67	80.77	87.18	93.14	93.36	91.54
Pressman（2015）、Kochhar 等（2015）、杨修娜等（2018）	收入中位数的 67%~200%	39.89	36.06	42.17	44.49	40.94	41.56
徐建华等（2003）	区间［中值-全距/6，中值+全距/6］	74.58	60.85	58.45	77.69	74.95	69.81
李培林和张翼（2008）	平均收入线的 50%~250%	50.40	49.79	54.81	53.54	51.61	57.01
陈云（2009）	［中值-全距/6，中值+全距/6］、［均值，均值+标准差］、［均值，3倍均值］	74.58；19.88；27.26	60.85；22.08；30.97	58.45；22.12；34.76	77.69；20.56；31.60	74.95；21.7；26.94	69.81；19.70；26.69
龙莹（2012）	收入中位数的 75%~150%	26.44	20.00	24.21	24.50	24.09	26.21
李培林和朱迪（2015）	城镇居民收入的第 25 百分位至第 95 百分位	69.76	69.86	69.40	69.32	70.00	69.27
龙莹（2012）、朱长存（2012）、曹景林和邰凌楠（2015）、孔庆洋（2018）、常远（2018）	收入中位数的 75%~125%	20.26	14.26	17.68	17.63	17.94	18.95
Davis 和 Huston（1992）、龙莹（2012）、姚丽芳（2018）、经济合作与发展组织（2011）	收入中位数的 50%~150%	39.81	28.64	34.64	35.77	36.35	40.11
李培林和崔岩（2020）、王宏（2020）	收入中位数的 75%~200%	36.12	32.97	36.64	38.46	36.79	36.93
王一鸣（2020）	全球人均 GNI 中位数的 67%~200%	11.02	2.57	4.50	8.90	13.07	13.22

从以上测算结果可以看出，相对标准界定下的中等收入群体规模普遍高于绝对标准界定下的中等收入群体规模。其中，在 Castellani 和 Parent（2011）的界定标准下，我国中等收入群体占比最高，平均达到 90%，显然与我国实际情况不符。而在王一鸣

（2020）的界定标准下，我国中等收入群体占比仅维持在9%左右。由此可见，不同的定义基本决定了中等收入群体占比的扩大与否，因此本书将综合考量最贴合中国实际情况的测度方法，对中等收入群体进行综合测度，最终确定出适合我国实际情况的测度方法，为后续实证研究提供最具支撑力的中等收入群体规模数据。

第四节　中等收入群体规模测度和变化趋势

本节将利用CFPS数据库中家庭经济数据库的样本数据进行研究，采用部分排序法（龙莹，2015）以及核密度估计法对我国中等收入群体占比进行测度，通过对比分析得到最贴合我国实际情况的中等收入群体规模，再从收入、消费以及人口角度对我国中等收入群体的特征进行解析，并运用转化矩阵法对中等收入群体的流动性进行研究。

一、全国中等收入群体规模测度和变化趋势

（一）绝对标准测算分析

前文列举的测算结果显示，国家发改委社会发展研究所课题组（2012）、世界银行（2002）和李春玲（2017，2018）的测度标准比较贴合中国2020年4亿中等收入群体规模，测度标准分别为城乡居民年可支配收入2.2万~6.5万元人民币、日人均收入或支出10~100美元及年收入2.5万~25万元人民币。具体结果见表4-30。

说明：由于城镇与乡村收入水平有差距，因此本书将全国、城镇、乡村分别作为独立的整体样本对中等收入群体进行研究，故全国中等收入群体占比并不等于城镇中等收入群体占比与乡村中等收入群体占比之和。同时，测算结果表示乡村中等收入群体占比略高于城镇中等收入群体占比，主要原因是乡村收入分布的中间未知的收入密度比城镇要大（申鹏等，2019）；乡村中等收入群体收入水平并没有达到城镇中等收入群体的收入水平，符合实际情况。下文测算结果同理。

由表4-30可以看出，在2010—2020年的偶数年份，中等收入群体规模逐渐扩大。统计口径为城乡居民年可支配收入为2.2万~6.5万元人民币的测算结果显示，全国中等收入群体占比从2010年的8.43%增长到2020年的34.61%，乡村占比也在逐年提升，从2010年的16.67%增长到2020年的28.79%，城镇占比均在70%左右，但是呈现波动下降的趋势，从2010年的83.33%下降到2020年的66.19%；日人均收入或支出10~100美元（即人均年收入2.5万~25万元人民币）的全国中等收入群体占比从2010年的7.50%增长到2020年的40.23%，乡村占比同样呈现上升趋势，从15.50%增长到23.59%。

由于我国城乡发展不平衡，以全国为样本将会低估城镇居民收入水平，高估乡村居民收入水平，从而分别低估和高估城镇、乡村居民的中等收入群体规模，因此，需要将城乡分开进行测算，分别研究城镇和乡村居民的中等收入群体占比。

表4-30　　　　　　　　绝对标准下全国居民中等收入群体占比（%）

学者或组织	中等收入群体界定方法	2010年			2012年			2014年		
		全国	城镇	乡村	全国	城镇	乡村	全国	城镇	乡村
国家发改委社会发展研究所课题组（2012）	城乡居民年可支配收入为2.2万~6.5万元人民币	8.43	83.33	16.67	9.79	76.90	21.80	16.26	72.30	26.86
世界银行（2002）、李春玲（2017，2018）	日人均收入或支出10~100美元（即人均年收入为2.5万~25万元人民币）	7.50	84.50	15.50	8.41	78.21	20.45	13.85	73.76	25.16
学者或组织	中等收入群体界定方法	2016年			2018年			2020年		
		全国	城镇	乡村	全国	城镇	乡村	全国	城镇	乡村
国家发改委社会发展研究所课题组（2012）	城乡居民年可支配收入为2.2万~6.5万元人民币	21.36	73.73	22.17	28.07	71.78	25.61	34.61	66.19	28.79
世界银行（2002）、李春玲（2017，2018）	日人均收入或支出10~100美元（即人均年收入为2.5万~25万元人民币）	19.55	75.56	19.34	30.05	75.31	21.60	40.23	70.22	23.59

　　如表4-31所示，城镇居民的中等收入群体占比逐年上升，增长幅度较大，城乡居民年可支配收入为2.2万~6.5万元人民币的中等收入群体占比由最初的15.79%增长到44.46%，增长幅度为181.57%；日人均收入或支出10~100美元（即人均年收入为2.5万~25万元人民币）的中等收入群体占比由13.59%增长到53.93%，增长幅度为296.84%。乡村中等收入群体占比虽然较小，但是依旧呈现出逐年上升的趋势，城乡居民年可支配收入为2.2万~6.5万元人民币的中等收入群体占比由3.22%增长到22.36%，日人均收入或支出10~100美元（即人均年收入为2.5万~25万元人民币）的中等收入群体占比由2.46%增长到21.29%。

　　通过表4-32可以发现，我国城镇高、中、低收入群体占比大致呈现金字塔形。在第一项标准下，高收入群体的城乡居民年可支配收入大于6.5万元，低收入群体的城乡居民年可支配收入小于2.2万元；在第二项标准下，高收入群体人均年收入大于25万元，低收入群体人均年收入小于2.5万元。两种标准定义下的结果显示，在2014年以及以前，我国低收入群体占比过大，甚至达到85.24%，而高收入群体占比最高仅为2.60%，在第二项标准下甚至没有高收入群体，这显然与实际情况不符，因此该标准不归入测度中等收入群体规模的最优标准。

　　以乡村为整体对各收入群体进行分析发现，用绝对标准测算，有些年份出现了没有高收入群体的现象，低收入群体占据大部分比重（见表4-33）。在第一项标准下，在2010—2020年的偶数年份，乡村居民低收入群体的占比分别为96.78%、94.94%、89.74%、87.34%、81.65%以及73.33%，占比较大。低收入群体占比呈现下降趋势，中等收入群体占比呈现上涨趋势，说明低收入群体逐渐向中等收入群

表4-31　　　　　绝对标准下城镇、乡村居民中等收入群体占比（%）

学者或组织	中等收入群体界定方法	2010年		2012年		2014年	
		城镇	乡村	城镇	乡村	城镇	乡村
国家发改委社会发展研究所课题组（2012）	城乡居民年可支配收入为2.2万~6.5万元人民币	15.79	3.22	18.86	5.06	26.84	10.26
世界银行（2002）、李春玲（2017，2018）	日人均收入或支出10~100美元（即人均年收入为2.5万~25万元人民币）	13.59	2.46	16.61	3.84	24.57	8.04

学者或组织	中等收入群体界定方法	2016年		2018年		2020年	
		城镇	乡村	城镇	乡村	城镇	乡村
国家发改委社会发展研究所课题组（2012）	城乡居民年可支配收入为2.2万~6.5万元人民币	42.14	11.49	40.59	16.33	44.46	22.36
世界银行（2002）、李春玲（2017，2018）	日人均收入或支出10~100美元（即人均年收入为2.5万~25万元人民币）	47.16	10.07	45.94	15.36	53.93	21.29

体过渡，也是经济发展向好的体现。在第二项标准下，在2010—2020年的偶数年份，完全没有高收入群体，但是低收入群体占比逐年减少，中等收入群体占比逐年稳步提升，基本可以反映收入群体的演变趋势。

（二）相对标准测算分析

1.部分排序法

在相对标准的运用中，本书参照龙莹（2015）的做法，采用部分排序法测算中等收入群体占比。该方法下的测度标准为动态标准，即不同年份的中等收入群体占比是发生变化的。另外，该相对标准测度的中等收入群体区间上下限所对应的绝对值也是变化的。该方法相对于一般分析方法具有一定的优势，不需要事先对原始数据进行分组。

表4-32   绝对标准下城镇居民各收入群体占比（%）

学者或组织	中等收入群体界定方法	2010年			2012年			2014年		
		高收入群体	中等收入群体	低收入群体	高收入群体	中等收入群体	低收入群体	高收入群体	中等收入群体	低收入群体
国家发改委社会发展研究所课题组（2012）	城乡居民年可支配收入为2.2万~6.5万元	1.91	15.79	82.29	1.96	18.86	79.19	2.60	26.84	70.56
世界银行（2002）、李春玲（2017，2018）	日人均收入或支出10~100美元（即人均年收入为2.5万~25万元人民币）	—	13.59	85.24	—	16.61	83.39	—	24.57	75.43

学者或组织	中等收入群体界定方法	2016年			2018年			2020年		
		高收入群体	中等收入群体	低收入群体	高收入群体	中等收入群体	低收入群体	高收入群体	中等收入群体	低收入群体
国家发改委社会发展研究所课题组（2012）	城乡居民年可支配收入为2.2万~6.5万元	12.37	42.14	45.48	10.48	40.59	48.93	16.13	44.75	39.12
世界银行（2002）、李春玲（2017，2018）	日人均收入或支出10~100美元（即人均年收入为2.5万~25万元人民币）	1.00	47.16	51.84	—	45.94	54.06	1.26	55.40	43.34

表4-33　　　　　　　　　　　绝对标准下乡村居民各收入群体占比（%）

学者或组织	中等收入群体界定方法	2010年			2012年			2014年		
		高收入群体	中等收入群体	低收入群体	高收入群体	中等收入群体	低收入群体	高收入群体	中等收入群体	低收入群体
国家发改委社会发展研究所课题组（2012）	城乡居民年可支配收入为2.2万~6.5万元人民币	—	3.22	96.78	—	5.06	94.94	—	10.26	89.74
世界银行（2002）、李春玲（2017、2018）	日人均收入或支出10~100美元（即人均年收入为2.5万~25万元人民币）	—	2.46	97.54	—	3.84	96.16	—	8.04	91.96

学者或组织	中等收入群体界定方法	2016年			2018年			2020年		
		高收入群体	中等收入群体	低收入群体	高收入群体	中等收入群体	低收入群体	高收入群体	中等收入群体	低收入群体
国家发改委社会发展研究所课题组（2012）	城乡居民年可支配收入为2.2万~6.5万元人民币	1.17	11.49	87.34	2.02	16.33	81.65	3.98	22.69	73.33
世界银行（2002）、李春玲（2017、2018）	日人均收入或支出10~100美元（即人均年收入为2.5万~25万元人民币）	—	10.07	89.93	—	15.36	84.64	—	22.96	77.04

　　具体测算思路如下：令区间$R=[\underline{z}, \bar{z}]$满足$0 \leqslant \underline{z} \leqslant 1 \leqslant \bar{z}$。假定收入分布$F$的中位数为$mF$，利用$R$来代表中等收入群体范围，其下限是$\underline{z}mF \leqslant 1 \leqslant mF$，上限是$\bar{z}mF \geqslant mF$，指数$M(F, R)=F(\bar{z}mF)-F(\underline{z}mF)$给定了$R$定义范围内的人口份额，也就是中等收入群体占比。本书通过对中等收入群体占比的测算，来了解我国中等收入群体规模变化情况；利用部分排序法的思路再次对中等收入群体占比进行测算，具体测算结果见表4-34。

表4-34 相对标准下全国居民中等收入群体占比（%）

学者或组织	中等收入群体界定方法	2010年			2012年			2014年		
		全国	城镇	乡村	全国	城镇	乡村	全国	城镇	乡村
龙莹（2012）	收入中位数的75%~150%	26.44	45.57	54.43	20.00	45.21	53.89	24.21	44.83	54.40
Davis 和 Huston（1992）、龙莹（2012）、姚丽芳（2018）、经济合作与发展组织（2011）	收入中位数的50%~150%	39.81	42.08	57.92	28.64	41.86	57.30	34.64	42.25	57.05
Thurow（1984）、Birdsall等（2000）、Foster 和 Wolfson（2010）	收入中位数的75%~125%	20.26	43.83	56.17	14.26	42.39	56.82	17.68	44.08	55.27

学者或组织	中等收入群体界定方法	2016年			2018年			2020年		
		全国	城镇	乡村	全国	城镇	乡村	全国	城镇	乡村
龙莹（2012）	收入中位数的75%~150%	24.50	46.49	51.62	24.09	49.21	49.72	26.21	52.24	44.75
Davis 和 Huston（1992）、龙莹（2012）、姚丽芳（2018）、经济合作与发展组织（2011）	收入中位数的50%~150%	35.77	44.27	54.16	36.35	45.44	53.69	40.11	47.77	49.28
Thurow（1984）、Birdsall等（2000）、Foster 和 Wolfson（2010）	收入中位数的75%~125%	17.63	43.73	54.09	17.94	46.93	52.19	18.95	49.84	47.51

在相对标准下，全国中等收入群体占比为14%~41%，没有过高或过低的极端情况，较符合我国中等收入群体的实际情况，这也是大多数学者采用相对标准的原因。

首先，龙莹（2012）将中等收入群体界定为收入中位数的75%~150%。结果显示，2010年我国中等收入群体占比为26.44%，2012—2020年的偶数年份的占比分别为20.00%、24.21%、24.50%、24.09%和26.21%，基本保持稳定状态。

其次，一些学者和组织将中等收入群体界定为收入中位数的50%~150%，2010年的中等收入群体占比为39.81%，2012—2020年的偶数年份的占比分别为28.64%、34.64%、35.77%、36.35%和40.11%，基本维持在35%左右，规模相对稳定。

最后，Thurow（1984）、Birdsall等（2000）、Foster和Wolfson（2010）等学者将收入中位数的75%~125%作为中等收入群体的界定范围，根据结果可知大致维持在18%左右，2010—2020年的偶数年份的中等收入群体占比分别为20.26%、14.26%、17.68%、17.63%、17.94%以及18.95%。

以上3种标准均能较好地诠释我国中等收入群体规模。

从人口构成上看，城镇居民和乡村居民占比均保持在一定的区间。在第一项标准下，2010年中等收入群体中城镇居民占比为45.57%，乡村居民占比为54.43%，2012—2020年的偶数年份的城镇居民占比分别为45.21%、44.83%、46.49%、49.21%以及52.24%，基本稳定在48%左右，2012—2020年的偶数年份的乡村居民占比分别为53.89%、54.40%、51.62%、49.72%以及44.75%，基本在45%以上。在第二项标准下，2010—2020年的偶数年份的中等收入群体中城镇居民占比分别为42.08%、41.86%、42.25%、44.27%、45.44%以及47.77%，基本在44%上下波动，乡村居民占比分别为57.92%、57.30%、57.05%、54.16%、53.69%以及49.28%，基本在55%左右。在第三项标准下，城镇和乡村居民的占比也基本稳定，2010—2020年的偶数年份的城镇居民占比分别为43.83%、42.39%、44.08%、43.73%、46.93%以及49.84%，乡村居民占比分别为56.17%、56.82%、55.27%、54.09%、52.19%以及47.51%。

综上可以看出，中等收入群体中城镇居民和乡村居民的占比虽然近似1∶1，但是乡村居民的占比依旧高于城镇居民占比。根据实际情况可知，城镇居民收入一般高于乡村居民收入，因此这个测算结果可能与实际情况有些出入。以上3项界定标准分别是收入中位数的75%~150%、50%~150%以及75%~125%，本书认为这3项标准可能均存在下限过低以及上限过低问题，因此，本书后续将会讨论新的界定标准上下限，以期能够得到最贴近实际的中等收入群体规模。

以全国居民为样本进行中等收入群体的划分，可能导致测度得到的中等收入群体中城镇居民规模被高估，乡村居民规模被低估，因此本书将分别以城镇和乡村居民为样本进行测度，测度结果见表4-35。根据结果可知，以龙莹（2012）以及Thurow（1984）为代表的两种测度方法结果比例明显下降，且均保持在合理区间。

首先，龙莹（2012）将收入中位数的75%~150%作为中等收入群体的界定标准，其中单独以城镇为样本进行测算，2010—2020年的偶数年份的中等收入群体占比分别为29.01%、26.90%、29.65%、24.41%、27.96%以及30.94%，基本稳定在28%左右；以乡村为单独样本进行测算，结果显示2010—2020年的偶数年份的中等收入群体的占比分别为36.99%、21.42%、26.80%、25.62%、26.62%以及33.40%，虽然数据有波动，但是也基本在28%上下波动。

表4-35　　　　　　相对标准下城镇、乡村居民中等收入群体占比（%）

学者或组织	中等收入群体界定方法	2010年		2012年		2014年		2016年		2018年		2020年	
		城镇	乡村	城镇	乡村	城镇	乡村	城镇	乡村	城镇	乡村	城镇	乡村
龙莹（2012）	收入中位数的75%~150%	29.01	36.99	26.90	21.42	29.65	26.80	24.41	25.62	27.96	26.62	30.94	33.40
Davis 和 Huston（1992）、龙莹（2012）、姚丽芳（2018）、经济合作与发展组织（2011）	收入中位数的50%~150%	44.22	22.10	38.39	31.42	41.86	38.48	38.46	36.99	41.39	39.03	46.39	46.88
Thurow（1984）、Birdsall 等（2000）、Foster 和 Wolfson（2010）	收入中位数的75%~125%	21.76	36.99	19.59	15.63	21.08	18.71	16.05	17.79	19.75	19.26	22.94	25.68

其次，将中等收入群体的界定标准定义为收入中位数的50%~150%，测度结果显示2010年城镇居民的中等收入群体占比较高，为44.22%，2012—2020年的偶数年份的城镇中等收入群体居民占比有所下降，分别为38.39%、41.86%、38.46%、41.39%以及46.39%，乡村中等收入群体的占比分别是22.10%、31.42%、38.48%、36.99%、39.03%以及46.88%，基本保持在合理范围。

最后，以Thurow（1984）为代表的学者将收入中位数的75%~125%作为中等收入群体的界定标准，测度结果相对偏小，2010—2020年的偶数年份的城镇居民中等收入群体占比分别是21.76%、19.59%、21.08%、16.05%、19.75%以及22.94%，乡村居民中等收入群体的占比分别是36.99%、15.63%、18.71%、17.79%、19.26%以及25.68%，基本稳定在22%左右，并呈波动上升趋势。

在对城镇居民的各群体占比的分析中发现，不同标准、不同年份呈现了不同的收入群体占比形态。在相对标准下，在2010年收入中位数的75%~150%的界定标准下，高、中、低收入群体占比分别是32.54%、29.01%，38.45%，整体分布形态呈现沙漏型，而界定标准为收入中位数的50%~150%时，各收入群体的占比分别是32.54%、44.22%、23.24%，呈现橄榄型（见表4-36）。在同一标准下，城镇居民收入分布基本呈现大致相同的形态。将中等收入群体定义为收入中位数的75%~150%时，在2010—2020年的偶数年份均呈现沙漏型，2010年高收入群体比低收入群体相对少6%左右，至2020年则少7%左右；2016年不同于其他年份，呈现出丁字型。Davis和Huston（1992）将中等收入群体界定在收入中位数的50%~150%时，在2010—2020年的偶数年份，各群体分布基本呈现橄榄型，但是相对而言2010年高收入群体占比多于低收入群体9%左右；2016年依旧不同于其他年份，呈现出丁字型，但相较于第一项标准，该标准下中等收入群体占比较大，为38.46%。在第三项标准下，城镇居民各群体占比与第一项标准相类似，呈现沙漏型。在该标准下，高收入群体占比与低收入群体占比几近1∶1状态，但是在该标准下2010年中等收入群体占比比在第一项标准下减少7%左右，至2020年则减少8%。整体而言，以上标准测度出的群体占比显示，我国目前城镇居民收入水平还没有达到理想化的橄榄型。

表4-36　　　　　　　　　相对标准下城镇居民各收入群体占比（%）

学者或组织	中等收入群体界定方法	2010年			2012年			2014年		
		高收入群体	中等收入群体	低收入群体	高收入群体	中等收入群体	低收入群体	高收入群体	中等收入群体	低收入群体
龙莹（2012）	收入中位数的75%~150%	32.54	29.01	38.45	34.02	26.90	39.08	32.12	29.65	38.23
Davis 和 Huston（1992）、龙莹（2012）、姚丽芳（2018）、经济合作与发展组织（2011）	收入中位数的50%~150%	32.54	44.22	23.24	34.02	38.39	27.58	32.12	41.86	26.02
Thurow（1984）、Birdsall等（2000）、Foster 和 Wolfson（2010）	收入中位数的75%~125%	39.79	21.76	38.45	41.33	19.59	39.08	40.69	21.08	38.23
学者或组织	中等收入群体界定方法	2016年			2018年			2020年		
		高收入群体	中等收入群体	低收入群体	高收入群体	中等收入群体	低收入群体	高收入群体	中等收入群体	低收入群体
龙莹（2012）	收入中位数的75%~150%	46.82	24.41	28.76	32.62	27.96	39.42	30.94	30.94	38.12
Davis 和 Huston（1992）、龙莹（2012）、姚丽芳（2018）、经济合作与发展组织（2011）	收入中位数的50%~150%	46.82	38.46	14.72	32.62	41.39	25.99	30.94	46.39	22.67
Thurow（1984）、Birdsall等（2000）、Foster 和 Wolfson（2010）	收入中位数的75%~125%	55.18	16.05	28.76	40.83	19.75	39.42	38.94	22.94	38.12

对乡村各收入群体以相对标准进行测算的结果（见表4-37）显示：

在第一项标准下，除2010年与2012年，乡村居民各收入群体的分布虽然也呈沙漏型，但是相较于城镇居民的收入群体分布更均匀，整体上低收入群体比重大于高收入群体比重，说明更多的低收入群体有望成为中等收入群体，增加中等收入群体占比。

表4-37　　　　　　　相对标准下乡村居民各收入群体占比（%）

学者或组织	中等收入群体界定方法	2010年			2012年			2014年		
		高收入群体	中等收入群体	低收入群体	高收入群体	中等收入群体	低收入群体	高收入群体	中等收入群体	低收入群体
龙莹（2012）	收入中位数的75%~150%	31.00	36.99	32.01	36.87	21.42	41.71	32.99	26.80	40.21
Davis 和 Huston（1992）、龙莹（2012）、姚丽芳（2018）、经济合作与发展组织（2011）	收入中位数的50%~150%	31.00	22.10	46.90	36.87	31.42	31.71	32.99	38.48	28.53
Thurow（1984）、Birdsall 等（2000）、Foster 和 Wolfson（2010）	收入中位数的75%~125%	39.50	36.99	23.51	42.66	15.63	41.71	41.08	18.71	40.21
学者或组织	中等收入群体界定方法	2016年			2018年			2020年		
		高收入群体	中等收入群体	低收入群体	高收入群体	中等收入群体	低收入群体	高收入群体	中等收入群体	低收入群体
龙莹（2012）	收入中位数的75%~150%	34.40	25.62	39.98	33.86	26.62	39.52	32.28	33.40	34.32
Davis 和 Huston（1992）、龙莹（2012）、姚丽芳（2018）、经济合作与发展组织（2011）	收入中位数的50%~150%	34.40	36.99	28.61	33.86	39.03	27.11	32.28	46.88	20.85
Thurow（1984）、Birdsall等（2000）	收入中位数的75%~125%	42.23	17.79	39.98	41.22	19.26	39.52	40.00	25.68	34.32

　　在第二项标准下，2010年和2012年的乡村居民各收入群体的分布呈沙漏型，且3种收入群体的变动幅度较大，但2014—2020年的偶数年份的乡村居民各收入群体的分布基本稳定，呈现橄榄型，说明更多低收入群体向上流入中高收入群体。

　　在第三项标准下，乡村居民各收入群体占比基本呈现沙漏型，但是比城镇居民各群体收入占比更极端化。测度结果显示，高收入群体和低收入群体占比基本持平，约为40%，而中等收入群体仅有不到20%。这与当下经济快速增长和居民收入差距不断扩大相关联，没有庞大的中等收入群体须引起社会高度关注。

　　2.核密度估计法

　　（1）研究方法

　　在收入的相关研究中，学者们通常使用拟合收入分布状态的方法，该方法又细分为参数估计法和非参数估计法。非参数估计法不需要研究者预先对模型进行设定，而是根据样本的信息对收入密度曲线进行估计，进而得到相对应的模型。该方法的好处在于可以反映样本数据的特性和真实情况，具有较高的准确性。我国居民收入分布呈现明显右偏、尖峰等特征，不适用参数估计法，因此，本书选用非参数估计法对我国居民的收入分布情况进行拟合，对中等收入群体规模进行测度。

核密度估计（Kernel Density Estimation，KDE，非参数估计）法由 Rosenblatt（1955）和 Emanuel Parzen（1962）提出，在概率论中被用来估计未知密度函数，受到了众多统计学理论和应用领域学者的青睐。该方法的优点在于其不依赖研究者的学术经验，无须对样本数据进行任何假定，单纯依据样本数据本身的特点考查其分布情况。本书通过核密度估计法拟合样本家庭及个体的收入分布情况，可以根据有限样本推断总体数据概率密度函数。假设独立同分布样本 x_1，x_2，$\cdots$，x_n 均来自总体 X，其概率密度函数为 f，则核密度估计的形式如下：

$$\hat{f}_h(x) = \frac{1}{n}\sum_{i=1}^{n} K_h(x - x_i) = \frac{1}{nh}\sum_{i=1}^{n} K\left(\frac{x - x_i}{h}\right) \tag{4-16}$$

其中：$K(\cdot)$ 表示核函数；h 表示带宽。现有研究表明核函数的选择对于估计结果没有显著影响，因此本书选择使用较多的 Gaussian 核作为核函数，其函数表达式为：

$$K(x) = \frac{1}{\sqrt{2\pi}}\, e^{-\frac{x^2}{2}} \tag{4-17}$$

带宽 h 设定为 Gaussian 和对应的最优带宽，计算公式如下：

$$\hat{h} = 1.06\sigma n^{-\frac{1}{3}} \tag{4-18}$$

其中：σ 表示样本标准差。图 4-24 与 2018 年国家统计局测算的中等收入群体比重 30% 相近。为了保证结果的可比性，本书对样本尾部进行了截取，即剔除人均收入超过 100 000 元的样本，但是在测度不同收入群体规模时依然使用全部的样本数据。

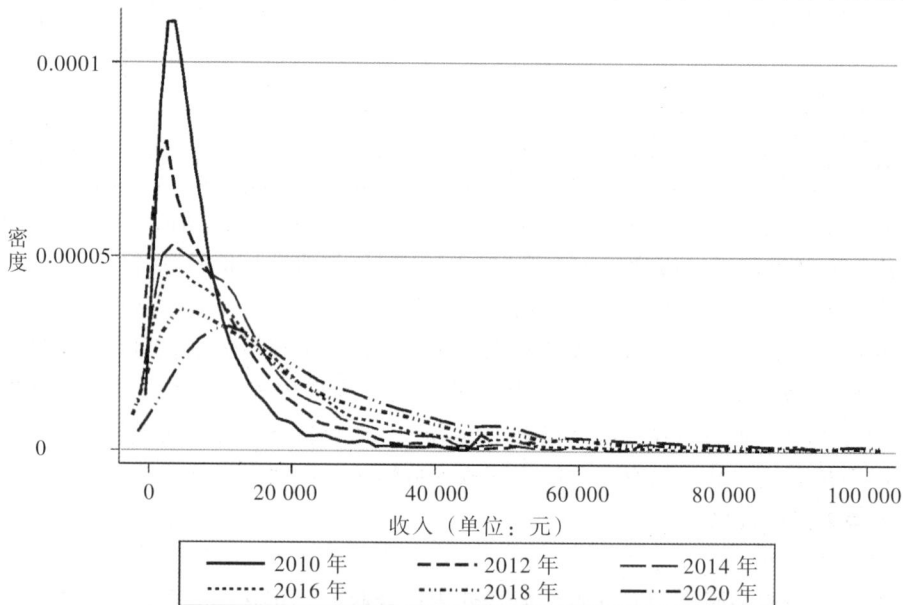

图 4-24　我国家庭人均可支配收入核密度估计

从图4-24中可以看出，我国各年度家庭人均可支配收入的核密度曲线图均呈现明显左偏，说明我国居民的收入分配结构依然大致呈现金字塔型，低收入群体依旧占据大部分比重，中等收入群体的规模有望进一步扩大。从时间上看，随着时间的推移，曲线整体右移，制高点驼峰部分的密度不断下降，而右侧尾部呈现上移态势，表明我国居民的整体收入水平有所上升，各收入群体的收入都向右平移，收入群体结构也相应发生变化，表明我国整体收入情况向好，人民生活水平普遍提高。

（2）测算结果

运用CFPS数据库对我国居民2010—2020年的偶数年份的中等收入群体进行测算，综合考虑，本书认为将中等收入群体的标准界定在收入中位数的50%~125%最贴合我国中等收入群体的真实情况，因此本书以该方法为标准进行测度，作为后续分析及实证的基础。

从表4-38中可以看出，中等收入群体上下界均有所增长，但是收入阈值差距在扩大，2010—2020年的偶数年份的收入阈值差距分别为4 500元、5 262.25元、7 500元、8 438.75元、10 350元以及15 000元。

表4-38　　　　　　　　我国中等收入群体的收入阈值　　　　　　　　单位：元

项　目	2010年	2012年	2014年	2016年	2018年	2020年
中等收入群体的测度上界	7 500	8 770.42	12 500	14 064.59	17 250	25 000
中等收入群体的测度下界	3 000	3 508.17	5 000	5 625.84	6 900	10 000

根据表4-39，自2010年以来，我国中等收入群体比重有所上升，但中等收入群体比重始终在31%左右（与2018年国家统计局测算的中等收入群体比重30%相近），且部分年份中等收入群体比重略有下降，低收入群体比重也几乎处于同一水平。中低收入群体在规模上相似，但是距离橄榄型分配格局还有一定差距。根据我国的发展战略目标，中等收入群体应当随着经济发展不断增加，但这种下滑的现象客观存在。近年来，我国收入差距过大的问题一直存在，当部分中等收入群体进入高收入群体时，并没有足够的低收入群体流入到中等收入群体，从而导致在部分年份随着高收入群体比重的增加，中等收入群体比重不增反降。

表4-39　　　　　　　　我国各收入群体的比重（%）

年　份	2010	2012	2014	2016	2018	2020
高收入群体比重	40.75	41.69	40.14	41.61	41.68	40.23
中等收入群体比重	33.45	27.68	30.95	29.75	29.37	37.61
低收入群体比重	25.80	30.63	28.91	28.64	28.95	22.16

二、区域中等收入群体规模测度和变化趋势

（一）区域差异化

党的二十大报告强调，"促进区域协调发展"，"推动西部大开发形成新格局，推动东北全面振兴取得新突破，促进中部地区加快崛起，鼓励东部地区加快推进现代化"。因此，深入研究分析不同区域的中等收入群体特征对促进经济发展、区域协调

发展具有重要意义。本书为了更好地对比分析不同收入群体区域分布的特点，结合CFPS数据库25个省（自治区、直辖市）的样本特点，将全国样本按照如上所述，分为四大地区，采用上文确定的测度标准——收入中位数的50%~125%进行测算。

从全国视角来看，东部沿海地区经济发达，中高收入群体占有较大比重，低收入群体在西部地区占比较大（见本书附录2）。这与我国东西部地区发展不平衡、收入差距较大有直接关系。将东部、中部、西部以及东北地区分别作整体进行分析，不难发现，基于区域本身的发展标准进行各收入群体划分呈现大致相同的结果，高、中、低收入群体占比为4∶3∶3。这表明区域内部的发展情况与全国整体的发展情况相似，相较于区域内部而言，收入差距并不是很大。若将全国作为研究整体而不作城乡划分，由于城乡发展不平衡，收入水平有明显差距，可能存在各收入群体规模被低估或高估的可能。所以，须将城镇、乡村分别作样本整体进行深入分析。

从表4-40至表4-42中可以看出，以全国样本作为整体进行分析，中等收入群体规模有略微差距。在全国视角下，2020年，我国东部地区高收入群体占比为52.91%，中等收入群体占比为31.13%，低收入群体占比为15.96%。在将城镇作为单独整体进行分析时，高收入群体占比为51.07%，即全国测度结果高估了1.84%；中等收入群体占比为31.53%，全国测度结果与之差异较小，仅低估了0.4%；低收入群体占比为17.41%，被低估了1.45%。将乡村作为整体样本分析，高收入群体占比为48.48%，即全国测度结果高估了4.43%；中等收入群体占比为34.41%，被低估了3.28%；低收入群体占比为17.10%，被低估了1.14%。不论是从城镇视角还是从乡村视角看，我国各收入群体占比均接近4∶3∶3。这表明不论依据哪一特征进行分类，我国各收入群体规模基本保持一致，变化不大，这一结论在不同的测度标准之下也得到了证实（见本书附录3至附录8）。

表4-40　　　　　　　　　　**我国各收入群体的区域占比（%）**

项目	2010年			2012年			2014年		
	高	中	低	高	中	低	高	中	低
东部	41.14	32.63	26.23	41.97	29.09	28.94	40.03	32.97	27.00
中部	34.09	32.78	33.13	41.09	30.34	28.57	36.20	32.31	31.49
西部	40.88	35.94	23.18	43.10	25.51	31.39	41.38	29.20	29.42
东北	40.99	36.91	22.10	39.82	33.45	26.73	38.40	37.29	24.31
项目	2016年			2018年			2020年		
	高	中	低	高	中	低	高	中	低
东部	36.03	27.19	36.78	42.22	27.05	30.73	52.91	31.13	15.96
中部	40.56	32.06	27.38	40.11	32.15	27.74	34.55	42.01	23.43
西部	42.21	29.95	27.84	41.73	30.62	27.65	26.34	41.87	31.79
东北	39.92	32.89	27.19	40.89	30.31	28.80	43.49	38.91	17.60

表4-41 我国城镇各收入群体的区域占比（%）

项目	2010年			2012年			2014年		
	高	中	低	高	中	低	高	中	低
东部	39.76	34.39	25.85	40.79	33.44	25.77	40.87	34.57	24.56
中部	40.88	36.41	22.71	39.30	35.18	25.52	39.53	33.38	27.09
西部	41.12	34.64	24.24	40.87	30.47	28.66	41.58	27.84	30.58
东北	38.69	39.97	21.34	40.49	34.91	24.60	37.22	38.94	23.84
项目	2016年			2018年			2020年		
	高	中	低	高	中	低	高	中	低
东部	39.51	36.14	24.35	40.01	31.93	28.06	51.07	31.53	17.41
中部	40.16	33.64	26.20	41.16	34.12	24.72	31.44	43.01	25.55
西部	41.16	30.22	28.62	40.52	30.34	29.14	26.62	39.13	34.24
东北	38.92	38.12	22.96	36.72	37.60	25.68	33.48	49.29	17.23

表4-42 我国乡村各收入群体的区域占比（%）

项目	2010年			2012年			2014年		
	高	中	低	高	中	低	高	中	低
东部	39.95	35.77	24.28	41.43	28.64	29.93	39.98	31.47	28.55
中部	37.57	40.96	21.47	40.52	29.71	29.77	41.52	29.75	28.73
西部	40.46	37.93	21.61	42.89	26.51	30.60	42.36	30.02	27.62
东北	38.85	38.36	22.79	40.80	33.62	25.58	38.61	36.57	24.82
项目	2016年			2018年			2020年		
	高	中	低	高	中	低	高	中	低
东部	41.01	28.94	30.05	42.08	29.71	28.21	48.48	34.41	17.10
中部	40.66	31.21	28.13	42.84	31.72	25.44	40.06	38.82	21.12
西部	41.21	31.08	27.71	41.22	32.47	26.31	32.64	43.61	23.76
东北	42.49	29.21	28.30	41.77	26.89	31.34	41.37	38.02	20.60

（二）城乡差异

我国的城乡差异主要源于由传统农业经济向现代工业经济过渡中形成的二元结构。现代化的大工业生产是城市经济发展的主要支柱，乡村则是以典型的小农经济为主导。城市和乡村不同的经济基础和生产方式造成了"城乡差距"这一社会重点关注问题。因此，为了深入考察城乡中等收入群体规模，本书将样本数据分为城镇和乡村两组进行测度，结果见表4-43。

表4-43　　　　　　　　我国城乡各收入群体占比（%）

项目	2010年			2012年			2014年		
	高	中	低	高	中	低	高	中	低
城镇	39.67	35.23	25.10	40.81	32.98	26.21	40.74	33.32	25.94
乡村	39.93	36.63	23.44	42.31	27.62	30.07	41.08	30.36	28.56

项目	2016年			2018年			2020年		
	高	中	低	高	中	低	高	中	低
城镇	39.55	34.12	26.33	41.42	31.36	27.22	38.94	38.39	22.67
乡村	42.23	29.15	28.62	41.58	30.33	28.09	40.00	39.15	20.85

表4-43完整地展示了我国城镇和乡村居民2010—2020年的偶数年份的各收入群体占比情况。2020年，我国城镇居民高收入群体占比为38.94%，而低收入群体占比仅有22.67%，高收入群体规模约是低收入群体规模的1.72倍；乡村居民的高收入群体占比为40.00%，低收入群体占比为20.85%，高收入群体规模约是低收入群体规模的1.92倍。这说明我国城镇、乡村内部同样存在较大的收入差距，距离橄榄型分配结构还有一定差距；今后应当降低高收入群体占比，提高中等收入群体整体收入水平和占比，使之达到高收入群体收入水平的中下限。

三、中等收入群体主要特征刻画

（一）收入特征

基于CFPS数据库进行分析，在数据处理计算方面使用的是CFPS数据库中的2010年可比价格，结果参见表4-44。在2010—2020年的偶数年份，我国中等收入群体家庭人均可支配收入稳步上升，2020年家庭人均可支配收入约是2010年的3.67倍。从收入结构上看，各类收入基本呈现增长趋势，工资性收入占据较大比重，2010—2020年的偶数年份的占比均超过67%。这表明我国中等收入群体拥有较为稳定的工资性收入，并且增长能力较强，进一步说明了我国中等收入群体的就业情况在稳步提升。财产性收入自2012年后开始波动性上升。转移性收入呈现出增长的趋势。

表4-44　　　　　　　　我国中等收入群体的收入来源结构　　　　金额单位：元

收入结构	2010年		2012年		2014年	
	家庭人均可支配收入	占比（%）	家庭人均可支配收入	占比（%）	家庭人均可支配收入	占比（%）
工资性收入	13 955.77	88.02	19 650.23	67.75	25 775.53	73.08
经营性收入	47.07	0.30	5 023.04	17.32	4 568.05	12.95
财产性收入	146.64	0.92	529.79	1.83	556.45	1.58
转移性收入	972.11	6.13	2 889.38	9.96	3 651.13	10.35
其他收入	734.13	4.63	912.38	3.15	720.84	2.04
合计	15 855.73	100.00	29 004.81	100.00	35 272.00	100.00

收入结构	2016年		2018年		2020年	
	家庭人均可支配收入	占比（%）	家庭人均可支配收入	占比（%）	家庭人均可支配收入	占比（%）
工资性收入	30 224.92	75.21	38 800.29	79.98	43 586.82	74.84
经营性收入	4 355.21	10.84	3 177.04	6.55	6 057.22	10.40
财产性收入	689.14	1.71	682.20	1.41	733.62	1.26
转移性收入	3 975.45	9.89	4 177.85	8.61	6 459.68	11.09
其他收入	940.16	2.34	1 675.79	3.45	1 403.53	2.41
合计	40 184.89	100.00	48 513.17	100.00	58 240.87	100.00

注：该表显示经营性收入远低于工资性收入，原因在于调查对象极易将"经营性收入"混淆为"工资性收入"。

基于不同收入群体的收入结构（见表4-45）来看，2020年中等收入群体的主要收入来源为工资性收入，也是3个不同收入群体中占比最高的，达到了74.84%。在2010—2020年的偶数年份的中等收入群体收入结构中，工资性收入也是最高的，最高达到了88.02%（见本书附录9、附录12、附录15、附录18和附录21）。转移性收入为中等收入群体的第二大收入来源，但是占比最高只有11.09%。相较于不同收入群体，中等收入群体的收入结构较为平衡，表明中等收入群体的收入来源多样且稳定。2020年，在高收入群体的收入结构中，转移性收入占比达到14.82%，是第二大收入来源。在与其他收入群体的对比中，高收入群体的财产性收入最高，而财产性收入的确是拉大财富差距的重要因素。低收入群体的工资性收入占比最低，而经营性收入占比高于高中等收入群体，转移性收入占比则只比中等收入群体高，不同收入群体之间的各类收入规模差距较大。

表4-45 　　　　　2020年我国不同收入群体的收入来源结构 　　　　金额单位：元

收入结构	高收入群体		中等收入群体		低收入群体	
	人均家庭纯收入	占比（%）	人均家庭纯收入	占比（%）	人均家庭纯收入	占比（%）
工资性收入	90 420.53	68.14	43 586.82	74.84	13 507.60	66.89
经营性收入	14 541.36	10.96	6 057.22	10.40	2 570.71	12.73
财产性收入	5 130.83	3.87	733.62	1.26	308.96	1.53
转移性收入	19 660.27	14.82	6 459.68	11.09	2 775.56	13.74
其他收入	2 945.16	2.22	1 403.53	2.41	1 031.32	5.11
合　计	132 698.15	100.00	58 240.87	100.00	20 194.14	100.00

从城镇、乡村的角度出发，城镇居民的收入结构与全国居民的收入结构十分相似，中等收入群体的工资性收入是最主要收入来源，占比为70.21%，其次为转移性收入（17.13%），财产性收入占比最小（见表4-46）。乡村居民中等收入群体的工资性收入为31 679.65元，而城镇居民的中等收入群体的工资性收入为54 454.40元，是乡村居民的约1.72倍，可见城乡收入差距依旧很大。城镇低收入群体的工资性收入占比最高，达到了73.87%，而乡村居民的工资性收入占比仅有53.79%，并且乡村居民的工资性收入仅为6 475.12元，约是城镇低收入群体的27.26%；转移性收入是城镇低收入群体的约70.29%（见表4-47）。通过对比分析2010年、2012年、2014年、2016年和2018年的收入结构（见本书附录10、附录11、附录13、附录14、附录16、附录17、附录19、附录20、附录22和附录23），可以发现低收入群体的工资性收入占比均在60%以下。另外两个主要来源为经营性收入与转移性收入，分别占比约为18%，表明我国乡村居民低收入群体中有相当大一部分人有稳定的工作，也有不少居民依靠银行存款利息、房屋租金、退休金及赡养费等较稳定的低收入作为主要的收入来源。

表4-46 　　　　2020年我国城镇不同收入群体的收入来源结构 　　　　金额单位：元

收入结构	高收入群体		中等收入群体		低收入群体	
	人均家庭纯收入	占比（%）	人均家庭纯收入	占比（%）	人均家庭纯收入	占比（%）
工资性收入	115 315.10	55.78	54 454.40	70.21	23 757.14	73.87
经营性收入	23 320.99	11.28	6 563.09	8.46	3 214.75	10.00
财产性收入	12 874.11	6.23	1 587.62	2.05	606.47	1.89
转移性收入	48 104.00	23.27	13 285.39	17.13	3 502.42	10.89
其他收入	7 111.77	3.44	1 671.55	2.16	1 080.19	3.36
合　计	206 725.97	100.00	77 562.05	100.00	32 160.97	100.00

表4-47 　　　　　　**2020年我国乡村不同收入群体的收入来源结构** 　　　金额单位：元

收入结构	高收入群体		中等收入群体		低收入群体	
	人均家庭纯收入	占比（%）	人均家庭纯收入	占比（%）	人均家庭纯收入	占比（%）
工资性收入	67 624.54	67.39	31 679.65	75.57	6 475.12	53.79
经营性收入	16 605.85	16.55	5 169.49	12.33	1 952.80	16.22
财产性收入	1 520.41	1.52	434.92	1.04	178.07	1.48
转移性收入	11 199.32	11.16	3 376.14	8.05	2 461.82	20.45
其他收入	3 400.65	3.39	1 263.04	3.01	969.80	8.06
合　计	100 350.77	100.00	41 923.25	100.00	12 037.60	100.00

（二）消费特征

本书将居民消费支出结构分为食品等八类。由表4-48可知，2020年中等收入群体人均消费支出为56 299.56元，食品占比最高（36.18%），其次为居住（16.54%）、家庭设备及日用品（13.19%）。相较而言，高收入群体在衣着鞋帽、家庭设备及日用品的占比上更高，人均消费支出是中等收入群体的约1.58倍，是低收入群体的约2.42倍。低收入群体在医疗保健、交通通信、居住方面占比更高。高收入群体主要注重提高生活质量，低收入群体则多为保障基本生活。

表4-48 　　　　　**2020年我国居民人均八大类消费支出水平及结构** 　　金额单位：元

支出结构	高收入群体		中等收入群体		低收入群体	
	支出	占比（%）	支出	占比（%）	支出	占比（%）
食品支出	30 257.29	34.11	20 368.72	36.18	12 709.49	34.69
衣着鞋帽支出	4 838.57	5.45	2 795.51	4.97	1 646.56	4.49
居住支出	14 876.88	16.77	9 314.68	16.54	6 584.65	17.97
家庭设备及日用品支出	13 964.47	15.74	7 428.34	13.19	3 995.00	10.90
交通通信支出	8 075.49	9.10	5 174.33	9.19	3 634.65	9.92
文化娱乐支出	8 569.15	9.66	5 138.33	9.13	3 084.57	8.42
医疗保健支出	5 822.78	6.56	5 057.26	8.98	4 455.30	12.16
其他用品及服务支出	2 302.03	2.60	1 022.40	1.82	525.35	1.43
合计	88 706.67	100.00	56 299.56	100.00	36 635.57	100.00

表4-49展示了2020年我国居民的消费性质支出结构，各收入群体均以消费性支出为主，占比均在87%左右：高收入群体占比为84.61%，中等收入群体占比为87.41%，低收入群体占比为89.82%。同时，高收入群体转移性支出和福利性支出占比也较高，不同收入群体的支出结构比较相近，差异较小。城镇、乡村各收入群体的支出结构也大致相同，见表4-50和表4-51。在2010—2018年的偶数年份，我国居民的支出结构基本保持稳定（见本书附录39至附录53）。

表4-49 　2020年我国居民人均消费性支出水平及结构　　金额单位：元

支出结构	高收入群体		中等收入群体		低收入群体	
	支出	占比（%）	支出	占比（%）	支出	占比（%）
消费性支出	92 955.99	84.61	57 523.95	87.41	38 025.34	89.82
转移性支出	12 876.43	11.72	6 490.14	9.86	3 729.06	8.81
福利性支出	4 037.25	3.67	1 798.32	2.73	579.27	1.37
家庭总支出	109 869.67	100.00	65 812.41	100.00	42 333.67	100.00

表4-50 　2020年我国城镇居民人均消费性支出水平及结构　　金额单位：元

支出结构	高收入群体		中等收入群体		低收入群体	
	支出	占比（%）	支出	占比（%）	支出	占比（%）
消费性支出	114 737.00	83.95	71 111.59	85.71	47 181.14	89.56
转移性支出	16 591.67	12.14	8 927.28	10.76	4 379.66	8.31
福利性支出	5 338.37	3.91	2 926.31	3.53	1 119.84	2.13
家庭总支出	136 667.04	100.00	82 965.18	100.00	52 680.64	100.00

表4-51 　2020年我国乡村居民人均消费性支出水平及结构　　金额单位：元

支出结构	高收入群体		中等收入群体		低收入群体	
	支出	占比（%）	支出	占比（%）	支出	占比（%）
消费性支出	68 250.21	82.72	47 973.45	58.14	32 932.02	39.91
转移性支出	11 436.28	13.86	5 211.06	6.32	4 517.23	5.47
福利性支出	2 824.56	3.42	1 037.87	1.26	363.41	0.44
家庭总支出	82 511.05	100.00	54 222.38	65.72	37 812.65	45.83

（三）人口特征

统计结果显示，2020年我国高收入群体家庭平均人口为3.0个人，中等收入群体家庭为4.0个人，低收入家庭为4.1个人。中等收入群体与低收入群体的人口相近，明显多于高收入群体。可见，家庭人口可能导致家庭人均可支配收入水平降低。

从家庭人口结构上看，2020年高收入群体主要以2~3个人为主，占比50.07%，极少有8个人及以上的家庭；中等收入群体主要以3~4个人为主，占比40.31%；低收入群体各类人口数量分布较为均匀，4个人以上占比为40.18%（见表4-52）。在2010—2018年的偶数年份，我国各收入群体家庭平均人口数见本书附录54、附录57、附录60、附录63和附录66。

表4-52　　　　　2020年我国不同收入群体家庭人口结构（%）

项目	1人	2人	3人	4人	5人	6人	7人	8人及以上
高收入群体	19.46	23.26	26.81	13.76	9.31	4.92	1.42	1.06
中等收入群体	5.04	17.91	19.59	20.72	16.12	12.62	4.05	3.96
低收入群体	8.93	21.91	12.02	16.95	14.05	13.66	5.99	6.48

2020年，我国城镇高收入群体的家庭人口结构与全国家庭人口结构不同，城镇人口1~3个人家庭占比达到73.87%，其中1个人家庭占比为22.13%，是全国家庭人口的约1.14倍；中低收入群体的家庭人口结构则与全国家庭人口结构相近（见表4-53）。我国乡村居民家庭人口相较于全国、城镇分布更加均匀，中等收入群体除1个人家庭以及7个人及以上家庭占比均在17%左右（见表4-54）。

表4-53　　　　2020年我国城镇不同收入群体家庭人口结构（%）

项目	1人	2人	3人	4人	5人	6人	7人	8人及以上
高收入群体	22.13	25.10	26.64	13.02	8.42	3.48	0.64	0.56
中等收入群体	7.19	21.01	25.85	19.40	12.47	9.07	2.83	2.19
低收入群体	7.36	17.91	16.25	19.42	15.02	13.79	4.91	5.35

表4-54　　　　2020年我国乡村不同收入群体家庭人口结构（%）

项目	1人	2人	3人	4人	5人	6人	7人	8人及以上
高收入群体	11.26	19.60	23.14	18.15	13.00	8.98	2.91	2.96
中等收入群体	4.41	16.26	14.13	19.29	18.15	15.62	6.35	5.80
低收入群体	10.35	27.79	10.90	13.17	13.26	12.35	5.63	6.54

在2010—2018年的偶数年份，我国城镇与乡村家庭人口结构与2020年大致相同，1~3个人家庭的各收入群体比重均占较大比重，且3个人家庭的各收入群体比重最大。在城镇家庭人口结构中，2010年3个人家庭的高、中、低收入群体比重分别为34.99%、30.05%、16.22%，到2018年各收入群体比重均有所下降，分别为25.67%、26.01%、16.94%；在乡村家庭人口结构中，2010年3个人家庭的高、中、低收入群体比重分别为32.64%、18.76%、12.76%，到2018年各收入群体比重同样有所减少，分别为25.98%、16.75%、17.05%（详见本书附录55、附录56、附录58、附录59、附录61、附录62、附录64、附录65、附录67和附录68）。

四、中等收入群体的流动性分析

由于不同群体的收入情况是动态的，不同家庭之间的收入可能出现变动。因此，对于收入流动性的研究可以了解不同家庭收入动态变化的情况，也可了解同一个家庭在不同时期的收入流动性情况。

（一）数据来源

本部分内容主要分析在2010—2020年的偶数年份我国不同群体之间收入流动性问题，依旧使用CFPS数据库中的数据，其可以被用于准确研究样本数据的动态变化状况。本部分采用前文确定的界定标准——收入中位数的50%~125%进行测算，根据家庭人均收入将所有样本分为高、中、低3个群体，在数据处理计算上使用的是CFPS数据库中的2010年可比价格。

（二）研究方法

相对收入流动性主要是指收入位次的变动，可用一个定义在收入分布从 x（x_1, x_2, $\cdots$, x_k）向 y（y_1, y_2, $\cdots$, y_k）转变的转换矩阵 P（x, y）= $\left[P_{ij}（x, y） \right]_{m \times m}$ 表示（Atkinson, Bourguignon, and Morrisson, 1992）。其中：x（x_1, x_2, $\cdots$, x_k）和 y（y_1, y_2, $\cdots$, y_k）分别代表起始年和结束年的收入分布，k 是样本数，P_{ij}（x, y）代表在起始年收入为 x 中处于第 i 等级的家庭在结束年收入 y 中转变到位于第 j 等级的概率，m 是收入分布从低到高排序的等级数量。P_{11} 表示起始年处于收入等级最底部、结束年仍处于收入等级最底部的家庭占所有调查家庭的比重；P_{12} 表示起始年处于收入等级最底部、结束年跃迁至第二等级的家庭占所有调查家庭的比重，以此类推。

最后，构建统计量指标。卡方指数反映了计算得到的收入转换矩阵与"充分流动"情况下收入转换矩阵（在本书的研究方法下，各元素值均为1/3的收入转换矩阵）的距离，其计算公式为：

$$\chi^2 = \sum_{ij} \frac{\left(P_{ij} - 1/3 \right)^2}{1/3}$$

指标值越低，则收入流动性的程度越高。①

（三）我国不同收入群体的流动性

为说明不同收入层次家庭的收入流动性，需要将两个不同年份的家庭样本组成平衡面板，通过转换矩阵的方法研究同一个家庭在两个年份之间社会分层的动态变化。本部分以2010年为期初，以2012年、2014年、2016年、2018年、2020年分别为期末，对不同收入阶层的流动性进行分析，同时分别以2012年、2014年、2016年为期初，以2020年为期末，对不同群体的流动性进行分析。

从全国视角出发，在平衡面板中，在2010—2020年，共有10 895个样本，不同收入层次家庭流动结果参见表4-55。

表4-55　　　　　　　　　　　我国居民收入流动性情况（%）

项　目		2020年		
		高收入群体	中等收入群体	低收入群体
2010年	高收入群体	55.65	28.93	16.58
	中等收入群体	30.44	45.04	38.99
	低收入群体	13.91	26.03	44.43
	合计	100.00	100.00	100.00

在收入转换矩阵中，在2020年的高收入群体家庭中，有55.65%是2010年的高收入群体维持了地位不变；有30.44%是由2010年的中等收入群体实现了收入向上流动，进入了高收入群体；有13.91%是由2010年的低收入群体向上流动成为高收入群体。高收入群体在较大程度上维持住其地位，也有相当一部分中等收入群体进阶成为高收入群体。在2020年的中等收入群体中，有28.93%是由2010年的高收入群体向下流动构成；有45.04%是由原中等收入群体保持地位不变；有26.03%是由低收入群体实现了向上的收入流动，进入中等收入群体。从总体看，2020年的中等收入群体主要由2010年的中等收入群体构成，高收入和低收入群体占据相近的小部分。2020年的低收入群体是由2010年的16.58%的高收入群体、38.99%的中等收入群体下滑而形成的。

对比以上分析，2010—2020年3个收入群体能够保持自身收入地位的比重分别为55.65%、45.04%和44.43%（即收入转换矩阵对角线上的数据），比重越大，说明在考察期内我国居民保持在原收入地位的概率越大，收入流动性越小。

表4-56展示了2010—2018年我国居民收入流动情况。对比可知，我国居民收入流动性在2010—2018年较低。表4-57至表4-63进一步比较了不同时间跨度，发现不论是以2010年为期初进行比较分析还是以2020年为期末进行比较分析，时间

①　权衡．收入分配与收入流动：中国经验和理论［M］．上海：格致出版社，上海人民出版社，2012：156-164．

间隔越久，收入流动性越大，容易出现波动；时间间隔越短，收入流动性越小，相对稳定。而在相同间隔的不同年份中，越靠后的年份间收入流动性越小，收入越稳定。我国城镇、乡村居民收入流动性情况见本书附录69至附录86。

表4-56 2010—2018年我国居民收入流动性情况（%）

项 目		2018年		
		高收入群体	中等收入群体	低收入群体
2010年	高收入群体	42.05	27.42	13.91
	中等收入群体	38.80	46.13	30.01
	低收入群体	19.15	26.45	56.07
	合计	100.00	100.00	100.00

注：存在尾差调整。

表4-57 2010—2016年我国居民收入流动性情况（%）

项 目		2016年		
		高收入群体	中等收入群体	低收入群体
2010年	高收入群体	42.85	26.83	13.02
	中等收入群体	37.86	45.99	29.30
	低收入群体	19.29	27.17	57.68
	合计	100.00	100.00	100.00

注：存在尾差调整。

表4-58 2010—2014年我国居民收入流动性情况（%）

项 目		2014年		
		高收入群体	中等收入群体	低收入群体
2010年	高收入群体	43.05	27.11	10.98
	中等收入群体	38.62	44.30	27.57
	低收入群体	18.33	28.59	61.46
	合计	100.00	100.00	100.00

注：存在尾差调整。

表4-59   2010—2012年我国居民收入流动性情况（%）

项 目		2012年		
		高收入群体	中等收入群体	低收入群体
2010年	高收入群体	42.76	25.04	10.15
	中等收入群体	38.73	43.72	27.25
	低收入群体	18.51	31.23	62.61
	合计	100.00	100.00	100.00

注：存在尾差调整。

表4-60   2018—2020年我国居民收入流动性情况（%）

项 目		2020年		
		高收入群体	中等收入群体	低收入群体
2018年	高收入群体	68.16	32.73	15.07
	中等收入群体	18.89	41.12	30.26
	低收入群体	12.95	26.15	54.67
	合计	100.00	100.00	100.00

表4-61   2016—2020年我国居民收入流动性情况（%）

项 目		2020年		
		高收入群体	中等收入群体	低收入群体
2016年	高收入群体	63.82	32.17	15.55
	中等收入群体	22.37	39.93	31.98
	低收入群体	13.82	27.9	52.47
	合计	100.00	100.00	100.00

注：存在尾差调整。

表4-62   2014—2020年我国居民收入流动性情况（%）

项 目		2020年		
		高收入群体	中等收入群体	低收入群体
2014年	高收入群体	59.18	31.51	16.78
	中等收入群体	26.11	40.48	34.79
	低收入群体	14.71	28.01	48.43
	合计	100.00	100.00	100.00

表4-63   2012—2020年我国居民收入流动性情况（%）

项 目		2020年		
		高收入群体	中等收入群体	低收入群体
2012年	高收入群体	58.91	34.79	20.46
	中等收入群体	23.14	32.55	28.93
	低收入群体	17.95	32.66	50.61
	合 计	100.00	100.00	100.00

在得到以上转换矩阵的基础上，本书计算了卡方指数。该指数为统计量数值，是反映收入流动性程度的指标，与收入流动性呈反向关系。表4-64列示了9个分析时段的收入流动性指标情况。通过对比可以得到与前文相同的结论，即2010—2020年，时间间隔越久，收入流动性越大；时间间隔越短，收入流动性越小。从具体的统计指标来看，2010—2012年的卡方指数为0.585，较2010—2020年高出约27.45%。

表4-64   2010—2020年我国居民收入流动性统计指数

时 段	卡方指数	时 段	卡方指数
2010—2020年	0.459	2018—2020年	0.824
2010—2018年	0.438	2016—2020年	0.657
2010—2016年	0.471	2014—2020年	0.496
2010—2014年	0.556	2012—2020年	0.444
2010—2012年	0.585		

以上分析是从全国角度出发，但是我国城乡发展存在不平衡现象，收入水平差距较大，因此还需要对城镇、乡村分别进行深入分析。我国城镇和乡村居民的收入流动性情况表参见附录70至附录86。表4-65、表4-66分别为我国城镇、乡村居民的收入流动性统计指数。

表4-65   2010—2020年我国城镇居民收入流动性统计指数

时 段	卡方指数	时 段	卡方指数
2010—2020年	0.442	2018—2020年	0.759
2010—2018年	0.609	2016—2020年	0.625
2010—2016年	0.680	2014—2020年	0.496
2010—2014年	0.804	2012—2020年	0.394
2010—2012年	0.826		

表4-66　　　　　2010—2020年我国乡村居民收入流动性统计指数

时段	卡方指数	时段	卡方指数
2010—2020年	0.318	2018—2020年	0.508
2010—2018年	0.273	2016—2020年	0.775
2010—2016年	0.286	2014—2020年	0.334
2010—2014年	0.336	2012—2020年	0.413
2010—2012年	0.361		

从表4-65、表4-66的结果中可以看出，我国城镇和乡村居民的收入流动性情况与全国趋势相似，均有时间间隔越长流动性就越大的特征。但是从卡方指数来看，城镇的卡方指数在整体上大于全国的卡方指数，即城镇居民的收入流动性小于全国居民的收入流动性，城镇居民的收入水平较为稳定；乡村居民的卡方指数普遍小于全国居民的卡方指数，即乡村居民的收入流动性大于全国居民的收入流动性，表现出乡村居民收入水平容易出现波动状况。这与我国经济现象相符，城镇居民大多有固定的收入来源，而乡村居民的收入来源不稳定。

本章小结

本章的研究重点在于对减税和中等收入群体的测度及其变化趋势进行分析。针对减税测度部分，本章首先从税收政策工具切入，对减税政策工具进行界定，同时通过将2003—2022年实施的减税政策分为4个阶段进行政策梳理，发现我国减税政策的改革与调整均与当期经济发展现状相适应。其次，本章进一步对大、中、小3种不同口径宏观税负，对流转税、所得税以及具体税种增值税、消费税和个人所得税微观税负进行测度并分析其变化趋势，发现2018—2022年，我国3种口径宏观税负水平呈下降趋势，增长速度明显减缓，但居民个人负担的增值税、消费税与个人所得税税负水平呈逐年递增的趋势。这主要是因为我国经济水平的提高改善了居民生活水平，居民可支配收入的增加导致其所承担的税负增加。通过进一步异质性分析，本章发现在宏观视角下我国区域呈东西部税负高、中部税负低的V型税负格局；在微观视角下，城镇居民税负水平也显著高于乡村居民税负水平。针对中等收入群体规模测度部分，本章通过归纳梳理了现有学者对中等收入群体的界定标准，最终确定将家庭人均收入中位数的50%~125%作为本章的中等收入群体的界定方法，并利用CFPS数据库从全国、城镇、乡村3个视角对我国居民的收入现状进行城乡、区域特征的统计分析，发现我国居民的收入分布显著左偏，并具有区域和城乡差异。在中等收入群体的特征分析中，本章发现中等收入群体主要以工资性收入为主，并具有一定的增长趋势，表明我国中等收入群体能获得稳定且增长能力较强的工资性收入。在消费特征分析中，本章发现中等收入群体主要以消费性支出为主。在人口特征分析中，本章发现中等收入群体家庭人口数以 3~4 个人居多。在收入流动性研究中，本章发现，在 2010—2020 年，我国有 45.04% 的中等收入群体维持了其原有收入位置。对减税和中等收入群体的测度及变化趋势的分析可为进一步度量减税政策调节中等收入群体规模的收入效应提供现实依据与数据支撑。

第五章 减税政策调节中等收入群体规模的税收效应度量

减税政策的总量调节和结构调节可以扩大中等收入群体规模和促进经济结构转型，直接和间接地增加中低收入群体收入。为检验减税政策调节中等收入群体规模的税收效应，本章将结合省（自治区、直辖市）级层面小口径宏观税负、CFPS数据库25个省（自治区、直辖市）流转税与所得税微观实际税负以及中等收入群体比重等微观数据，系统度量并分析宏观税负与微观税负调节中等收入群体规模的总体税收效应。同时，考虑增值税和个人所得税均在2018年发生政策调整和改革，本章将分别研究其在不同环节中对中等收入群体规模变化幅度调节的方向、大小，并测度减税政策因素变化对中等收入群体消费、储蓄、投资和收入分配的影响。

第一节 减税政策调节中等收入群体规模的总体税收效应度量

减税政策对中等收入群体规模的总体税收效应度量，可以从全国宏观税负、流转税税负和所得税税负3个视角进行测算，基本涵盖了我国税收总量和主体税收结构。名义税负扣除减税带来的税收优惠等因素后即实际税负，是纳税人实际承担的税收负担，代表减税效果的常用指标。因此，本节分别采用宏观实际税负、流转税实际税负和所得税实际税负来测度减税效应。

一、宏观税负调节中等收入群体规模的税收效应度量

（一）研究设计

1.样本选择与数据来源

为从宏观层面检验减税政策调节中等收入群体规模的税收效应，本章将全国小口径宏观税负与第四章基于CFPS数据库求得的各省（自治区、直辖市）中等收入

群体规模加以匹配进行实证研究。由于 CFPS 数据库的样本覆盖 25 个省（自治区、直辖市）且目前涉及年份只涵盖 2010 年、2012 年、2014 年、2016 年、2018 年和 2020 年，因此本章选择这 6 年 25 个省（自治区、直辖市）的中等收入群体作为研究样本，中等收入群体规模数据主要来源于 CFPS 数据库，全国宏观税负与其他变量数据主要来源于国家统计局与各年统计年鉴。

2. 变量设置

（1）被解释变量

本章选择中等收入群体规模作为被解释变量，中等收入群体的扩大有利于维护社会稳定，避免收入悬殊，促使我国居民收入结构向更稳定的橄榄型过渡，逐步实现共同富裕。关于中等收入群体规模的界定详见第四章，具体以 CFPS 数据库为基础，运用核密度估计法，通过拟合样本家庭及个体的收入分布情况，将收入中位数的 50%~125% 作为最优中等收入群体界定标准进行测算，最终按各年份分省（自治区、直辖市）整理得到中等收入群体占比均值数据。

（2）核心解释变量

宏观税负与微观税负对应，是一个国家或地区的社会总体税负水平，反映政府在国民经济总量分配中的集中程度（岳树民、安体富，2003；陈小亮，2018）。宏观税负的异质性体现在不同口径下测算的宏观税负会有所差异。目前，小口径、中口径和大口径 3 种宏观税负测度方法已被国际组织、政府及学界等广泛采用和认可（赵丹，2019）。由于本章主要研究减税对中等收入群体规模的影响，相比政府收入与财政收入，税收收入与居民关系更直接，所以选择小口径宏观税负作为核心解释变量，即国家税收收入总量与生产部门总产出的比重来衡量（曾艳玲、陈跃，2002）。实际的宏观税负可以反映减税实施后的直接效果。

（3）控制变量

影响中等收入群体规模的因素有很多，如经济增长是缩小收入差距、扩大中等收入群体比重的一个重要决定因素（Bhalla，2007）。我国中等收入群体的比重提高，主要源于我国居民整体收入水平的提高，而不是收入分配格局的变化（杨修娜等，2018），而居民的消费水平也可从侧面反映居民收入水平，两者呈正向关系。同样，作为人力资本变量的文化水平与教育投入会影响中等收入群体比重，人力资本对劳动者收入的增长存在微观收入效应和宏观收入效应（李炯、况永贤，2003）。另外，一般而言，经济与就业为同步增长关系，而中等收入群体的界定也与居民就业取得收入相关，失业率高意味着经济面临下行压力，不利于居民可支配收入增加，因此，失业率也会影响中等收入群体比重。本章主要从宏观角度，按经济发展水平、居民消费水平、教育水平、文化水平和就业水平 5 个方面确定影响中等收入群体的控制变量，其中经济发展水平用各省（自治区、直辖市）地区生产总值（gross regional product，GRP）衡量；用各省（自治区、直辖市）居民人均消费支出代表居民消费水平；教育水平的替代变量为普通高等学校数和教育投入；以各省（自治区、直辖市）公共图书馆业机构数与文化投入衡量文化水平；用城镇失业率代表就业水平（见表 5-1）。

表5-1 变量的含义与计算（实际宏观税负为解释变量）

类别	变量名称	计算方法
被解释变量	中等收入群体规模（Med）	家庭人均收入中位数的50%~125%的群体规模/总群体规模
解释变量	实际宏观税负（Tax）	各省（自治区、直辖市）税收入/GRP
经济发展水平	经济发展水平（GRP）	各省（自治区、直辖市）地区生产总值取对数
居民消费水平	居民消费水平（Con）	各省（自治区、直辖市）居民人均消费支出取对数
教育水平	普通高等学校数（Sch）	各省（自治区、直辖市）普通高等学校数取对数
	教育投入（Edu）	各省（自治区、直辖市）教育支出/财政支出
文化水平	公共图书馆业机构数（Lib）	各省（自治区、直辖市）公共图书馆业机构数取对数
	文化投入（Cul）	各省（自治区、直辖市）文化支出/财政支出
就业水平	城镇失业率（Une）	各省（自治区、直辖市）城镇失业率

3.模型构建

为研究宏观税负变化对中等收入群体规模的影响，本书设计如下模型：

$$Med_{it} = \beta_0 + \beta_1 Tax_{it} + \beta_2 GRP_{it} + \beta_3 Con_{it} + \beta_4 Lib_{it} +$$
$$\beta_5 Cul_{it} + \beta_6 Sch_{it} + \beta_7 Edu_{it} + \beta_8 Une_{it} + \varepsilon_{it} \qquad (5-1)$$

其中：Med 为中等收入群体规模，Tax 为实际宏观税负（减税后的实际税收负担），GRP 为经济发展水平，Con 为居民消费水平，Lib 为公共图书馆业机构数，Cul 为文化投入，Sch 为普通高等学校数，Edu 为教育投入，Une 为城镇失业率，ε 为模型的随机扰动项，下标 i 和 t 分别代表省（自治区、直辖市）个体和时间。

4.描述性统计

表5-2为各变量描述性统计，中等收入群体规模的均值为0.347，与李春玲得出2019年我国中等收入群体比重为33.9%保持较一致水平，说明本书测度的中等收入群体规模在合理范围，具有一定科学性和准确性。宏观税负均值为0.083，远低于增值税、个人所得税等主体税种的名义税率，我国减税政策的有效实施显著降低了各省（自治区、直辖市）的宏观税负。经济发展水平和居民消费水平的均值保持同步，但二者的方差较大，波动性较强，在不同省（自治区、直辖市）间的偏离程度较大，呈现出较强的非均衡性。各省（自治区、直辖市）公共图书馆业机构数与普通高等学校数均值分别为4.564和4.510，但与之对应的文化投入与教育投入力度偏小，仅为0.041和0.206。另外，在2010—2020年的偶数年份，各省（自治区、直辖市）的城镇失业率并不低，均值达0.033，至2021年我国城镇失业率仍有4.0%。

表5-2 变量描述性统计

变量名称	观测值	均值	标准差	最小值	最大值
中等收入群体规模（Med）	150	0.347	0.072	0.109	0.593
实际宏观税负（Tax）	150	0.083	0.029	0.045	0.188
经济发展水平（GRP）	150	9.976	0.687	8.280	11.619
居民消费水平（Con）	150	9.717	0.450	8.735	10.890
普通高等学校数（Sch）	150	4.510	0.342	3.689	5.118
教育投入（Edu）	150	0.206	0.106	0.110	0.758
公共图书馆业机构数（Lib）	150	4.564	0.571	3.135	5.333
文化投入（Cul）	150	0.041	0.048	0.010	0.239
城镇失业率（Une）	150	0.033	0.006	0.013	0.046

（二）实证结果分析

1. 基准回归分析

基于省（自治区、直辖市）级层面实证研究小口径宏观税负对中等收入群体规模的减税效应，表5-3中第二列为覆盖25个省（自治区、直辖市）共150个样本的回归结果，可以看到虽然中等收入群体规模系数为正数，即减税会抑制中等收入群体规模扩大，但这一效应并不显著，未通过最低标准10%的显著性水平检验。

表5-3 宏观税负影响中等收入群体规模的回归结果

变量名称	25个省（自治区、直辖市）	21个省（自治区、直辖市）
	Med	Med
实际宏观税负（Tax）	0.111	−1.466**
	(0.12)	(−2.61)
经济发展水平（GRP）	−0.133**	−0.059**
	(−2.76)	(−2.29)
居民消费水平（Con）	−0.012	−0.017
	(−0.56)	(−0.76)
普通高等学校数（Sch）	0.307**	0.082
	(2.33)	(0.95)
教育投入（Edu）	0.023	0.083
	(0.25)	(0.54)
公共图书馆业机构数（Lib）	0.233*	0.002
	(1.89)	(0.02)
文化投入（Cul）	1.684***	0.599
	(3.25)	(0.50)
城镇失业率（Une）	−1.193	−1.370
	(−0.44)	(−0.98)
常数项	−0.699	0.835
	(−0.87)	(1.52)
观测值	150	126
R^2	0.234	0.295
F	6.438	5.765

注：***表示$p<0.01$，**表示$p<0.05$，*表示$p<0.1$，下同。

直辖市具有明显的区位优势、经济和政治优势。汤旖璆和魏彧（2022）在实证时将4个直辖市样本数据剔除，以排除行政等级混杂的可能影响。本书也剔除北京市、天津市、上海市和重庆市的研究样本后再次重复基准回归，得到表5-3中的第三列回归结果。不考虑直辖市的影响，小口径宏观税负为-1.466且通过5%的显著性水平检验，对扩大中等收入群体规模具有显著激励效应，因为减税的正向收入效应会作用于增加居民可支配收入，原位于中等收入群体的居民会因此稳住自身中等收入水平甚至向上流入高收入群体中，而原位于中等收入群体边缘或低收入群体上限附近的居民也得益于减税红利而进入中等收入群体行列，中等收入群体规模得以扩大。

2.异质性分析

为进一步探讨减税政策调节中等收入群体规模在不同地区间的差异性，分东部、中部、西部、东北四大地区运用固定效应模型作回归分析。由表5-4可以看出，宏观税负对东部和东北地区的中等收入群体规模具有挤出效应，且对东北地区通过了1%的显著性检验；对中部和西部地区的中等收入群体规模具有促进作用，分别在10%和5%的水平上显著。这是因为收入分布与收入水平是中等收入群体的重要衡量指标，而东部地区的经济发展程度远高于其他地区，且该地区是大量流动人口聚集地，可通过更少的经济活动人口创造更多的经济产值（李逸飞、王盈斐，2022），因此，东部地区的居民收入水平更高。但由于东部地区居民收入分布右偏，即中高收入群体占大多数，低收入群体比重较低，其流向中等收入群体的数量受限，同时相对而言比重较高的中等收入群体可能因减税红利而向上流动至高收入群体，因而东部地区的减税可能在一定程度上抑制中等收入群体规模；东北地区经济相对西部地区发达，但早期税制改革、试点等多聚集在东部、东北地区，减税政策实施效果遵循边际效用递减原则，且东北地区近年来是人口集中流出地（李逸飞，2021），这均可导致宏观税负减少对该区中等收入群体规模无显著激励效果，甚至随不确定性增强起到相反作用。中西部地区经济落后于东部地区，西部地区经济最弱，居民收入向左分布的地区低收入群体比重更高，减税的收入效应可及时提升这两个地区群体的收入水平，增加低收入群体流向更高收入群体的可能性，因此，减税可显著刺激中部和西部地区中等收入群体规模扩大。

3.稳健性检验

由于中等收入群体的影响因素复杂多样，减税政策并不是影响中等收入群体规模的唯一因素，故为排除其他政策和因素的干扰与冲击，本书通过设置哑变量，运用单差法作进一步稳健性检验。2020年，我国经济面临巨大下行压力，收入不平等情况加重（万相昱等，2023）。后来，国家采取了一系列宏观政策以复工复产、拉动内需和稳定经济，叠加减税政策对中等收入群体具有显著影响。故本书以2020年为时间节点设置哑变量（年份<2020，哑变量=0；年份≥2020，哑变量=1），以此排除新冠疫情的干扰，回归结果与基准回归保持一致（见表5-5第（1）列）。2013年12月，习近平总书记在中央经济工作会议上提出"新常态"，我国经济正在向形态更高级、分工更复杂、结构更合理的阶段演化。随产业结构的升级优化，就业机会增加，

居民收入水平也随之增加，经济"新常态"对中等收入群体具有重要影响。因此，本书同样以2013年为临界点设置哑变量（年份<2013，哑变量=0；年份≥2013，哑变量=1），回归结果同样表示宏观税负减少可促进中等收入群体扩容，具体参见表5-5第（3）列；2016年我国全面实施"营改增"政策，可有效避免重复征税，其目的主要是降低税负，激发市场主体活力，促进产业和消费升级，因此这一政策冲击也对中等收入群体规模具有重要影响。以2016年为时间节点设置哑变量（年份<2016，哑变量=0；年份≥2016，哑变量=1），回归结果参见表5-5第（2）列，宏观税负仍与中等收入群体规模具有显著负相关关系。综上所述，本书基准回归结果的稳健性可进一步得到验证。

表5-4 四大地区宏观税负影响中等收入群体规模的回归结果

变量名称	东部地区	中部地区	西部地区	东北地区
	Med	Med	Med	Med
实际宏观税负（Tax）	2.904	−3.461*	−2.138**	6.544***
	(1.58)	(−2.34)	(−3.00)	(13.67)
经济发展水平（GRP）	−0.177	−0.055	−0.002	−0.762***
	(−1.78)	(−0.87)	(−0.06)	(−9.95)
居民消费水平（Con）	−0.016	−0.023	−0.036	0.350*
	(−0.69)	(−0.43)	(−1.37)	(3.98)
普通高等学校数（Sch）	0.451	0.139	0.110	0.066
	(0.69)	(0.84)	(0.66)	(0.29)
教育投入（Edu）	−0.071	0.067	−0.281	0.156
	(−0.18)	(0.25)	(−1.06)	(1.48)
公共图书馆业机构数（Lib）	0.735	−0.197	−0.134	−0.345
	(1.81)	(−1.63)	(−0.89)	(−1.26)
文化投入（Cul）	1.759	0.265	3.515	3.669**
	(1.03)	(0.12)	(1.89)	(6.57)
城镇失业率（Une）	−2.583	−5.553**	2.188	−0.587
	(−0.42)	(−2.67)	(0.90)	(−0.23)
常数项	−3.196	1.818**	0.860	4.386*
	(−0.90)	(2.65)	(1.71)	(3.33)
观测值	54	36	42	18
R^2	0.418	0.566	0.573	0.947

表5-5   宏观税负模型的稳健性检验回归结果

变量名称	（1）	（2）	（3）
	Med	Med	Med
实际宏观税负（Tax）	-1.242^{**}	-1.142^{*}	-1.468^{**}
	(-2.22)	(-2.08)	(-2.41)
经济发展水平（GRP）	-0.080^{**}	-0.077^{**}	-0.079^{**}
	(-2.82)	(-2.71)	(-2.42)
居民消费水平（Con）	-0.010	-0.025	-0.029
	(-0.50)	(-1.05)	(-1.47)
普通高等学校数（Sch）	0.122	0.074	0.080
	(1.42)	(0.82)	(0.90)
教育投入（Edu）	-0.017	0.126	0.132
	(-0.11)	(0.85)	(0.82)
公共图书馆业机构数（Lib）	-0.023	0.009	0.012
	(-0.26)	(0.08)	(0.12)
文化投入（Cul）	0.166	0.368	0.334
	(0.14)	(0.31)	(0.27)
城镇失业率（Une）	-1.482	-1.308	-1.468
	(-1.01)	(-0.94)	(-1.03)
哑变量	0.055^{**}	0.018	0.019
	(2.58)	(1.48)	(1.26)
常数项	0.928^{*}	1.060	1.098^{*}
	(1.75)	(1.68)	(1.74)
观测值	126	126	126
R^2	0.334	0.306	0.305
F	5.715	6.027	5.044

4. 内生性检验

中等收入群体数量增加会促使税基扩大，带来整体税收收入增加，因此解释变量与被解释变量存在互为因果关系的问题，同时中等收入群体规模的影响因素众多，本书还可能存在遗漏解释变量的问题。工具变量法是运用较为广泛的解决内生性的手段，本书以宏观税负滞后2期[①]作为工具变量之一，进一步作了内生性检验，参见表5-6第（1）列。第一阶段回归结果中滞后2期的宏观税负与原解释变量具有显著关系，通过了5%的显著性水平检验，第二阶段回归结果在引入工具变量后宏观税负仍与中等收入群体规模在5%的水平下显著，与基准回归结果一致。

表5-6　　　　　　　　　宏观税负模型的两阶段最小二乘回归结果

变量名称	（1）		（2）	
	实际宏观税负（Tax）	Med	实际宏观税负（Tax）	Med
工具变量（IV）	0.557**		0.839***	
	(2.21)		(11.02)	
实际宏观税负（Tax）		−7.187**		−1.057***
		(−2.20)		(−3.22)
经济发展水平（GRP）	−0.006	−0.060	−0.002	−0.011
	(−0.81)	(−1.07)	(−0.39)	(−0.66)
居民消费水平（Con）	0.022***	0.148*	−0.008	0.067***
	(3.45)	(1.68)	(−1.61)	(3.47)
普通高等学校数（Sch）	−0.008	0.020	0.006	0.015
	(−0.67)	(0.22)	(0.75)	(0.45)
教育投入（Edu）	−0.084***	−0.507	−0.039***	0.172
	(−3.49)	(−1.40)	(−3.04)	(1.53)
公共图书馆业机构数（Lib）	0.007	−0.048	−0.003	−0.055**
	(1.31)	(−0.98)	(−6.02)	(−2.42)
文化投入（Cul）	0.392**	2.144	0.082	−0.685
	(2.13)	(1.20)	(0.76)	(−0.83)
城镇失业率（Une）	−0.381	−3.385	0.272	−0.761
	(−1.28)	(−1.26)	(−1.91)	(−0.90)
常数项	−0.099**	0.369	0.108*	0.067
	(1.83)	(0.94)	(1.74)	(2.50)
观测值	126	126	126	105
R^2	0.341	0.341	0.305	0.337
LM	5.393**		28.551***	
Wald F	24.901		203.296	
Stock-Yogo	16.38		16.38	

注：最后一行"16.38"为在10%的显著性水平下Stock-Yogo弱工具变量识别F检验的临界值，下同。

① 由于CFPS数据库每隔两年公布一次数据，本书利用CFPS数据库得到的样本的时间间隔为两年，故此处工具变量作滞后2期处理。

　　另外，借鉴已有研究采用同年度同地区均值或者同年度同行业均值作为工具变量的做法（周茜等，2020），由于宏观税负系数仅在剔除4个直辖市的模型中显著，故本书将涵盖同年度21个省（自治区、直辖市）的宏观税负取均值作为工具变量之二，进一步作了内生性检验。从相关性来看，将所有省（自治区、直辖市）视作同一行业，同行业的税负均值反映了该行业即全国的税负整体水平，与单个省（自治区、直辖市）的税负水平具有一定相关关系；从外生性来看，影响本省（自治区、直辖市）中等收入群体规模的主要是本省（自治区、直辖市）的经济发展水平、居民收入水平、就业环境等，故行业平均税负即全国宏观税负均值与被解释变量本省（自治区、直辖市）中等收入群体规模无直接联系。由表5-6第（2）列结果可知，同年度21个省（自治区、直辖市）的宏观税负均值与解释变量呈显著相关关系，二阶段回归结果宏观税负与中等收入群体规模间的经济关系仍与基准回归结果保持一致，说明基准回归结果较为可靠。

5.安慰剂检验

　　由于无法完全排除基准估计结果是否是偶然呈现显著的可能，本书遵循安慰剂检验的思想，随机分配模型（1）中宏观税负与中等收入群体规模之间的对应关系，维持控制变量不变，并进行1 000次随机抽样，得到安慰剂检验结果如图5-1所示。可以看到，随机抽样得到的1 000个"虚拟"系数的密度分布基本服从均值为0的标准正态分布，且左侧竖虚线表示真实宏观税负系数的位置远离"虚拟"系数密度分布，这表明基准回归估计得到的结果并非偶然产生。

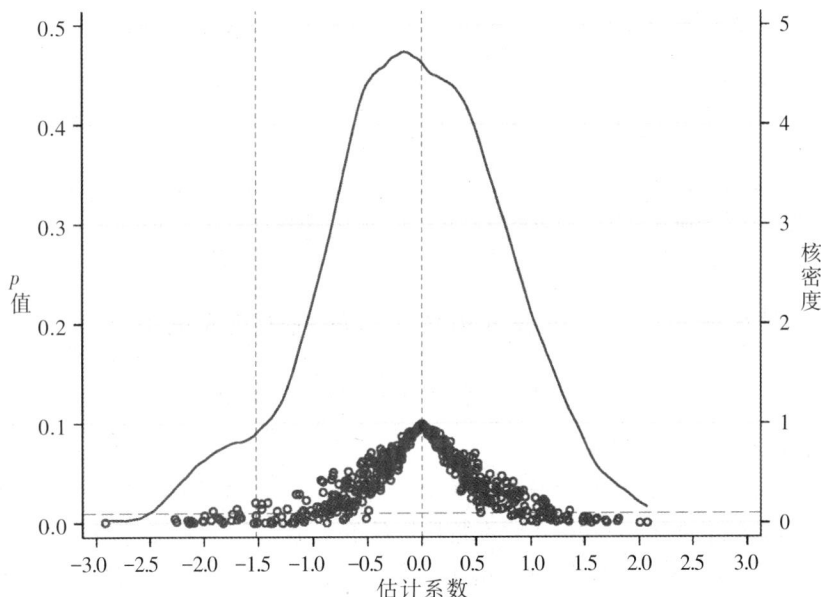

图5-1　宏观税负模型的安慰剂检验图

6.进一步研究

　　由于本书宏观数据来自国家统计年鉴，故宏观税负模型中的解释变量实际宏观税负与除居民消费水平和城镇失业率以外的控制变量的分析数据可更新至2022年，但被解释变量中等收入群体规模数据来源于CFPS数据库，最新年份为2020年，故在基准回归中为与中等收入群体规模匹配，实证数据仅涵盖2010年、2012年、2014年、2016年、2018年和2020年的数据。考虑减税政策实施的长期效应，同时为避免数据陈旧以及时间匹配不统一的问题，本书以基准回归模型中的面板数据为基础，通过构建时间序列模型（Williams et al.，1998）对2022年的被解释变量以及暂未公布2022年数据的控制变量居民消费水平和城镇失业率进行预测，对2010—2022年的偶数年份的面板数据作进一步回归，回归结果见表5-7。在考虑减税政策的长期效应后，宏观税负仍在剔除4个直辖市样本数据以排除行政等级混杂的可能影响后，与中等收入群体存在显著关系，且通过了1%的显著性水平检验，说明基准回归结果具有稳健性。

表5-7   我国宏观税负影响中等收入群体规模的回归结果

变量名称	25个省（自治区、直辖市）	21个省（自治区、直辖市）
	Med	*Med*
实际宏观税负（*Tax*）	−0.245	−1.232***
	(−0.38)	(−3.31)
控制变量	控制	控制
常数项	0.914***	1.047***
	(3.03)	(5.09)
观测值	175	147
R^2	0.138	0.243
F	6.609	4.206

注：进一步实证研究中的控制变量与前文基准回归结果保持一致，但为节省篇幅，具体回归结果此处略去，下同。

二、微观税负调节中等收入群体规模的税收效应度量

（一）流转税减税政策对中等收入群体规模的影响

1.样本选择与数据来源

基于微观层面研究流转税减税政策对中等收入群体的影响，本书选择第四章由CFPS数据库求得的2010—2020年的偶数年份的家庭人均实际流转税税负，实证检验其对中等收入群体规模的影响。由于数据可得性，求解流转税实际税负需用的各年CFPS数据库与投入产出表可匹配年份仅包括2010年、2012年、2018年和2020年，因此，流转税税负共有4年的数据，本书将2014年与2016年数据作缺失值处理，以非平衡面板构建固定效应模型进行实证研究，数据主要来源于CFPS数据库、

投入产出表和《中国税务年鉴》。

2.变量设置

（1）被解释变量

中等收入群体为本书研究的主要对象，因此被解释变量与前文一致，仍为25个省（自治区、直辖市）的中等收入群体比重。

（2）核心解释变量

基于微观层面，本书创新地尝试选择由微观数据库利用投入产出法求得的流转税实际税负及其代表性税种增值税和消费税实际税负，为了与各省（自治区、直辖市）中等收入群体比重匹配后进行研究，本书将同年同省（自治区、直辖市）的所有个体微观税负加总后取均值，最终得到由微观数据测算所得的各年25个省（自治区、直辖市）税负均值作为解释变量作进一步研究。流转税及其代表性税种增值税和消费税实际税负代表了减税政策实施后的减税效应大小。

（3）控制变量

本书基于前文宏观层面实证研究时的控制变量选择，从微观角度选取对应控制变量。由于流转税调节中等收入群体规模主要作用于其消费品的支出，因此本部分微观控制变量选择重点聚焦于微观个体的消费性支出，具体包括家庭人均文化支出与地区的文化投入（Cul）对应，以表示个体文化投入；家庭人均教育支出与地区的教育投入（Edu）对应，代表个人教育投入；家庭人均食品支出代表个人对食品的消耗需求，食品支出在中等收入群体消耗性支出中占据首要地位，该支出越大，越会影响居民可支配收入，进而对中等收入群体造成影响；家庭成员数代表家庭规模，其增加在一定程度上可表示劳动力的增加，从而增加收入，影响中等收入群体。由于以上微观控制变量均来自CFPS数据库，为与各省（自治区、直辖市）的中等收入群体比重匹配，此处将所有微观控制变量作同核心解释变量一致的处理，即分别取同年同省（自治区、直辖市）的所有变量的均值（见表5-8）。

表5-8　　变量的含义与计算（流转税等微观税负为解释变量）

类别	变量名称	计算方法
被解释变量	中等收入群体规模（Med）	家庭人均收入中位数的50%~125%的群体规模/总群体规模
解释变量	流转税（$Ttax$）	各省（自治区、直辖市）流转税实际税负均值取对数
	增值税（$Vtax$）	各省（自治区、直辖市）增值税实际税负均值取对数
	消费税（$Ctax$）	各省（自治区、直辖市）消费税实际税负均值取对数
控制变量	人均文化娱乐支出（Cul_2）	（各省（自治区、直辖市）家庭文化娱乐支出/家庭人口）均值取对数
	人均教育支出（Edu_2）	（各省（自治区、直辖市）家庭教育支出/家庭人口）均值取对数
	人均食品支出（$Food$）	（各省（自治区、直辖市）家庭食品支出/家庭人口）均值取对数
	家庭规模（$Size$）	各省（自治区、直辖市）家庭成员数均值取对数

3.模型构建

本部分构建如下固定效应模型：

$$Med_{it} = \beta_0 + \beta_1 A_{it} + \beta_2 Cul_{2it} + \beta_3 Edu_{2it} + \beta_4 Food_{it} + \beta_5 Size_{it} + \varepsilon_{it} \tag{5-2}$$

其中：Med 为被解释变量中等收入群体规模；A 为核心解释变量，包括流转税（$Ttax$）、增值税（$Vtax$）和消费税（$Ctax$）；Cul_2、Edu_2、$Food$ 和 $Size$ 为控制变量，分别表示人均文化娱乐支出、人均教育支出、人均食品支出和家庭规模；ε 为模型随机扰动项，下标 i 和 t 分别代表省（自治区、直辖市）和时间。

4.基准回归分析

本书在探究流转税影响中等收入群体规模总体效应的基础上，进一步分税种选择具有代表性的增值税与消费税，实证研究两者在扩大中等收入群体规模中发挥的作用。

由表5-9可知，流转税、增值税和消费税均与中等收入群体规模呈负相关关系，意味着三者减税可提高中等收入群体比例，且均在1%的显著性水平下可促进中等收入群体规模扩大。整体上流转税减税政策正向调节并扩大中等收入群体规模的效应显著，且增值税减税的提升效应也显著。就增值税而言，由于低收入者的边际消费倾向高于高收入者，增值税税收负担具有明显的累退性，但其减税会弱化其累退性，因为增值税减税能够改善收入分配状况（倪红福等，2016），税负降低带来的市场繁荣能够增进居民福利（何辉，2015），缩小城乡之间的收入差距（葛玉御等，2015），故增值税税负与中等收入群体规模呈显著负相关关系。消费税虽然也属于流转税，具有累退性，但它是典型的选择性税种，只对特定商品有选择性地征收税收，且许多税目属于高收入群体消费的高档消费品，政府可利用来源于高收入群体的税收收入转移给低收入群体（如转移支付或补贴等），进而提升中等收入群体规模扩大的可能性。增值税是流转税的重要来源，其所占比重远高于消费税，在增值税与消费税对中等收入群体规模的显著激励作用叠加下，整体上流转税也可显著扩大中等收入群体规模。

表5-9 我国流转税影响中等收入群体规模的回归结果

变量名称	（1）	（2）	（3）
	Med	Med	Med
流转税（$Ttax$）	-0.052^{***}		
	(-4.37)		
增值税（$Vtax$）		-0.047^{***}	
		(-3.91)	
消费税（$Ctax$）			-0.069^{***}
			(-5.32)
人均文化娱乐支出（Cul_2）	0.001	0.002	-0.008

续表

变量名称	（1）	（2）	（3）
	Med	*Med*	*Med*
人均文化娱乐支出（Cul_2）	（0.01）	（0.22）	（-0.86）
人均教育支出（Edu_2）	0.074***	0.080***	0.055***
	（3.89）	（4.18）	（2.83）
人均食品支出（$Food$）	-0.016	-0.028	0.024
	（-0.78）	（-1.32）	（1.01）
家庭规模（$Size$）	0.029*	0.028*	0.029**
	（1.99）	（1.86）	（2.11）
常数项	0.206**	0.211**	0.018
	（2.25）	（2.23）	（0.17）
观测值	100	100	100
R^2	0.413	0.400	0.445
F	10.84	10.30	11.98

5.异质性分析

为了深入比较分析减税政策对不同地区中等收入群体规模影响的差异，本书进一步分地区检验流转税调节中等收入群体规模的异质性。流转税减税仅对西部地区的中等收入群体具有显著的正向调节作用，通过了5%的显著性水平检验，即流转税可帮助该地区扩大中等收入群体规模，完善橄榄型社会结构（见表5-10）。但在东部与中部地区，流转税未体现出显著的激励效果，东北地区的流转税与中等收入群体规模呈现不显著的正相关关系。东部地区可能因为如前文提到的该地区居民收入呈右偏分布，可在减税刺激下向上流入中等收入群体的潜在群体数量较少，且该地区本身中等收入群体饱和度较高，在减税支持下更多中等收入群体向高收入群体流动的可能性增大，故流转税扩大中等收入群体规模的政策效果不佳。一方面，中部地区和东北地区可能是因为该地区流转税税基较小，且政策倾斜度与东部地区和西部地区相比较小，可能导致流转税减税成效不显著，再加上流转税本身具有累退性，导致其直接调节中部与东北地区收入分配的能力较低，中低收入群体相对承担更高税负的情形下，其收入水平难以提升，进而导致其向中高收入群体迈进的速度减慢。另一方面，我国最早于2004年以东北地区部分行业为试点推行增值税转型改革，东北地区减税历程较长，流转税减税政策的边际效用随时间推移衰减，所以东北地区流转税调节中等收入群体规模的效果不佳。

表5-10 四大地区流转税影响中等收入群体规模的回归结果

变量名称	东部	中部	西部	东北部
	Med	Med	Med	Med
流转税（Ttax）	−0.058	−0.053	−0.063**	0.161
	(−1.58)	(−1.41)	(−3.02)	(1.71)
人均文化娱乐支出（Cul_2）	−0.025	−0.013	0.025	−0.024
	(−1.10)	(−0.79)	(1.89)	(−0.66)
人均教育支出（Edu_2）	0.042	0.075*	0.101***	0.263
	(0.80)	(2.14)	(3.85)	(2.01)
人均食品支出（Food）	0.028	−0.023	−0.037	−0.366
	(0.48)	(−0.44)	(−1.53)	(−2.36)
家庭规模（Size）	0.008	−0.009	0.079	−0.246**
	(0.52)	(−0.16)	(1.34)	(−4.35)
常数项	0.323*	0.476	−0.095	1.531***
	(1.90)	(1.67)	(−0.36)	(34.72)
观测值	36	24	28	12
R^2	0.256	0.520	0.773	0.436

6.稳健性检验

本书基于2020年新冠疫情与2013年我国经济进入"新常态"对我国经济发展和转型造成影响，进而影响与中等收入群体规模扩大息息相关的居民收入水平，参考前文宏观税负的稳健性检验，设置哑变量，运用单差法对基准回归结果进行稳健性检验，回归结果见表5-11第（1）和（3）列，第（2）列则是考虑2016年全面"营改增"政策冲击的回归结果。"营改增"政策的实施具有降低税负、间接调节收入分配、促进产业和消费升级的重要意义，同样对中等收入群体规模扩容具有重要影响。

在表5-11中，在排除以上因素干扰后，回归结果基本与基准回归结果保持一致，说明流转税调节中等收入群体规模的回归结果是稳健的。由于流转税测度需要各年CFPS微观数据库与各年投入产出表匹配，对于未匹配上的2014年、2016年，本书已作缺失值处理，因此，2013年、2014年与2016年均为缺失值，故本书分别以2013年、2016年为临界点，即考虑2013年经济进入"新常态"（第（2）列）与2016年全面"营改增"政策冲击（第（3）列）的稳健性回归结果基本保持一致。

表5-11　　　　　　　　　　　流转税模型的稳健性检验回归结果

变量名称	(1)	(2)	(3)
	Med	*Med*	*Med*
流转税（*Ttax*）	−0.026	−0.090***	−0.090***
	(−0.68)	(−4.29)	(−4.29)
人均文化娱乐支出（*Cul₂*）	0.001	−0.010	−0.010
	(0.05)	(−0.81)	(−0.81)
人均教育支出（*Edu₂*）	0.070***	0.047*	0.047*
	(3.07)	(2.05)	(2.05)
人均食品支出（*Food*）	−0.061	0.016	0.016
	(−0.99)	(0.61)	(0.61)
家庭规模（*Size*）	0.033*	0.030*	0.030*
	(1.75)	(1.96)	(1.96)
哑变量	0.062	0.058*	0.058*
	(0.62)	(1.95)	(1.95)
常数项	0.411	0.388**	0.388**
	(1.36)	(2.41)	(2.41)
观测值	100	100	100
R^2	0.419	0.453	0.453
F	9.271	11.430	11.430

7. 内生性检验

基于前文内生性检验方法，本书分别将同年份25个省（自治区、直辖市）流转税、增值税和消费税的均值作为工具变量进行内生性检验（选取该工具变量合理性的详细描述见本章第一节"稳健性检验"内容）。其中，工具变量 *IV* 在表5-12第（1）列中表示流转税的工具变量（*Pro_Ttax*），解释变量（*Tax*）则为流转税（*Ttax*）；在第（2）列中工具变量为增值税的工具变量（*Pro_Vtax*），解释变量则为增值税（*Vtax*）；在第（3）列中工具变量为消费税的工具变量（*Pro_Ctax*），解释变量则为消费税（*Ctax*）。从两阶段最小二乘回归结果可知，流转税、增值税与消费税的工具变量均与其呈显著的正向关系，满足工具变量的相关性，且在第二阶段回归结果中，三者均与中等收入群体规模呈显著负相关关系，这进一步验证基准回归结果的稳健性。

表5-12 流转税模型的两阶段最小二乘回归结果

变量名称	(1)		(2)		(3)	
	Ttax	*Med*	*Vtax*	*Med*	*Ctax*	*Med*
工具变量（*IV*）	0.809***		0.817***		0.762***	
	(14.22)		(14.26)		(14.31)	
解释变量（*Tax*）		−0.086***		−0.080***		−0.107***
		(−4.71)		(−4.52)		(−5.23)
人均文化娱乐支出（*Cul₂*）	0.202***	0.030***	0.211***	0.032***	0.162***	0.021*
	(3.98)	(2.59)	(4.05)	(2.75)	(3.39)	(1.81)
人均教育支出（*Edu₂*）	−0.397***	−0.018	−0.371***	−0.011	−0.466***	−0.039
	(−5.43)	(−0.63)	(−4.93)	(−0.38)	(−7.05)	(−1.25)
人均食品支出（*Food*）	0.366***	0.065*	0.329***	0.051	0.503***	0.113***
	(3.69)	(1.90)	(3.31)	(1.57)	(5.25)	(2.82)
家庭规模（*Size*）	−0.145***	−0.019	−0.151***	−0.020	−0.149***	−0.020
	(−3.03)	(−1.49)	(−3.09)	(−1.54)	(−3.37)	(−1.52)
常数项	0.513	0.427***	0.548	0.427***	−0.098	0.147
	(1.26)	(4.69)	(1.32)	(4.71)	(−0.23)	(1.28)
观测值	100	100	100	100	100	100
R^2	0.913	0.419	0.908	0.175	0.933	0.162
LM	30.444***		28.335**		33.630*	
Wald F	157.248		162.188		145.260	
Stock-Yogo	16.38		16.38		16.38	

8. 安慰剂检验

为剔除不可观测变量（遗漏解释变量）对回归结果的影响，本书在控制其他变量的基础上，对解释变量（流转税、增值税和消费税）与被解释变量（中等收入群体规模）进行1 000次随机分配。每进行一次随机分配，再重新估计，即可得到一个"虚拟"的估计系数，得到如图5-2所示的安慰剂检验结果，从左至右分别表示流转税、增值税和消费税模型的安慰剂检验结果。可以看到，3项安慰剂检验的解释变量系数的密度分布均基本服从标准正态分布，且随机化处理后多数系数的p值位于$p=0.01$线以上。这表明多数系数至少在10%的水平下不显著，同时3个解释变量的系数真实值也均远离"虚拟"系数，以上结果排除了不可观测因素（或遗漏变量）对中等收入群体规模的干扰，说明流转税等减税政策确实可以显著提升中等收入群体规模。

9. 进一步研究

流转税税负模型中的变量全部来自CFPS微观数据库，为了与前文研究保持一致，同时为探究流转税政策减税的长效性，本书同样运用时间序列模型对相关变量作预测处理，最终以2010—2022年的偶数年份的面板数据重新回归得到表5-13中的回归结果。回归结果显示，流转税及其构成税种增值税、消费税系数均为负，且显著性未变，意味着其税负降低会在1%的显著性水平下促进中等收入群体规模扩大，即考虑流转税减税政策的长效性后回归结果仍与基准回归结果基本保持一致。

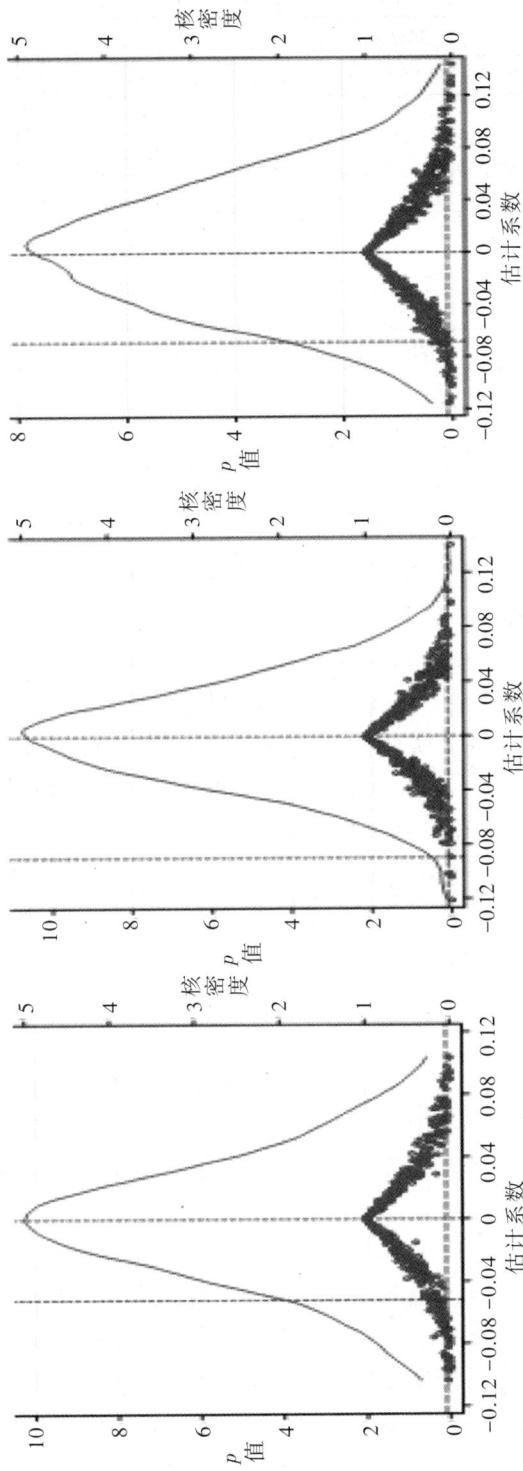

（c）消费税模型的安慰剂检验图

（b）增值税及消费税模型的安慰剂检验图

（a）流转税模型的安慰剂检验图

图5-2　流转税、增值税、消费税模型的安慰剂检验图

表5-13 我国流转税影响中等收入群体规模的回归结果

变量名称	(1) Med	(2) Med	(3) Med
流转税（Ttax）	-0.053***		
	(-4.53)		
增值税（Vtax）		-0.048***	
		(-4.10)	
消费税（Ctax）			-0.068***
			(-5.27)
控制变量	控制	控制	控制
常数项	0.257***	0.260**	0.083
	(2.84)	(2.79)	(0.87)
观测值	125	125	125
R^2	0.379	0.366	0.404
F	11.91	11.33	12.81

（二）所得税减税政策对中等收入群体规模的影响

1.样本选择与数据处理

本部分主要研究所得税减税政策对中等收入群体规模的影响，基于数据可得性，CFPS数据库统计的已有变量无法测算微观个体对应的企业所得税，加之企业所得税减税与中等收入群体个人收入变化无直接相关性，因此本部分只选择可求得的个人所得税。由于计算个人所得税可使用的微观数据库年份包括2010年、2012年、2014年、2016年、2018年和2020年共6年，与流转税不同，本部分可选择由CFPS数据库的数据求得以上6年25个省（自治区、直辖市）的相关数据进行研究。另外，由于计算个人所得税所需各类代理变量来源于两个不同类型的子数据库，因此样本数据主要来源于CFPS成人库与CFPS家庭库。

2.变量选择

（1）被解释变量

与宏观税负、流转税税负调节中等收入群体规模的实证分析一致，本部分被解释变量仍为由微观主体求得的中等收入群体规模。具体以微观家庭人均收入中位数的50%~125%作为最优中等收入群体界定标准，最终得到各年份各省（自治区、直辖市）中等收入群体规模数据。

（2）核心解释变量

基于数据可得性，本部分选择个人所得税总量及其包含的综合所得应纳税额、经营所得应纳税额和财产租赁所得应纳税额3项作为核心解释变量。本部分解释变量全部采用减税政策实施后的实际税负。同样，为与各省（自治区、直辖市）中等收入群体比重匹配后进行研究，本书将同年份同省（自治区、直辖市）的个人所得税等数据作取均值处理。

（3）控制变量

借鉴前文流转税从微观角度设计控制变量，由于个人所得税主要通过调节个体收入影响不同收入群体间的流动，因而聚焦于微观个体的收入选择控制变量，具体为人均储蓄、人均投资，居民的投资与储蓄均直接影响居民收入，而收入是划分中等收入群体的重要依据，故居民储蓄与投资的变化会直接引起中等收入群体的变化。本书选择中等收入群体消耗较大的两类支出作为支出方面的变量，分别为人均文教支出与人均食品支出。文教支出作为人力资本变量对劳动者的收入增长具有微观与宏观双重维度的收入效应。食品支出是中等收入群体消耗最大的支出；该支出的增加会影响人均可支配收入，进而影响中等收入群体比重。家庭规模也是控制变量之一。由于控制变量都来自 CFPS 数据库，故此处对微观控制变量的处理与前文流转税微观控制变量的处理保持一致（见表5-14）。

表5-14　　变量的含义与计算（个人所得税等微观税负为解释变量）

类别	变量名称	计算方法
被解释变量	中等收入群体规模（Med）	家庭人均收入中位数的50%~125%的群体规模/总群体规模
解释变量	个人所得应纳税额（$INtax$）	各省（自治区、直辖市）个人所得应纳税额均值取对数
	综合所得应纳税额（$CItax$）	各省（自治区、直辖市）综合所得应纳税额均值取对数
	经营所得应纳税额（$IBtax$）	各省（自治区、直辖市）经营所得应纳税额均值取对数
	财产租赁所得应纳税额（$PItax$）	各省（自治区、直辖市）财产租赁所得应纳税额均值取对数
控制变量	人均储蓄（$Save$）	（各省（自治区、直辖市）存款和现金/家庭人口）均值取对数
	人均投资（Inv）	（各省（自治区、直辖市）金融产品资产/家庭人口）均值取对数
	人均文教支出（Cee）	（各省（自治区、直辖市）家庭文教支出/家庭人口）均值取对数
	人均食品支出（$Food$）	（各省（自治区、直辖市）家庭食品支出/家庭人口）均值取对数
	家庭规模（$Size$）	各省（自治区、直辖市）家庭成员数取对数

3.模型设置

固定效应模型设定如下：

$$Med_{it} = \beta_0 + \beta_1 B_{it} + \beta_2 Save_{it} + \beta_3 Inv_{it} + \beta_4 Cee_{it} + \beta_5 Food_{it} + \beta_6 Size_{it} + \varepsilon_{it} \tag{5-3}$$

其中：Med 为被解释变量中等收入群体规模；B 为核心解释变量，包括个人所得应纳税额（$INtax$）、综合所得应纳税额（$CItax$）、经营所得应纳税额（$IBtax$）和财产租赁所得应纳税额（$PItax$）4类；$Save$、Inv、Cee、$Food$ 和 $Size$ 为控制变量，分别表示人均储蓄、人均投资、人均文教支出、人均食品支出和家庭规模；ε 为模型的随机扰动项，下标i和t分别代表省（自治区、直辖市）个体和时间。

4.基准回归分析

由表5-15可知，第（1）列为个人所得税对中等收入群体规模的影响；第（2）至第（4）列为综合所得应纳税额、经营所得应纳税额和财产租赁所得应纳税额对中等收入群体规模的影响。

表5-15　2010—2020年的偶数年份的我国个人所得税对中等收入群体规模影响的回归结果

变量名称	（1）	（2）	（3）	（4）
	Med	Med	Med	Med
个人所得应纳税额（INtax）	−0.007*			
	(−1.93)			
综合所得应纳税额（CItax）		−0.008**		
		(−2.21)		
经营所得应纳税额（IBtax）			0.002	
			(0.93)	
财产租赁所得应纳税额（PItax）				0.003
				(0.95)
人均储蓄（Save）	0.001*	0.001*	0.001**	0.001**
	(2.03)	(1.94)	(2.32)	(2.13)
人均投资（Inv）	−0.000	−0.000	−0.000	−0.000
	(−1.43)	(−1.46)	(−1.48)	(−1.34)
人均文教支出（Cee）	−0.017	−0.019	−0.019	−0.017
	(−1.00)	(−1.15)	(−1.16)	(−0.96)
人均食品支出（Food）	−0.004	−0.006	−0.007	−0.008
	(−0.78)	(−1.04)	(−1.30)	(−1.35)
家庭规模（Size）	−0.020	−0.024	−0.026	−0.022
	(−0.76)	(−0.93)	(−0.94)	(−0.87)
常数项	0.633***	0.676***	0.640***	0.614***
	(3.83)	(4.28)	(3.66)	(3.65)
观测值	150	150	150	150
R^2	0.152	0.161	0.136	0.140
F	6.600	6.452	5.243	4.842

从回归结果中可以看到，个人所得税与综合所得应纳税额对扩大中等收入群体规模发挥了正面的、积极的作用，两者影响程度差异体现在个人所得税减税仅通过10%的显著性检验，而综合所得应纳税额的减税激励效应在5%的显著性水平下显著，综合所得应纳税额对中等收入群体规模的影响效果要略强于个人所得税；经营所得应纳税额与财产租赁所得应纳税额对中等收入群体规模的影响不具备显著性。这一方面证明综合所得应纳税额是个人所得税的主要来源，占据首要地位，因此主要体现为其扩大中等收入群体规模的激励效果仅与个人所得税的效果存在细微差异；另一方面，综合所得包括工资、薪金和劳务报酬等4项所得，而当前我国的个

人所得税缴税主体是广大的工薪阶层，因此相比经营所得应纳税额与财产租赁所得应纳税额，综合所得应纳税额对居民收入的调节作用更为直接，也就更利于增强各收入阶层间的流动性，所以其调节中等收入群体规模的效应会显著高于经营所得应纳税额与财产租赁所得应纳税额，甚至超过个人所得税本身的效应。

5. 异质性分析

表5-16体现了个人所得税在不同地区调节中等收入群体规模的异质性。个人所得税仅对东部地区具有显著的促进效果。结合前文流转税的异质性分析可知，微观视角下不同类型税种的减税对扩大东部地区中等收入群体规模具有稳定性，这得益于东部地区政策倾斜及经济的蓬勃发展。东部地区居民人均收入具有较高水平，在个人所得税减税调节收入分配的效应叠加下，可进一步提升该地区中等收入群体的饱和度。另外，个人所得税对中西部地区的影响虽为负相关关系，但结果并不显著，对东北地区的影响同样没有显著性。

表5-16　　　　四大地区个人所得税调节中等收入群体规模的回归结果

变量名称	东部地区	中部地区	西部地区	东北地区
	Med	Med	Med	Med
个人所得税（INtax）	−0.017*	−0.005	−0.011	−0.006
	(−2.01)	(−1.13)	(−1.35)	(−0.90)
人均储蓄（Save）	0.000	0.000	0.000	0.000*
	(1.25)	(0.28)	(1.42)	(2.97)
人均投资（Inv）	0.000	−0.000	−0.000**	−0.000
	(0.00)	(−1.83)	(−2.92)	(−1.54)
人均文教支出（Cee）	−0.062*	0.037**	0.017	−0.023
	(−2.25)	(3.25)	(0.52)	(−0.58)
人均食品支出（Food）	−0.003	−0.020**	−0.005	−0.054
	(−0.25)	(−2.63)	(−0.49)	(−1.89)
家庭规模（Size）	−0.026	−0.068*	−0.041	−0.021
	(−0.55)	(−2.20)	(−0.68)	(−0.95)
常数项	1.049**	0.567**	0.472	0.988**
	(3.01)	(3.17)	(1.49)	(7.69)
观测值	54	36	42	18
R^2	0.214	0.549	0.409	0.593

6. 稳健性检验

基于前文稳健性分析，此处同样分别以2020年、2016年和2013年作为时间节点设置哑变量，以排除新冠疫情、"营改增"政策以及经济进入"新常态"对个人所得税减税调节中等收入群体规模过程造成的干扰。新冠疫情和经济"新常态"对经济发展产生影响，通过影响与中等收入群体直接相关的居民收入水平、就业等对减税政策调节中等收入群体规模产生干扰。此外，我国政府在疫情期间和疫情之后为稳定经济而采取一系列财税政策，以及"营改增"政策分别与个人所得税减税政策叠加，会影响中等收入群体规模。从表5-17中可以看到，在排除其他政策、事件干扰后，个人所得税税负系数均为负，回归结果均与个人所得税税负越低中等收入群体规模越大这一基准回归结果保持一致，回归结果的稳健性得以验证。

表5-17　　　　　　　　　　个人所得税模型的稳健性检验回归结果

变量名称	（1）	（2）	（3）
	Med	Med	Med
个人所得税（INtax）	−0.011***	−0.008**	−0.004
	（−3.27）	（−2.25）	（−1.14）
人均储蓄（Save）	−0.000	0.000**	0.000**
	（−1.13）	（2.26）	（2.41）
人均投资（Inv）	0.000	−0.000*	−0.000
	（0.71）	（−1.92）	（−1.62）
人均文教支出（Cee）	−0.001	−0.021	−0.019
	（−0.08）	（−1.32）	（−1.14）
人均食品支出（Food）	−0.019***	−0.010	−0.014
	（−3.93）	（−1.52）	（−1.32）
家庭规模（Size）	0.020	−0.013	−0.022
	（0.87）	（−0.54）	（−0.82）
哑变量	0.115***	0.026*	0.024
	（5.43）	（1.80）	（1.25）
常数项	0.470***	0.672***	0.694***
	（3.27）	（4.04）	（3.84）
观测值	150	150	150
R^2	0.304	0.182	0.164
F	17.480	7.083	5.759

7. 内生性检验

由于基准回归中仅个人所得税与综合所得应纳税额降低对中等收入群体规模具有显著的正向调节作用，故本书分别以同一年份25个省（自治区、直辖市）个人所得税税负均值、综合所得应纳税额均值作为工具变量（IV，选取该工具变量合理性的详细描述见本章宏观税负调节中等收入群体规模的税收效应度量中的稳健性检验）。其中，工具变量在表5-18第（1）列中表示个人所得税的工具变量（Pro_INtax），解释变量则为个人所得税（INtax）；在第（2）列中工具变量为综合所得应纳税额的工具变量（Pro_CItax），解释变量则为综合所得应纳税额（CItax）。从第一阶段回归结果来看，解释变量个人所得应纳税额、综合所得应纳税额均与其对应的工具变量具有较强的相关性，通过了1%的显著性水平检验。第二阶段回归结果则表明在考虑工具变量后，解释变量个人所得应纳税额与综合所得应纳税额和被解释变量中等收入群体规模均在5%的显著性水平下呈负向关系，这与基准回归结果保持一致。

表5-18　　　　　　　　　　个人所得税模型的两阶段最小二乘回归结果

变量名称	（1）		（2）	
	INtax	Med	CItax	Med
工具变量（IV）	0.911***		0.976***	
	(1.73)		(8.05)	
解释变量（Tax）		−0.024**		−0.0240**
		(−2.46)		(−2.20)
人均储蓄（Save）	−0.0001	0.0000***	−0.0001	0.0000**
	(−1.05)	(3.00)	(−0.31)	(2.57)
人均投资（Inv）	0.0001***	0.0001	0.0001**	0.000
	(3.56)	(1.52)	(2.24)	(1.32)
人均文教支出（Cee）	−0.333	−0.024	−0.287	−0.024
	(−1.15)	(−1.00)	(−1.00)	(−0.99)
人均食品支出（Food）	0.115	−0.008	0.034	−0.015*
	(0.98)	(−0.95)	(0.28)	(−1.69)
家庭规模（Size）	−0.505***	−0.041***	−0.546***	−0.043***
	(−2.77)	(−3.52)	(−3.19)	(−3.56)
常数项	3.906*	0.861***	3.917	0.904***
	(1.68)	(4.94)	(1.60)	(5.01)
观测值	150	36	42	150
R^2	0.214	0.549	0.332	0.593
LM	39.105***		38.283***	
Wald F	53.872		47.105	
Stock-Yogo	16.38		16.38	

8.安慰剂检验

本书同样遵循安慰剂检验的思路，通过随机抽样分配个人所得税与中等收入群体规模之间的对应关系，以剔除不可观测或偶然因素的干扰，进行1 000次随机抽样，并得到1 000个重新估计后的"虚拟"系数。如图5-3所示，其曲线部分是"虚拟"个人所得税系数的密度分布，1 000个"虚拟"系数的密度分布基本服从均值为0的标准正态分布，多数系数的 p 值位于 $p=0.01$ 线以上，未通过1%的显著性水平检验，且真实核心解释变量的估计系数属于异常值，即远离"虚拟"系数，进一步证明基准回归结果的稳健性。

9.进一步研究

以2010—2020年的偶数年份的个人所得税模型中基准回归面板数据为基础，本书参照前文方法，通过构建各个微观变量的时间序列模型对2022年相关数据进行预测，由此得到2010—2022年的偶数年份的面板数据，重复基准回归操作得到回归结果（见表5-19），进一步探讨个人所得税减税政策调节中等收入群体规模的长期政策效应。可以看到，与基准回归结果一样，财产租赁所得应纳税额与经营所得应纳税额和中等收入群体规模仍无显著性关系，但个人所得应纳税额与综合所得应纳税额降低分别在10%与5%的显著性水平下可提升中等收入群体规模。这说明随时间推移，个人所得税减税政策促进中等收入群体规模扩大的效果比较稳定。

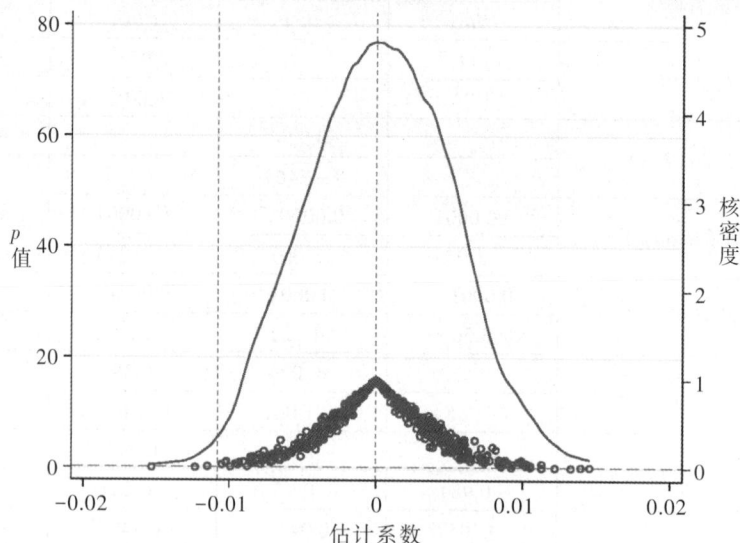

图5-3 个人所得税模型的安慰剂检验图

表5-19 个人所得税对中等收入群体规模影响的回归结果

变量名称	（1）	（2）	（3）	（4）
	Med	*Med*	*Med*	*Med*
个人所得应纳税额（*INtax*）	−0.005[*]			
	（−1.96）			
综合所得应纳税额（*CItax*）		−0.008[**]		
		（−2.21）		
经营所得应纳税额（*IBtax*）			0.001	
			（0.68）	
财产租赁所得应纳税额（*PItax*）				0.002
				（0.98）
控制变量	控 制	控 制	控 制	控 制
常数项	0.568[***]	0.600[***]	0.571[***]	0.553[***]
	（3.47）	（3.70）	（3.49）	（3.39）
观测值	175	175	175	175
R^2	0.127	0.133	0.133	0.121
F	6.105	0.114	0.114	5.217

第二节　减税政策调节中等收入群体规模的税收结构效应度量

本章第一节已经基于流转税与所得税实证分析了消费税、增值税、个人所得税等主体税种实际税负对中等收入群体规模的影响。为进一步比较分析各类税种减税前后对中等收入群体规模扩大的税收结构效应，考虑增值税在2018年进行了税率调整，由17%降至16%，个人所得税也于2018年进行大幅度减税改革，费用扣除标准（免征额）由每月3 500元提升至5 000元，并于2019年正式实施，因此，本节以2018年为基础年份，聚焦增值税与个人所得税的典型税种减税政策工具检验减税政策对中等收入群体规模的影响，并逐步测度减税政策因素变化对中等收入群体的收入、消费、投资和储蓄带来的收入效应。

一、典型税种减税政策对中等收入群体规模的影响

（一）2018年增值税减税前后的税额变化

2018年5月1日，根据《财政部　税务总局关于调整增值税税率的通知》，纳税人发生增值税应税销售行为或者进口货物，原适用17%和11%税率的，税率分别调整为16%、10%。增值税税率下调发生在2018年，因此，本部分以2018年为基期，分3个阶段比较增值税的变化幅度，具体为税率下调前增值税适用的名义税率17%、11%和6%，下调后适用的名义税率16%、10%和6%，以及税率下调后由投入产出法求得增值税的实际税率（即实际税负）。由表5-20可知，在统计样本一致的情况下，2018年增值税税率下调前增值税税额均值为2 832.09元；下调后均值为2 663.23元；实际税率对应增值税税额仅为1 100.46元。可以看到，税率下调前后增值税税额均值减少168.86元，而相比16%的名义税率，以实际税率计算所得的税额减少幅度增加，扩大至1 562.77元。由此可知，实际税率是在税率下调基础上进一步通过实施各类增值税减税优惠政策后求得，说明增值税税率下调可明显减轻纳税人税负压力，而缴税时各类税收优惠政策也可进一步增加增值税减税力度。

表5-20　　　　　　　　　　2018年增值税改革前后税额变化　　　　　　金额单位：元

增值税	样本量	税额均值	差额
名义税率17%	33 269	2 832.09	—
名义税率16%	33 269	2 663.23	-168.86
实际税率	33 269	1 100.46	-1 562.77

（二）2018年个人所得税减税前后的税额变化

财政部、国家税务总局发布《关于2018年第四季度个人所得税减除费用和税率适用问题的通知》，明确纳税人在2018年10月1日后实际取得的工资、薪金所得，减除费用统一按照5 000元/月执行的有关政策问题。基于此政策，本部分比较减除费用标准（免征额）从3 500元提升至5 000元后2018年个人所得税税负的变化情况。同时，以2018年10月1日为时间节点，此前9个月每月减除费用为3 500元，后3个月每月减除费用为5 000元，与全年每月减除费用（免征额）3 500元比较个人所得税减税带来的收入变化。由于该政策主要与工资、薪金所得相关，综合所得则与其相关性更直接，所以表5-21同时列举了个人所得税及其中的综合所得部分前后税负的变化。可以看到，两者样本量不统一，导致减少的税额

存在差异，但同一所得对应的统计样本是一致的。通过纵向对比，在第一至第二阶段个人所得应纳税额与综合所得应纳税额分别下降83.21元和96.47元；第一至第三阶段两类所得应纳税额下降幅度变大，分别下降332.74元和385.76元。这主要是因为第三阶段的前提是2018年个人所得税全年费用扣除标准或免征额为每月5 000元，减税力度最大。

表5-21　　2018年个人所得税改革前后税额变化及中等收入群体规模变化　　金额单位：元

所得类别	项目	全年免征额3 500元	前9个月每月减除3 500元，后3个月每月减除5 000元	全年免征额5 000元
个人所得	样本量	13 766	13 766	13 766
	税额均值	2 324.79	2 241.58	1 992.05
	税额差额	—	−83.21	−332.74
综合所得	样本量	11 874	11 874	11 874
	税额均值	1 155.85	1 059.38	770.09
	税额差额	—	−96.47	−385.76
中等收入群体规模		30.98%	31.06%	31.06%
差额		—	0.08%	0.08%

对比表5-20与表5-21发现，减税政策可有效降低税负水平，而个人所得税减税可直接作用于居民可支配收入，居民可支配收入水平是本书界定中等收入群体的重要标准。基于此，表5-21进一步展示了个人所得税减税政策对中等收入群体规模变化幅度调节的方向和大小。第一阶段未改革前中等收入群体比重为30.98%，但改革后第二和第三阶段中等收入群体规模均增加至31.06%，个人所得税减税后两阶段提升中等收入群体规模的效应均为0.08%。这表明个人所得税减税可通过增加居民可支配收入达到扩大中等收入群体规模的目的。

二、减税对中等收入群体的收入分配效应

（一）研究方法与数据来源

本部分使用CFPS数据库中的数据，基于投入产出法求得增值税实际税率以及对应增值税的实际税负，基于个人各类税后收入由计税公式倒推求得个人所得税税负（详见第四章）；同时，以2018年减税改革年份为基础，测算求得增值税税率下调前（17%）和下调后（16%）对应的增值税税负，以及费用扣除标准（免征额）为3 500元/月提升前后对应的个人所得税税负。本部分主要截取2018年CFPS数据库中的中等收入群体有关数据，从增值税与个人所得税的双重角度探究不同减税程度对中等收入群体带来的收入分配效应。

（二）指标测算

1.基尼系数

基尼系数是被最广泛使用的反映不平等程度的测度方法，由科拉多·基尼（Corrado Gini，1912）首次提出，后经达尔顿（H. Dalton，1920）等的发展用来研究收入分配问题。熊惠君和谢玲玲（2021）与张玄和岳希明（2021）利用基尼系数以 CFPS 数据库中的家庭纯收入为基础分别分析了增值税与个人所得税减税的收入分配效应，具体计算公式如下：

$$G = \sum_{i=1}^{n} X_i Y_i + 2 \sum_{i=1}^{n} X_i (1 - W_i) - 1 \quad (i = 1, 2, \cdots, n) \tag{5-4}$$

其中：X 表示各组的人口比重，本部分以个体所在家庭户划分组别，即 X 为每个家庭的家庭成员数占总人口数的比重；Y 表示各组收入比重，即家庭纯收入占总收入的比重；W_i 表示排序后的各组累计收入比重。如果基期 2018 年增值税和个人所得税税前基尼系数大于增值税税率下调和个人所得税费用扣除标准提升后的基尼系数，则表明减税对中等收入群体具有正向收入分配效应；反之，则具有反向收入分配效应。因此，本部分进一步通过基尼系数变化率来比较减税后的收入分配效应，具体公式如下：

$$基尼系数变化率 = \frac{G_{减税后} - G_{减税前}}{G_{减税前}} \times 100\% \tag{5-5}$$

由计算公式可知，基尼系数变化率大于 0 意味着减税会扩大收入分配差距；反之，当基尼系数变化率小于 0 时，则缩小收入分配差距。

2.MT指数

与基尼系数相关的 MT 指数也是测量税收的收入分配效应时的常用指标。该指数最早于 1949 年由 Musgrave 和 Thin（1949）提出，其等于税前基尼系数和税后基尼系数的差值。此处参照岳希明等（2012）的做法，用如下公式表示：

$$MT = G_X - G_Y \tag{5-6}$$

其中：G_X 表示由税前收入求得的基尼系数；G_Y 表示由税后收入求得的基尼系数；X、Y 分别表示税前收入与税后收入。若 MT 指数为正数，那么税收具有均等效应；若 MT 指数为负数，则税收具有不均等效应。

（三）结果分析

1.增值税减税调节中等收入群体收入分配的结果

本假设以 2018 年增值税税率为 17% 的下调前时点作为基期，那么可测算的基尼系数种类有 G_{17}、G_{16} 和 $G_{实}$ 3 种（见表 5-22），且 G_{17} 对应基尼系数变化率的公式中的 $G_{减税前}$，G_{16} 和 $G_{实}$ 分别表示 $G_{减税后}$。同时，由于增值税减税前后的税后收入会发生变化，在税前收入固定的情况下，假设增值税税率为 17% 时的中等收入群体税后收入已知为家庭税后纯收入 $_{17}$，那么 MT 指数中的 G_{16} 和 $G_{实}$ 对应的税后收入计算见表 5-23。

表5-22 增值税减税前后基尼系数适用税前收入与税后收入标准

指标	类别	税后收入计算公式	税前收入计算公式
$G_{减税前}$	G_{17}	家庭税后纯收入$_{17}$	家庭税后纯收入$_{17}$+$VAtax_{17}$
$G_{减税后}$	G_{16}	家庭税后纯收入$_{17}$+（$VAtax_{17}$-$VAtax_{16}$）	家庭税后纯收入$_{17}$+$VAtax_{17}$
	$G_{实}$	家庭税后纯收入$_{17}$+（$VAtax_{17}$-$VAtax_{实}$）	家庭税后纯收入$_{17}$+$VAtax_{17}$

表5-23 增值税减税前后基尼系数与变化率

指 标	增值税$_{17}$	增值税$_{16}$	增值税$_{实}$
基尼系数	0.28226	0.27550	0.27793
基尼系数变化率（%）	—	-2.39496	-1.53405

由于减税仅影响个人税后收入，故表5-22中3种情形下的税前收入不变，减税对税后收入的影响主要体现为税额的增减。假设其他条件不变，增值税税率下调后，中等收入群体减少的增值税应纳税额对应税后收入的增加额度，因此，增值税减税后（税率分别为16%、实际税率）的税后收入可由减税前（税率为17%）的税后收入加对应减税额度求得。不同减税阶段增值税减税额度分别为（$VAtax_{17}$-$VAtax_{16}$）与（$VAtax_{17}$-$VAtax_{实}$）。

对比不同增值税税率下的基尼系数可知，增值税减税前的基尼系数为0.28226，税率下调至16%的基尼系数为0.27550，进一步降至实际有效税率对应的基尼系数为0.27793，其中，增值税$_{17}$、增值税$_{16}$和增值税$_{实}$的假设情形与前文G_{17}、G_{16}和$G_{实}$对应。也就是说，增值税减税前的基尼系数大于减税后的基尼系数，表明减税可改善收入分配状况。另外，由两种减税程度求得的基尼系数变化率分别为-2.39496%和-1.53405%，变化率均小于0但趋势逐渐减少，说明减税会使得基尼系数变小，但随着减税幅度增大，增值税调节收入分配的效应会相对减弱。

但从表5-24中的 MT 指数来看，3种情形下的增值税税后收入的基尼系数均小于税前收入的基尼系数，这说明增值税具有调节收入分配的功能，但随其减税程度增大，减税后 MT 指数反而由0.00938逐渐缩小至0.00695，意味着减税使增值税带来的均等效应减弱，进一步验证：增值税减税幅度越大，其调节中等收入群体的效应越弱。出现以上情况的主要原因可能是中等收入群体间收入水平有差异，但消费形式趋同决定了实施增值税减税政策很难消除增值税本身较显著的累退性，因此其调节收入分配的税收效应较弱。

表5-24 增值税减税前后的MT指数

指 标	增值税$_{17}$	增值税$_{16}$	增值税$_{实}$
税前收入基尼系数	0.28488	0.28488	0.28488
税后收入基尼系数	0.28226	0.27550	0.27793
MT指数	0.00262	0.00938	0.00695

2.个人所得税减税调节中等收入群体收入分配的结果

由个人所得税减税收入分配效应测算过程可知,个人所得税减税前后会直接影响中等收入群体的可支配收入,即税后收入。此时计算不同情形下的个人所得税减税前后基尼系数、基尼系数变化率和 MT 指数所需税前收入与税后收入的标准见表5-25。

表5-25　　　　个人所得税减税前后基尼系数适用税前收入与税后收入的标准

指标	类别	税后收入计算公式	税前收入计算公式
$G_{减税前}$	G_1	家庭税后纯收入$_1$	家庭税后纯收入$_1$+$INtax_1$
$G_{减税后}$	G_2	家庭税后纯收入$_1$+（$INtax_1$－$INtax_2$）	家庭税后纯收入$_1$+$INtax_2$
	G_3	家庭税后纯收入$_1$+（$INtax_1$－$INtax_3$）	家庭税后纯收入$_1$+$INtax_3$

G_1 为减税前由不同组别中等收入群体家庭税后收入求得的基尼系数,$INtax_1$ 对应 G_1 情形——费用扣除标准（免征额）为3 500元/月求得的个人所得税;G_2、G_3 分别衡量2018年费用扣除标准（免征额）为3 500元/月与5 000元/月混合情形和2018年个人所得税费用扣除标准为5 000元/月时的基尼系数,$INtax_2$ 和 $INtax_3$ 为对应 G_2、G_3 的个人所得税税负。同样,假设以减税前全年费用扣除标准（免征额）为3 500元/月为基期,确定该情形的中等收入群体税收入为家庭税后纯收入$_1$,那么个人所得税减税后中等收入群体税后收入的变化直接体现为减税额度增减,故减税后的税收收入需在家庭税后纯收入$_1$的基础上,加上具体情形下个人所得税减税额度,其中,（$INtax_1$－$INtax_2$）和（$INtax_1$－$INtax_3$）分别对应两种减税情形下的减税额度,此时税前收入也保持不变。

表5-26中的个人所得税$_1$、个人所得税$_2$和个人所得税$_3$代表的假设情形与 G_1、G_2、G_3 一致。从基尼系数变化率来看,个人所得税$_2$对应的基尼系数变化率为-0.02519%,个人所得税$_3$的基尼系数变化率进一步缩减至-0.08995%,说明个人所得税减税降低中等收入群体基尼系数,有效缩小收入分配差距,且个人所得税调节收入分配的税收效应会随减税幅度增大而增强。

表5-26　　　　　　　　个人所得税减税前后基尼系数与变化率

指　标	个人所得税$_1$	个人所得税$_2$	个人所得税$_3$
基尼系数	0.27793	0.27786	0.27768
基尼系数变化率（%）	—	-0.02519	-0.08995

由表5-27来看,个人所得税对应的税后收入不平等指标基尼系数相比税前收入都明显缩小,MT 指数也由个人所得税费用扣除标准不变前的0.01501增加至2018年10—12月费用扣除标准提升情形下的0.01508,最后2018年费用扣除标准提

高至每月5 000元时的*MT*指数已为0.01526。这进一步说明个人所得税确实对中等收入群体收入分配有显著调节作用。

表5-27　　　　　　　　　　个人所得税减税前后的*MT*指数

指　标	个人所得税$_1$	个人所得税$_2$	个人所得税$_3$
税前收入基尼系数	0.29294	0.29294	0.29294
税后收入基尼系数	0.27793	0.27786	0.27768
*MT*指数	0.01501	0.01508	0.01526

三、减税调节中等收入群体经济行为的税收效应

（一）研究设计

1.样本选择与数据来源

增值税与个人所得税减税对中等收入群体的收入分配效应主要体现在调节收入分配功能上，而调节中等收入群体的收入可能会扭曲其经济行为。本部分重点探讨增值税与个人所得税的减税政策工具对中等收入群体经济行为的影响。运用2018年CFPS微观数据库中对应的居民个人收入与消费支出数据，测算增值税税率为名义17%和16%以及实际税率3种情形时对应的税负；假定2018年全年费用扣除标准（免征额）为3 500元/月、5 000元/月，以及2018年10月1日前为3 500元/月、后为5 000元/月情形下对应的个人所得税税负，并截取中等收入群体范畴的样本，采用OLS和分位数回归模型实证分析增值税、个人所得税减税前后对中等收入群体消费、储蓄和投资的影响。另外，考虑两类税种减税政策实施的持续性，本书在此基础上新增2020年微观数据，以探讨减税对中等收入群体经济行为的长期政策效应。

2.变量设置

（1）被解释变量

以中等收入群体消费、储蓄和投资分别为被解释变量，消费在CFPS数据库中的代理变量为*pce*（消费性支出）；储蓄则由变量*savings*（现金和存款）衡量；投资的变量为*financial_product*，代表居民拥有的金融产品资产。

（2）解释变量

本部分解释变量分别为中等收入群体增值税税负和个人所得税税负。为比较两者减税前后的政策效果，增值税税负分别包括由名义税率分别为17%、16%时求得的税负以及基于投入产出法求得增值税有效税率测算的增值税实际税负；个人所得税包括以上3种情形。

（3）控制变量

对中等收入群体经济行为产生影响的因素除了税收负担之外，还存在许多因素。为使模型估计结果更加准确，本部分分别选取以消费、储蓄和投资为被解释变量时对应的控制变量。收入对居民经济行为具有直接影响，且不同收入群体的消费结构具有差异（席卫群，2014；朱文博等，2020）。温桂荣等（2020）还发现税收负担对消费行为的影响机制受到收入水平的影响，同理，投资行为与储蓄行为因收入水平不同而产生偏差；居民的经济行为也会随年龄的变化而变化，如居民在经济能力较弱的年龄段更倾向于小额消费，经济行为受限制，在经济能力强的年龄段，居民的消费水平等也会随之提高；教育水平同样会影响居民经济行为，受教育程度越高的居民对投资理财的认识面越广，进而对投资、储蓄的偏好会有所不同。贾天宇和陈娆（2020）研究发现，教育水平也会影响居民消费认知从而影响消费行为。居民的生活水平、环境、喜爱的方式、偏好的行为模式等会因地理位置不同而日渐分化，显示出多样性的特征。家庭城乡属性是衡量该影响因素的有力工具，因此，本书将城乡分类样本作为控制变量（韩金雨等，2020）。从家庭角度分析，当一个家庭所要负担的人口越多时，其消费支出就越高（李慧，2020），投资和储蓄的选择也会受限制。因此，本部分选择家庭人均收入水平、个人年龄、个人受教育年限、所属地城乡分类和家庭规模作为以消费、储蓄、投资为被解释变量的3个模型的共同控制变量。

另外，在以消费为被解释变量的模型中，弗里德曼认为消费者的消费支出选择并不受当前暂时性收入的影响，实际上是由永久性收入决定的，因此单独将居民储蓄作为以消费为被解释变量的模型的控制变量之一。在宏观经济学里，在一个经济体中，总的储蓄等于总的可投资量，故针对居民个人，若其投资意愿较强，则可用于储蓄的资金会减少，因此，在以投资为被解释变量的模型中，居民储蓄也为控制变量之一（见表5-28至表5-30）。

表5-28　　　　以消费为被解释变量模型对应变量的名称及计算方法

类别	变量名称	计算方法
被解释变量	居民消费（Con）	（消费性支出/家庭人口）取对数
解释变量	增值税税负（VAtax）	（17%、16%和基于投入产出法求得有效税率3种税率对应的增值税税负）取对数
	个人所得税税负（INtax）	（全年3 500元/月、1—10月3 500元/月；全年5 000元/月3种费用扣除标准对应个人所得税税负）取对数
控制变量	人均纯收入（Inc）	（家庭纯收入/家庭人口）取对数
	居民年龄（Age）	（2018-出生年份）取对数
	受教育程度（Edu）	个人受教育最高年限取对数
	家庭规模（Size）	家庭成员数取对数
	所属地类型（Urb）	城镇=1；乡村=0
	人均储蓄（Save）	（存款和现金/家庭人口）取对数

表5-29　　　　　　**以储蓄为被解释变量模型对应变量的名称及计算方法**

类别	变量名称	计算方法
被解释变量	居民储蓄（Save）	（消费性支出/家庭人口）取对数
解释变量	增值税税负（VAtax）	（17%、16%和基于投入产出法求得有效税率3种税率对应的增值税税负）取对数
	个人所得税税负（INtax）	（全年3 500元/月、1—10月3 500元/月；全年5 000元/月3种费用扣除标准对应个人所得税税负）取对数
控制变量	人均纯收入（Inc）	（家庭纯收入/家庭人口）取对数
	居民年龄（Age）	（2018-出生年份）取对数
	受教育程度（Edu）	个人受教育最高年限取对数
	家庭规模（Size）	家庭成员数取对数
	所属地类型（Urb）	城镇=1；乡村=0
	人均消费（Con）	（消费性支出/家庭人口）取对数

表5-30　　　　　　**以投资为被解释变量模型对应变量的名称及计算方法**

类别	变量名称	计算方法
被解释变量	居民投资（Inv）	（消费性支出/家庭人口）取对数
解释变量	增值税税负（VAtax）	（17%、16%和基于投入产出法求得有效税率3种税率对应的增值税税负）取对数
	个人所得税税负（INtax）	（全年3 500元/月、1—10月3 500元/月；全年5 000元/月3种费用扣除标准对应个人所得税税负）取对数
控制变量	人均纯收入（Inc）	（家庭纯收入/家庭人口）取对数
	居民年龄（Age）	（2018-出生年份）取对数
	受教育程度（Edu）	个人受教育最高年限取对数
	家庭规模（Size）	家庭成员数取对数
	所属地类型（Urb）	城镇=1；乡村=0
	人均储蓄（Save）	（存款和现金/家庭人口）取对数
	人均消费（Con）	（消费性支出/家庭人口）取对数

3. 模型构建

本小节主要基于2018年非面板数据构建OLS回归模型，从整体上检验减税前后增值税与个人所得税对中等收入群体经济行为的影响，具体包括消费、储蓄和投资行为，因此构建如下OLS模型：

$$Y = \alpha + X\beta + Control + \varepsilon \tag{5-7}$$

同时考虑中等收入群体间经济行为存在异质性，基于消费、储蓄和投资的数据分布特征，运用分位数模型进一步研究增值税与个人所得税减税效应。分位数回归模型可以通过设定不同的分位数来反映条件分布的全貌，且能克服极端值的影响，结果稳健。这一方法最早由 Koenker 和 Bassett 提出，本书基于以上参考构建如下分位数模型：

$$Y^{(\pi)} = \alpha^{(\tau)} + X\beta^{(\tau)} + Control^{(\tau)} + \varepsilon^{(\tau)} \qquad (\tau = 0.25, 0.5, 0.75) \tag{5-8}$$

其中：Y 表示被解释变量中等收入群体消费（Con）、储蓄（$Save$）和投资（Inv）。X 表示核心解释变量增值税与个人所得税减税前后税负，$VAtax_{17}$ 与 $INtax_1$ 分别表示增值税和个人所得税减税前税负，$VAtax_{16}$ 与 $VAtax_实$、$INtax_2$ 和 $INtax_3$ 分别对应两者不同程度减税后的税负。$Control$ 则为控制变量，包括人均纯收入（Inc）、居民年龄（Age）、受教育程度（Edu）、家庭规模（$Size$）和所属地类型（Urb）。此外，反映消费和投资行为的模型还包括人均储蓄（$Save$）变量，反映储蓄和投资行为的模型还包括人均消费（Con）变量。τ 表示分位点；ε 为随机扰动项。

4.描述性统计

由表5-31可知，税率为17%的增值税税负 $VAtax_{17}$ 均值为7.491，分别比税率为16%和基于投入产出法求得有效税率对应的增值税均值高0.061和0.991，两种提高费用扣除标准（免征额）情形下的个人所得税税负水平也明显低于费用扣除标准保持为3 500元/月时对应的税负水平，说明减税给中等收入群体带来了实际成效。中等收入群体的消费和储蓄均值分别为10.686、7.286，而投资均值仅为1.804，说明中等收入群体在满足自身消费需求时，储蓄意愿大于投资意愿。另外，各变量对应的标准差较小，存在极端值的可能性较低。

表5-31 　　　　　　　　　　　　　**各变量描述性统计汇总**

变量名称	观测值	均值	标准差	最小值	最大值	偏度	峰度
Con	33 590	10.686	0.907	0.000	14.415	0.091	3.298
$Save$	36 906	7.286	4.641	0.000	15.761	−0.400	3.033
Inv	34 268	1.804	8.652	0.000	15.677	4.272	19.606
$VAtax_{17}$	33 269	7.491	0.931	0.000	12.368	—	—
$VAtax_{16}$	33 269	7.430	0.930	0.000	12.309	—	—
$VAtax_实$	33 269	6.500	0.966	0.000	11.767	—	—
$INtax_1$	13 766	2.707	3.428	0.000	14.885	—	—
$INtax_2$	13 766	2.652	3.369	0.000	14.884	—	—
$INtax_3$	13 766	1.845	3.124	0.000	14.884	—	—
Inc	37 074	9.620	1.071	0.000	15.549	—	—
Age	37 352	3.714	0.501	2.303	4.635	—	—
Edu	33 974	1.872	0.935	0.000	3.178	—	—
$Size$	37 074	1.592	0.392	0.693	3.091	—	—
Urb	35 458	0.497	0.500	0.000	1.000	—	—

但为更详细观察被解释变量的分布特征，本部分描绘被解释变量的分布情况，可以从集中趋势（用平均指标来反映）、离中趋势（用离散指标来反映）和分布形状（即对称性，用偏度和峰度来衡量）来反映。测算出来的中等收入群体消费偏度为0.091，系数较小，峰度为3.298，表明其消费微向右偏陡峭；中等收入群体储蓄偏度为-0.400，峰度为3.033，证实其储蓄微向左偏陡峭，即中等收入群体储蓄水平整体偏低；中等收入群体投资偏度为4.272，峰度为19.606，呈现明显右偏陡峭特征。综上，各模型被解释变量存在左偏、右偏现象，且都有尖峰分布特征。因此，通过分析数据分布特征，我们可以判断进一步采用分位数模型进行回归分析的合理性。

（二）增值税与个人所得税调节中等收入群体消费的税收效应

1.OLS回归

为探究增值税与个人所得税调节中等收入群体消费的税收效应，本部分首先基于普通最小二乘法回归分析增值税与个人所得税两类税种减税前后对中等收入群体消费带来的影响。

表5-32展示了增值税减税对中等收入群体消费的影响，整体上增值税税负与中等收入群体消费呈正相关关系，且都通过了1%的显著性检验。这意味着增值税税率降低，中等收入群体的消费水平也随之降低，同时说明增值税减税，商品价格可能降低，从而间接改善中低收入群体的收入水平，但进而提升中等收入群体消费的效果并不显著。究其原因，本书中等收入群体消费变量主要包括八大类消费性支出，大多属于中等收入群体维持性消费支出，需求弹性较小，加上增值税具有极易转嫁的特点，税负转嫁效应会导致商品价格提升。减税效应小于转嫁的税负负担时，增值税模型中的减税可能促进人均纯收入的增加，反而会抑制中等收入群体的消费支出。另外，增值税减税总体力度虽大，但增值税发挥的收入分配效应是间接的。收入改善后，消费者可能用于消费，也可能用于储蓄或者投资，其经济行为具有不确定性，这也是增值税减税对提升中等收入群体消费无显著影响的原因。

表5-32　　　　　2018年增值税减税影响中等收入群体消费的回归结果

变量名称	（1）	（2）	（3）
	消费（Con）	消费（Con）	消费（Con）
增值税$_{17}$（$VAtax_{17}$）	0.944***		
	(379.40)		
增值税$_{16}$（$VAtax_{16}$）		0.947***	
		(389.53)	
增值税$_实$（$VAtax_实$）			0.893***
			(279.78)
人均纯收入（Inc）	0.006	0.006	-0.001
	(0.82)	(0.86)	(-0.13)
居民年龄（Age）	-0.032***	-0.031***	-0.021***
	(-9.15)	(-9.13)	(-4.52)

续表

变量名称	（1）	（2）	（3）
	消费（Con）	消费（Con）	消费（Con）
受教育程度（Edu）	0.010***	0.010***	0.009***
	(5.20)	(5.09)	(3.66)
家庭规模（Size）	1.288***	1.288***	1.213***
	(255.70)	(262.17)	(183.88)
所属地类型（Urb）	0.003	0.002	0.024***
	(0.98)	(0.66)	(5.27)
人均储蓄（Save）	0.003***	0.003***	0.003***
	(8.91)	(8.89)	(6.47)
常数项	1.604***	1.640***	3.010***
	(23.96)	(25.12)	(34.35)
观测值	10 454	10 454	10 454
R^2	0.947	0.950	0.908
F	26 878	28 310	14 811

表 5-33 为 2018—2020 年增值税减税影响中等收入群体消费的回归结果，可以看到新增 2020 年数据后回归结果与基准回归结果保持一致。从系数来看，增值税税率为实际税率时的系数最小，说明增值税减税力度越大（累退性会减弱），其对中等收入群体消费的抑制效果就越减弱。

表5-33　　2018—2020年增值税减税影响中等收入群体消费的回归结果

变量名称	（1）	（2）	（3）
	消费（Con）	消费（Con）	消费（Con）
增值税$_{17}$（$VAtax_{17}$）	0.945***		
	(444.18)		
增值税$_{16}$（$VAtax_{16}$）		0.947***	
		(455.36)	
增值税$_实$（$VAtax_实$）			0.886***
			(319.00)
控制变量	控制	控制	控制
常数项	1.668***	1.707***	2.262***
	(61.85)	(64.93)	(63.20)
观测值	13 987	13 987	13 987
R^2	0.948	0.950	0.905
F	36 421	38 250	19 049

注：考虑增值税税率由16%下调至13%以及个人所得税减除费用由3 500元/月提升至5 000元/月的时间均为2018年，但在2018年以后仍延续此政策，故本书在以2018年截面数据回归的基础上，新增2020年相关微观数据作进一步分析，以检验减税政策调节中等收入群体经济行为的长期结果（以下同理）。

表5–34反映了个人所得税减税对中等收入群体消费的影响，$INtax_1$、$INtax_2$和 $INtax_3$减税均与中等收入规模消费性支出呈负相关关系，即个税税负降低可促进中等收入群体消费，但由于$INtax_2$与$INtax_1$的差异主要体现为2018年10—12月每月费用扣除标准（免征额）由3 500元提高至5 000元，减税效果较弱，系数均不显著，而$INtax_3$的减税力度加大，2018年全年费用扣除标准为5 000元/月，因此其对中等收入群体消费的激励效果提升，体现在$INtax_3$系数通过5%的显著性水平检验。这说明个人所得税随着减税力度加大，刺激中等收入群体消费的作用会增强。这主要是因为个人所得税具有累进性且税负难以转嫁，减税可直接增加中等收入群体的可支配收入，通过收入效应提升消费需求，故随着个人所得税减税的成效显著，中等收入群体消费倾向也随之增加。

表5–34　2018年个人所得税减税影响中等收入群体消费的回归结果

变量名称	（1）	（2）	（3）
	消费（Con）	消费（Con）	消费（Con）
个人所得税$_1$（$INtax_1$）	−0.005		
	（−1.19）		
个人所得税$_2$（$INtax_2$）		−0.005	
		（−1.23）	
个人所得税$_3$（$INtax_3$）			−0.010*
			（−1.92）
人均纯收入（Inc）	0.350***	0.350***	0.348***
	（7.95）	（7.95）	（7.94）
居民年龄（Age）	−0.050	−0.050	−0.047
	（−1.51）	（−1.51）	（−1.45）
受教育程度（Edu）	0.068***	0.068***	0.067***
	（4.38）	（4.38）	（4.33）
家庭规模（Size）	0.840***	0.840***	0.839***
	（25.62）	（25.63）	（25.81）
所属地类型（Urb）	0.144***	0.144***	0.142***
	（6.61）	（6.61）	（6.53）
人均储蓄（Save）	0.006**	0.006**	0.006**
	（2.52）	（2.52）	（2.50）
常数项	5.850***	5.849***	5.867***
	（13.18）	（13.19）	（13.29）
观测值	3 681	3 681	3 681
R^2	0.193	0.193	0.194
F	125.5	125.5	125.9

在表5-35中，2018—2020年个人所得税减税调节中等收入群体消费的长期效果与基准回归结果（见表5-34）基本一致，说明个人所得税减税可显著提升中等收入群体消费的回归结果具有稳健性。

表5-35　　2018—2020年个人所得税减税影响中等收入群体消费的回归结果

变量名称	（1）	（2）	（3）
	消费（*Con*）	消费（*Con*）	消费（*Con*）
个人所得税₁（*INtax₁*）	0.0003		
	(0.09)		
个人所得税₂（*INtax₂*）		0.0002	
		(0.01)	
个人所得税₃（*INtax₃*）			−0.008*
			(−1.92)
控制变量	控制	控制	控制
常数项	7.918***	7.917***	7.900***
	(47.46)	(47.46)	(47.54)
观测值	5 201	5 201	5 201
R^2	0.202	0.202	0.203
F	187.9	187.9	188.5

从控制变量来看，在增值税模型中，家庭人均纯收入对中等收入群体消费的影响不显著，而作为永久性收入，人均储蓄会显著促进消费；在个人所得税的模型中，人均纯收入与人均储蓄均对中等收入群体消费产生显著的激励效果。在两个模型中，家庭规模、受教育程度与所属地类型则呈显著正相关关系，这表明由乡村转向城镇会提高中等收入群体消费水平，教育水平提高也会刺激其多消费。

2.分位数回归

表5-36的结果显示，在0.25、0.5和0.75的不同分位数下，实际增值税税负与个人所得税税负对中等收入群体消费的影响与OLS回归结论一致。增值税实际税负均通过1%的显著性检验，与OLS回归结论一致。个人所得税对中等收入群体消费的促进作用随分位数的提高呈显著递增趋势。在分位数为0.25和0.5时，正向促进作用并不显著。在分位数水平为0.75时，个人所得税在1%的显著性水平上显著，且系数为-0.009，说明随着消费支出的增加，个人所得税对其激励作用变大。这表明个人所得税减税政策对中等收入群体消费发挥的促进作用最强。

由表5-37可知，更新2020年数据后，增值税调节中等收入群体消费的分位数回归结果与表5-36保持一致，而在个人所得税的分位数回归中，由个人所得税减税仅在0.75分位数水平下具有显著激励效果转为仅在消费分位数为0.5时具有显著激励效果，但其对消费水平处于中等收入群体下限的人群效果不显著。

表5-36　　2018年增值税与个人所得税调节中等收入群体消费的分位数回归结果

变量名称	QR_25	QR_50	QR_75
	消费（Con）	消费（Con）	消费（Con）
增值税实（VAtax实）	0.919***	0.955***	0.948***
	(271.86)	(447.99)	(303.65)
控制变量（Control）	控制	控制	控制
常数项	2.680***	2.670***	2.950***
	(28.88)	(45.63)	(34.42)
变量名称	QR_25	QR_50	QR_75
	消费（Con）	消费（Con）	消费（Con）
个人所得税₂（INtax₂）	−0.005	−0.003	−0.009*
	(−1.03)	(−0.58)	(−1.69)
控制变量（Control）	控制	控制	控制
常数项	7.223***	5.284***	6.138***
	(11.23)	(11.79)	(11.99)

表5-37　　2018—2020年增值税与个人所得税调节中等收入群体消费的分位数回归结果

变量名称	QR_25	QR_50	QR_75
	消费（Con）	消费（Con）	消费（Con）
增值税实（VAtax实）	0.912***	0.943***	0.913***
	(320.72)	(498.92)	(193.59)
控制变量（Control）	控制	控制	控制
常数项	1.975***	1.756***	2.312***
	(53.92)	(72.15)	(38.07)
变量名称	QR_25	QR_50	QR_75
	消费（Con）	消费（Con）	消费（Con）
个人所得税₂（INtax₂）	−0.009	−0.009**	−0.008
	(−1.55)	(−1.98)	(−1.64)
控制变量（Control）	控制	控制	控制
常数项	7.269***	7.966***	8.599***
	(31.06)	(41.40)	(42.41)

（三）增值税与个人所得税调节中等收入群体储蓄的税收效应

1.OLS回归

从表5-38的结果可知，增值税减税在1%的水平下会促进中等收入群体储蓄，系数分别为−1.989、−2.037和−0.975。从系数来看，随着两阶段增值税税率降低，即减税程度变大，其促进储蓄的显著性并未改变，增值税减税对中等收入群体储蓄的促进作用会随着减税幅度的扩大先增强后减弱。究其原因，增值税税率下调可调节（降低）消费品价格，税负的最终承担者——中等收入群体购买相同数量的同一商品，增值税减税后需付出成本减少，相对会有更多盈余资金用于储蓄。

表5-38　　　　2018年增值税减税影响中等收入群体储蓄的回归结果

变量名称	(1) 储蓄（Save）	(2) 储蓄（Save）	(3) 储蓄（Save）
增值税$_{17}$（VAtax$_{17}$）	−1.989***		
	(−8.11)		
增值税$_{16}$（VAtax$_{16}$）		−2.037***	
		(−8.10)	
增值税$_实$（VAtax$_实$）			−0.975***
			(−5.38)
人均纯收入（Inc）	1.471***	1.469***	1.485***
	(8.40)	(8.39)	(8.46)
居民年龄（Age）	−0.053	−0.053	−0.097
	(−0.59)	(−0.59)	(−1.07)
受教育程度（Edu）	0.161***	0.161***	0.172***
	(3.21)	(3.21)	(3.42)
家庭规模（Size）	−2.012***	−2.076***	−0.636**
	(−5.78)	(−5.84)	(−2.40)
所属地类型（Urb）	0.191**	0.193**	0.170*
	(2.13)	(2.15)	(1.89)
人均消费（Con）	2.231***	2.282***	1.233***
	(8.91)	(8.89)	(6.47)
常数项	−12.748***	−12.923***	−12.776***
	(−7.23)	(−7.32)	(−7.10)
观测值	10 454	10 454	10 454
R^2	0.024	0.024	0.020
F	36.28	36.26	30.92

表5-39为2018—2020年增值税减税影响中等收入群体储蓄的回归结果，进一步证明基准回归结果的稳健性。

表5-39　　　2018—2020年增值税减税影响中等收入群体储蓄的回归结果

变量名称	(1) 储蓄（Save）	(2) 储蓄（Save）	(3) 储蓄（Save）
增值税$_{17}$（VAtax$_{17}$）	−0.633***		
	(−6.57)		
增值税$_{16}$（VAtax$_{16}$）		−0.642***	
		(−6.50)	
增值税$_实$（VAtax$_实$）			−0.041
			(−0.58)
控制变量	控制	控制	控制
常数项	2.485***	2.433***	3.206***
	(7.30)	(7.08)	(9.52)
观测值	10 337	10 337	10 337
R^2	0.058	0.058	0.054
F	90.57	90.45	84.12

表5-40总结了2018年个人所得税减税影响中等收入群体储蓄的回归结果，3种情形下的个人所得税税负与中等收入群体储蓄负相关，分别通过5%、5%和10%的显著性检验。这表明个人所得税税负降低，个体收入水平直接提升，在此情况下中等收入群体可选择将多余资金存储起来。但对比基本减除费用提高前后可发现，个人所得税调节中等收入群体储蓄的显著性随减税幅度扩大而降低，这归结于个人所得税减税可直接增加中等收入群体收入，当用于储蓄的资金积累到一定程度时，遵循边际效用递减原则，中等收入群体选择储蓄的倾向被削弱，因此，减税幅度越大，其激励效果相对越降低。

表5-40　　　　2018年个人所得税减税影响中等收入群体储蓄的回归结果

变量名称	（1）	（2）	（3）
	储蓄（Save）	储蓄（Save）	储蓄（Save）
个人所得税$_1$（$INtax_1$）	-0.060^{**}		
	(-2.06)		
个人所得税$_2$（$INtax_2$）		-0.060^{**}	
		(-2.05)	
个人所得税$_3$（$INtax_3$）			-0.063^{*}
			(-1.88)
人均纯收入（Inc）	2.003^{***}	2.001^{***}	1.963^{***}
	(6.76)	(6.75)	(6.65)
居民年龄（Age）	0.652^{***}	0.653^{***}	0.662^{***}
	(2.97)	(2.97)	(3.01)
受教育程度（Edu）	0.337^{***}	0.337^{***}	0.328^{***}
	(3.22)	(3.22)	(3.14)
家庭规模（$Size$）	0.294	0.292	0.257
	(1.23)	(1.22)	(1.08)
所属地类型（Urb）	-0.185	-0.185	-0.184
	(-1.26)	(-1.26)	(-1.25)
人均消费（Con）	0.279^{**}	0.279^{**}	0.277^{**}
	(2.52)	(2.52)	(2.50)
常数项	-18.122^{***}	-18.103^{***}	-17.709^{***}
	(-5.97)	(-5.97)	(-5.86)
观测值	3 681	3 681	3 681
R^2	0.022	0.022	0.021
F	11.63	11.62	11.52

但从个人所得税减税政策的长期效应（见表5-41）来看，其调节中等收入群体储蓄的显著性会随减税幅度扩大而增强。这表明个人所得税减税激励中等收入群体储蓄的长期政策效果要优于短期政策效果。

表5-41　2018—2020年个人所得税减税影响中等收入群体储蓄的回归结果

变量名称	（1）储蓄（Save）	（2）储蓄（Save）	（3）储蓄（Save）
个人所得税$_1$（$INtax_1$）	−0.018*		
	(−1.72)		
个人所得税$_2$（$INtax_2$）		−0.018*	
		(−1.75)	
个人所得税$_3$（$INtax_3$）			−0.029**
			(−2.43)
控制变量	控制	控制	控制
常数项	2.479***	2.479***	2.510***
	(4.14)	(4.15)	(4.21)
观测值	3 882	3 882	3 882
R^2	0.050	0.050	0.051
F	29.19	29.20	29.63

2.分位数回归

针对不同分位数储蓄水平，分析增值税与个人所得税对中等收入群体储蓄的调节效果（见表5-42）可知，虽然减税后的增值税税负与个人所得税税负对储蓄的正向调节作用均具显著性，但从系数来看，增值税在1%的显著性水平下促进储蓄增加的效应在整体上随分位数增加而减弱，这表明增值税减税对储蓄水平低的群体发挥更大作用，而对于具有较强储蓄能力的群体，增值税减税带来的间接优势不足以有效刺激其进一步增加储蓄。

表5-42　2018年增值税与个人所得税调节中等收入群体储蓄的分位数回归结果

变量名称	QR_25 储蓄（Save）	QR_50 储蓄（Save）	QR_75 储蓄（Save）
增值税$_实$（$VAtax_实$）	−1.574	−0.951***	−0.268***
	(−1.00)	(−6.02)	(−3.06)
控制变量（Control）	控制	控制	控制
常数项	−53.481***	−11.407***	−3.649***
	(−3.42)	(−7.28)	(−4.20)
变量名称	QR_25 储蓄（Save）	QR_50 储蓄（Save）	QR_75 储蓄（Save）
个人所得税$_2$（$INtax_2$）	−0.238	−0.060**	−0.012
	(−1.16)	(−2.51)	(−0.94)
控制变量（Control）	控制	控制	控制
常数项	−85.775***	−13.416***	−3.958***
	(−4.04)	(−5.46)	(−2.90)

在表5-43中，2018—2020年增值税减税仅对储蓄低分位的中等收入群体在5%的显著性水平下具有促进作用，其调节不同分位水平中等收入群体储蓄的激励效果会随时间推移减弱。

表5-43 2018—2020年增值税与个人所得税调节中等收入群体储蓄的分位数回归结果

变量名称	QR_25	QR_50	QR_75
	储蓄（Save）	储蓄（Save）	储蓄（Save）
增值税$_实$（VAtax$_实$）	−0.256**	0.022	0.018
	(−2.06)	(0.25)	(0.30)
控制变量（Control）	控制	控制	控制
常数项	1.012*	3.810***	5.928***
	(1.69)	(9.08)	(20.72)
变量名称	QR_25	QR_50	QR_75
	储蓄（Save）	储蓄（Save）	储蓄（Save）
个人所得税$_2$（INtax$_2$）	−0.046**	−0.037**	−0.015
	(−2.21)	(−2.47)	(−1.53)
控制变量（Control）	控制	控制	控制
常数项	−0.443	2.880***	5.360***
	(−0.42)	(3.86)	(11.12)

个人所得税减税对储蓄位于低分位水平（0.25）和高分位水平（0.75）无显著性影响，仅对分位数为0.5的显著性水平为5%。这说明个人所得税减税调节收入分配的直接效应更有利于储蓄能力位于中等水平的中等收入群体。从长期来看，2018—2020年个人所得税调节中等收入群体储蓄的分位数回归结果表明，个人所得税减税对分位数为0.25、0.5的中等收入群体储蓄均具有显著的促进作用，相比2018年政策效果有所提升。考虑减税政策实施的长期效应，个人所得税减税调节收入分配的直接效应对中等收入群体储蓄的刺激要优于增值税的间接效应。

（四）增值税与个人所得税调节中等收入群体投资的税收效应

1.OLS回归

表5-44表示了2018年增值税减税对中等收入群体投资的影响，表5-45则为2018—2020年增值税减税对中等收入群体投资的影响。可以看到，无论是从短期视角还是长期视角来看，增值税对提升投资水平的激励效应随着减税额度的增加而增加，且始终保持较高的显著性水平，均通过了1%的显著性检验。这表明增值税的间接效应与个人所得税的直接效应，除提高收入水平外，也会相应增加中等收入群体对投资理财的需求，提升中等收入群体的投资倾向，从而促进其利用多余的闲散资金进行投资。

表5-44　　　　　2018年增值税减税影响中等收入群体投资的回归结果

变量名称	（1） 投资（Inv）	（2） 投资（Inv）	（3） 投资（Inv）
增值税$_{17}$（$VAtax_{17}$）	−0.414*** (−5.60)		
增值税$_{16}$（$VAtax_{16}$）		−0.427*** (−5.62)	
增值税$_实$（$VAtax_实$）			−0.533*** (−9.74)
人均纯收入（Inc）	−0.776*** (−14.91)	−0.776*** (−14.92)	−0.758*** (−14.61)
居民年龄（Age）	−0.092*** (−3.41)	−0.091*** (−3.41)	−0.097*** (−3.62)
受教育程度（Edu）	−0.049*** (−3.27)	−0.049*** (−3.27)	−0.048*** (−3.23)
家庭规模（Size）	−0.988*** (−9.43)	−1.004*** (−9.38)	−1.111*** (−13.98)
所属地类型（Urb）	−0.441*** (−16.62)	−0.440*** (−16.60)	−0.445*** (−16.85)
人均储蓄（Save）	1.939*** (665.58)	1.939*** (665.59)	1.939*** (668.65)
人均消费（Con）	0.057 (0.76)	0.070 (0.90)	0.175*** (3.05)
常数项	−0.072 (−0.14)	−0.112 (−0.21)	−0.933* (−1.76)
观测值	9 976	9 976	9 976
R^2	0.978	0.978	0.978
F	56 089	56 090	56 453

表5-45　　　2018—2020年增值税减税影响中等收入群体投资的回归结果

变量名称	（1） 投资（Inv）	（2） 投资（Inv）	（3） 投资（Inv）
增值税$_{17}$（$VAtax_{17}$）	−0.439*** (−6.27)		
增值税$_{16}$（$VAtax_{16}$）		−0.450*** (−6.28)	
增值税$_实$（$VAtax_实$）			−0.727*** (−14.50)
控制变量	控制	控制	控制
常数项	−5.543*** (−21.70)	−5.585*** (−21.67)	−6.105*** (−24.34)
观测值	13 190	13 190	13 190
R^2	0.974	0.974	0.974
F	62 010	62 010	62 833

表5-46为个人所得税减税影响中等收入群体投资的回归结果。在3个阶段中，个人所得税税负均与中等收入群体呈显著负向关系，分别通过10%、10%和5%的显著性水平检验，意味着个人所得税减税可增加中等收入群体投资，且这种正向调节效应会随减税幅度的扩大而增强。这一政策效果在2018—2020年个人所得税减税影响中等收入群体投资的回归结果（见表5-47）中得到进一步验证。个人所得税减税前后对中等收入群体投资影响的异质性，更加说明个人所得税减税政策的实施对增加中等收入群体对投资理财的需求具有显著正向影响。

表5-46　　2018年个人所得税减税影响中等收入群体投资的回归结果

变量名称	（1）投资（Inv）	（2）投资（Inv）	（3）投资（Inv）
个人所得税$_1$（$INtax_1$）	-0.016* (-1.73)		
个人所得税$_2$（$INtax_2$）		-0.017* (-1.77)	
个人所得税$_3$（$INtax_3$）			-0.023** (-2.11)
人均纯收入（Inc）	-0.716*** (-7.27)	-0.716*** (-7.27)	-0.724*** (-7.39)
居民年龄（Age）	-0.218*** (-2.97)	-0.217*** (-2.97)	-0.213*** (-2.91)
受教育程度（Edu）	-0.080** (-2.33)	-0.080** (-2.33)	-0.083** (-2.41)
家庭规模（Size）	-0.346*** (-4.36)	-0.346*** (-4.36)	-0.353*** (-4.48)
所属地类型（Urb）	-0.451*** (-9.32)	-0.451*** (-9.32)	-0.452*** (-9.36)
人均储蓄（Save）	1.930*** (352.54)	1.930*** (352.54)	1.930*** (352.65)
人均消费（Con）	-0.401*** (-10.93)	-0.401*** (-10.93)	-0.402*** (-10.97)
常数项	0.777 (0.77)	0.777 (0.77)	0.870 (0.87)
观测值	3 510	3 510	3 510
R^2	0.973	0.973	0.973
F	15 758	15 758	15 764

表5-47　2018—2020年个人所得税减税影响中等收入群体投资的回归结果

变量名称	（1）投资（Inv）	（2）投资（Inv）	（3）投资（Inv）
个人所得税₁（$INtax_1$）	−0.009		
	(−1.04)		
个人所得税₂（$INtax_2$）		−0.010	
		(−1.10)	
个人所得税₃（$INtax_3$）			−0.021**
			(−2.13)
控制变量	控制	控制	控制
常数项	−4.470***	−4.471***	−4.457***
	(−9.03)	(−9.04)	(−9.03)
观测值	4 898	4 898	4 898
R^2	0.968	0.968	0.968
F	18 350	18 351	18 364

2.分位数回归

由表5-48可知，增值税减税后在不同分位数水平下会刺激中等收入群体增加投资，且这一抑制效果在1%的显著性水平下显著，考虑增值税减税的长期政策效果（见表5-49），回归结果仍保持不变。而个人所得税减税后在0.25分位数下会促进投资，通过1%的显著性水平检验，但至0.5和0.75分位数时，其促进效果不显著。

表5-48　2018年增值税与个人所得税调节中等收入群体投资的分位数回归结果

变量名称	QR_25 投资（Inv）	QR_50 投资（Inv）	QR_75 投资（Inv）
增值税实（$VAtax_实$）	−0.490***	−0.465***	−0.559***
	(−11.09)	(−10.91)	(−10.85)
控制变量（Control）	控制	控制	控制
常数项	−3.726***	−3.507***	−2.639***
	(−8.68)	(−8.46)	(−5.27)

变量名称	QR_25 投资（Inv）	QR_50 投资（Inv）	QR_75 投资（Inv）
个人所得税₂（$INtax_2$）	−0.023***	−0.005	−0.007
	(−2.82)	(−0.66)	(−0.80)
控制变量（Control）	控制	控制	控制
常数项	−2.168***	−1.428*	−0.931
	(−2.87)	(−1.95)	(−1.03)

表5-49　　2018—2020年增值税与个人所得税调节中等收入群体投资的分位数回归结果

变量名称	QR_25	QR_50	QR_75
	投资（Inv）	投资（Inv）	投资（Inv）
增值税$_实$（$VAtax_实$）	-0.599^{***}	-0.590^{***}	-0.670^{***}
	(-14.20)	(-16.23)	(-15.18)
控制变量（$Control$）	控制	控制	控制
常数项	-7.210^{***}	-6.836^{***}	-6.864^{***}
	(-34.16)	(-37.60)	(-31.06)
变量名称	QR_25	QR_50	QR_75
	投资（Inv）	投资（Inv）	投资（Inv）
个人所得税$_2$（$INtax_2$）	-0.016^{*}	-0.010	-0.007
	(-1.87)	(-1.42)	(-0.87)
控制变量（$Control$）	控制	控制	控制
常数项	-6.324^{***}	-5.707^{***}	-5.092^{***}
	(-15.12)	(-17.08)	(-12.26)

由表5-49可知，个人所得税减税在0.25分位数下促进投资的显著性水平随时间推移而有所下降。这说明伴随投资规模的扩大，个人所得税对中等收入群体投资的抑制作用增强，可能因为不同分位数下中等收入群体投资偏好存在差异，针对风险厌恶型人群，投资数额越大承担的风险也越大而倾向于减少这类投资，但风险偏好型人群会追求高风险投资。我国中等收入群体收入来源主要是工资性收入，具有储蓄偏高的特点（杨修娜等，2018），由此可以判断我国中等收入群体大多不属于风险偏好型投资者。这就导致面对较高数额的投资，即使个人所得税减税具有增加收入的效应，中等收入群体也可能不会选择增加高额投资及其风险。

本章小结

为量化分析减税政策调节中等收入群体规模的税收效应，并与2010年、2012年、2014年、2016年、2018年、2020年CFPS微观数据库中以家庭人均收入中位数的50%~125%为标准测算所得的25个省（自治区、直辖市）中等收入群体规模数据相匹配，本章分别以上述年份的25个省（自治区、直辖市）小口径宏观税负、运用CFPS数据库和投入产出法求得的家庭人均实际流转税税负以及个人所得税微观税负为解释变量，基于宏观与微观两个层面度量减税政策调节中等收入群体规模的总体税收效应。研究发现，宏观视角下排除行政等级混杂以及直辖市明显的区位优势、经济和政治优势的可能影响后，减税对中等收入群体规模具有显著的正向税收效应；微观视角下流转税、增值税、消费税均具有显著激励中等收入群体扩大规模的作用。所得税作为直接税则充分发挥其调节收入分配的作用，其税负的降低可显著促进中等收入群体规模扩大。另外，本章进一步以增值税与个人所得税作为典型税种，以 2018 年数据为基础，同时更新到 2020 年数据，考虑了减税政策的长期效应，比较典型税种减税前后不同情形对中等收入群体规模的影响，并逐步测度减税政策对中等收入群体的收入分配、消费、投资和储蓄的影响。研究发现，增值税与个人所得税减税可提高中等收入群体比重，同时减税政策对中等收入群体不仅具有调节收入分配、缩小收入差距的功能，还可以显著促进其储蓄和投资。通过分位数回归可知，随着中等收入群体消费和储蓄水平的提升，减税政策的激励效果越来越明显，且个人所得税减税调节收入分配的直接效应对中等收入群体消费、储蓄的刺激要优于增值税的间接效应。这为进一步扩大中等收入群体规模的阶段性减税政策目标、主体与工具选择提供实践支撑。

第六章　经验借鉴

　　本章系统比较国际及国内发达地区减税影响中等收入群体规模的政策与实践变迁经验，分析美国、日本和英国等成功跨越"中等收入陷阱"的典型发达国家在不同经济发展阶段和不同分配环节，其减税政策促进中等收入群体规模扩大的政策规律。同时，以《浙江高质量发展建设共同富裕示范区实施方案（2021—2025年）》（以下简称《实施方案》）为例，探讨国内发达地区的先进经验，以寻求对策获得减税政策实践经验支撑，这是本书研究的经验依据。

第一节　国外经验借鉴

　　提升中等收入群体比重，形成橄榄型社会结构，是我国实现中国式现代化总体目标的一个重要组成部分，也是共同富裕的重要内容。本部分主要探讨了美国、日本和英国是如何实现中等收入群体的扩张、构建一个稳定的橄榄型社会结构。本部分通过梳理美国、日本和英国税收改革以及扩大中等收入群体的政策措施，分析其税改扩大中等收入群体规模的政策经验和对我国的启示。（本部分用中产阶级或中产阶层代表中等收入群体，国外中产阶级或中产阶层大体相当于我国中等收入群体，具体概念辨析参见本书第四章第三节。）

一、美国中产阶级与减税政策的发展

（一）美国中产阶级的特征刻画

　　美国学术界对于中产阶级的定义是一群收入中等偏上、拥有一定的资产但没有什么住房的人。中产阶级主要由三大群体构成：一是蓝领工人，即从事体力劳动的劳动者；二是工薪阶层白领，即从事脑力劳动的劳动者；三是高级白领，即从事知识、技术劳动的劳动者。从里根时期开始，历任美国总统都将重点放在税收政策

上，尤其是个人所得税政策，无论是为了赢得选票、支持经济发展还是缩小贫富差距。在不同时期，关于增加或减少中产阶级税收的辩论主要是关于公平和效率、收入分配和增长。美国中产阶级占总人口的比重由第二次世界大战时的70%跌至20世纪70年代初的61%，2000年降至55%，2021年为49%~50%[①]，这也是近些年来美国各届政府不断提倡为中产阶级减税的主要原因。

（二）美国减税与中产阶级的发展

1.里根时期

里根总统在执政期间，于1981年和1986年先后颁布了两次减税法案：《经济复兴税收法案》主要解决税负过重的问题；《税制改革法案》主要解决个人所得税繁重的税收制度问题，个人所得税只保留两级税率，扩展税基。"为了中产阶级的利益"是里根在他的竞选活动中多次保证的口号，他执政后的第一要务是给中产阶级"减负"。在减税政策实施后的两年间，效果比较理想，资本利得税和企业所得税也大幅下调。里根政府的系列减税政策促使美国经济稳步增长。学者们普遍认为减税政策的最大受益者是富人阶层，虽然中产阶级同样在减税中获益，但并没有使他们的生活得到明显改善。

2.克林顿时期

克林顿政府为了解决里根政府遗留下的财政赤字问题，实施包括增税、减少支出等在内的紧缩性财政政策，以减少"财政赤字"的问题。20世纪90年代，克林顿曾将美国中产阶级描绘成一个工作时间更长、薪酬更低、医疗条件较差但医疗费用最高的阶层。克林顿政府的《削减赤字法案》允许中产阶级选择较低的个人所得税税率，并让有更多孩子的贫困家庭获得减税的好处。这一政策的实施使得财政赤字逐年降低，效果明显，在1998年扭亏为盈。1996年，克林顿政府批准《福利改革法案》，增加了市场劳动需求，在一定程度上改善了就业状况，提升了劳动收入，以工薪阶层为主的中产阶级规模有所扩大。

3.小布什时期

小布什政府在2001年颁布了《经济增长与减税协调法案》，重点是削减个人所得税，增强企业的创新能力。该减税政策实施后，美国经济开始复苏，2003—2007年的GDP增长率平均保持在3%的水平上，但是带来了高赤字问题。2007年，次贷危机爆发，美国GDP增长率急速下降为-0.1%。由于税收的增量超过GDP的增量，宏观税负一直保持在9.39%~11.31%的水平，没有下降。由于这一时期失业率平均在5.3%左右，中等收入阶层的数量没有得到进一步增加。[②]宋凤轩和江月（2004）基于对现实经济发展的考察，认为小布什政府的减税政策刺激了美国经济复苏。对2001年和2003年小布什减税政策产生的效果进行研究，结果表明，尽管政府在短期内实现了刺激逆周期消费的目的，但是从长期目标来

① 李成. 分道扬镳？——逆全球化时代的中美中产阶级［J］. 文化纵横，2022（5）：26-34；158.

② 侯铮. 美国税制改革及宏观税负对经济增长的影响研究［D］. 保定：河北大学，2020.

看，减税并没有起到太大的推动作用，反而使得美国的债务负担更重了。相关数据显示，减税受益的人大多是收入最高的 10% 的富人（Angyridis and Jolly，2010），中等收入群体没有明显增加。

4. 奥巴马时期

奥巴马政府通过提高富人的税率、对大型金融机构进行收费、增加抵免和税收优惠等措施来达到为中产阶级以及低收入家庭税收减负的目的。2012 年的《美国纳税人减税法案》实施后，2013 年，美国财政赤字为 6 795 亿美元，首次跌破万亿美元，美国经济开始缓慢复苏，到 2015 年增至 2.9%。奥巴马政府采取了适当的税收优惠措施，以支付必要的费用，如在抚养儿童、教育、医疗、住房等照顾工薪家庭的个人所得税方面采取相应税改措施。与小布什政府的减税政策相比，奥巴马政府减税政策更加侧重降低工薪阶层的税负，从而对扩大中产阶级产生积极影响。2015 年，美国中产阶级的收入不断下降，1968 年时美国处于中间位置的 60% 的家庭收入占国民收入的 53.2%，这一数字在 2015 年已经下降到 45.7%。[①]

5. 特朗普时期

特朗普竞选演讲一直强调振兴美国经济。他说："我们要创造新的就业机会，让中产阶级负担得起税收。"特朗普希望为中产阶级减税，并以增加本国就业的方式来振兴美国经济。美国自 1986 年以来最大的一项减税计划于 2017 年 12 月由特朗普签署。特朗普在签字仪式上表示这项法案将对中产阶级有利，并将带来新的就业机会。这是美国几十年以来最大规模的税制改革，将公司所得税从 35% 下调至 20%，鼓励公司将在国外获得的收益带回美国。为了减轻中产阶级的负担，个人所得税的标准扣除额几乎增加了 1 倍。个人所得税从 7 档减至 4 档，分别为 12%、25%、35% 和 39.6%。在特朗普执政时期，美国实施了多项个人所得税减免政策，增加了美国人的实际收入，并刺激了消费需求，提高了美国居民尤其是中产阶级的实际购买力。

（三）简要总结

首先，良好的、稳定的经济发展是中产阶级规模扩大的经济基础。美国历届政府均重视中产阶级的发展壮大，中产阶级的收入在很大程度上受到经济发展趋势的影响。

其次，收入分配的一揽子政策促进了中产阶级规模的扩张。美国在克林顿和奥巴马执政时期，有专门针对中产阶级的税收、福利和就业支持政策，收入分配制度比较可靠合理，体现出对中产阶级收入和工作现实的关注。

最后，关于中产阶级收入分配方面的税收政策，历届美国政府都在子女教育扣除方面持续实施了相应的优惠政策，减轻了中产阶级家庭的教育成本负担，对未来中产阶级的长期发展壮大也产生了重要影响。

---

① 数据来源于美国进步中心（Center For American Progress）。

二、日本中产阶级与个人所得税制度的发展

（一）日本中产阶级的发展

日本社会结构中存在一定的阶级基础，这个基础背后的主要力量是日本在第二次世界大战后迅速发展的中产阶级。日本学者最早是从社会学的角度对中产阶级（又称中间阶层）的发展和成长进行研究的。20世纪六七十年代，日本许多社会学家开始对中产阶级的研究。自那以后，在日本政府进行的一项"国民生活调查"中，对于"生活程度"的回答为"中等"的比例，在1958年为72%，到1973年上升到90%。[①]日本社会学会调查委员会实施的"社会分层与社会流动全国调查"也证实了"中间阶层"迅速膨胀的现象，这一现象引起了以"新中间阶级""阶级归属意识"等问题为主题的研究。

日本是一个典型的成功跨越"中等收入陷阱"的国家，它从低收入国家到中等收入国家再到高收入国家的整个演进过程比较顺利。第二次世界大战导致日本的国民财富损失达到45%，国内经济也出现了大萧条。但在接下来的30年里，日本经济首先经历了快速复苏，随后经历了持续20多年的快速发展，日本的人均国民收入从1947年的89美元一路飙升至1988年的23 570美元，超过了美国的水平。[②]日本中产阶级的年收入在300万~600万日元之间（约合19万~38万元人民币）。根据这个数据计算，日本中产阶级占总人口约48.1%，但依旧有80%的日本人认定自己是中产阶级。日本经济之所以能够成功地完成转型，并跨越"中等收入陷阱"，跨入发达国家的行列，其中有三个重要原因：一是产业结构平稳发展，实现了从大规模发展向集约型经济增长的转变；二是需求结构由投资增长转向消费增长；三是社会结构实现了成功转型，在多方面因素的影响下，中产阶级与城镇人口的比例均达到了70%以上。

（二）日本减税政策的发展演进

日本于1989年4月开始实施消费税，并于1997年4月将消费税税率由原来的3%提高到5%。同时，日本采取了降低个人所得税税率、增加扣除项目等措施，以缓解社会矛盾、平息民众的不满。在经历了多次税制改革之后，日本现行的个人所得税税率与主要发达国家相比明显偏低。而作为基干税种的个人所得税，其原有的筹资、调节收入分配功能被削弱，表现为"空洞化"现象。日本于2007年重新调整了个人所得税税率，税率等级从原先的4级调整为6级，而最高税率从37%提高到40%，最低税率从10%降低到5%。在地方税方面，日本改变过去个人住民税采用的5%、10%和13% 3个级次的累进税率，实行统一的10%比例税率。此次改革虽然对低收入群体的整体税率未产生影响，但最低税率档次从原来的330万日元降

---

① 张颖，谢妍．日本跨越"中等收入陷阱"的经验及启示［J］．金融教育研究，2021，34（5）：64–72．

② 马晓河．迈过"中等收入陷阱"的结构转型：国际经验教训与中国挑战［J］．农村经济，2011（4）：3–10．

至195万日元①，促进了低收入群体向上流动到中产阶级。

2020年12月，日本执政党确定了2021财政年度税制改革规划（以下简称"新财年税改"），自2021年4月1日起实施。"新财年税改"以减税和增加支出为主，主要目标有二：一是从实际出发大力实施税收减免，纾解由新冠疫情导致的经济不景气与企业经营困境，促进经济恢复。二是从长期来看，在后疫情时期继续大力发展数字经济、低碳经济，致力于创建一个无碳社会，并积极推行数字化转型战略。如修订有关加薪的税收优惠政策，主要是为了稳定就业市场。为帮助企业和家庭度过疫情危机，"新财年税改"为应对新冠疫情而加大人力成本的中小型企业提供更多的所得税税收优惠。在"新财年税改"中，对"涨薪税制"作出了重大调整，规定因雇用更多工人而导致公司总薪资增长超过1.5%的公司，即使不提高雇员工资，也可将公司薪资增长的15%从法人税中扣除，为稳定中等收入群体起到了促进作用。

（三）简要总结

从日本社会治理的经验来看，要实现中产阶级的发展、形成橄榄型社会结构是一个艰难又复杂的系统工程。因此，应从健全税收再分配调整机制着手，运用"增收""减负"等方式，扩大中等收入群体，在缩小居民收入差距方面具有明显效果，尤其是日本的消费税和个人所得税减税政策对我国的税制改革有一定借鉴作用。

三、英国中产阶级与减税政策的发展

（一）英国中产阶级的发展

英国中产阶级的发展壮大是在近代之后才出现的。随着工业革命和城市的出现，中产阶级与传统的贵族和农民阶级不同，代表了一种新型的生产方式和生活方式。19世纪，英国经历了工业革命，产生一批富有的新兴阶层，其中不乏企业家、金融家、律师、医生和政府官员。19世纪初期，英国中产阶级约占人口的1/6。到1900年，中产阶级的巨额财富已经可以和贵族的财富相媲美。英国中产阶级拥有大量的财富，这是他们和一般工人和社会底层最主要的区别。在近代英格兰，中产阶级起到了重要的推动作用。伴随着经济和社会的变化，中产阶级迅速壮大，最终形成一个初具规模的社会团体。截至2016年10月，英国中产阶级年收入为13万到20万英镑；到2023年，具有该额度的流动资产的个人约占人口总数的8%，这一数字还在不断增加中。

英国中产阶级的主要特点是：他们有清晰的阶级认同感，有共同的政治、经济利益以及文化价值观念，在生活方式上有着相同的特征和价值态度。但中产阶级的成员构成十分复杂，职业多种多样，并没有形成一种共同的阶级意识，自然就更不可能拥有一种共同的政治主张。近代英格兰的中产阶级一是要维持家庭生计，二是

---

① 魏全平. 日本个人所得税制改革及其对中国的启示［J］. 日本研究，2008（3）：41-45.

要积累财富，于是，"对利益的追逐、对资产的占有、对财富的积累和改进"等就成了中产阶级所具有的本质特征。一些学者认为，在近代英格兰，中产阶级是由大大小小的工商业者组成的。这些人热衷于追求财富，以此来提高自己的社会地位。他们以"独立的商业家族"为主，这种家族的产生要求具备一定的经商能力，并有较长时间的经商经历，尤其是在积累财富方面。

（二）英国个人所得税改革的发展

英国作为世界上第一个对个人收入实行统一税制的国家，同样采取综合所得税制，对世界各地收入计征。英国中央政府的财政收入主要来自个人所得税。英国在1799年首次实行差别税率，但在1874年个人所得税才正式成为固定税种。英国个人所得税主要征收非利息收入、利息收入和股息收入。英国的个人所得税是一个相对广泛的税制，税前扣除包括费用扣除和税收宽免两种，涵盖了所有以货币为基础的所得，而且涵盖了各类以非货币为基础的货物和劳务，实行"宽税基、低税率"，以实现税收公平的最大化。

英国先后采取了3种个人所得税的征税方式。1799—1909年，英国实行分类征收，对个人所得税的征税对象实行"正列举"，以达到"真实""方便"的目的。基于税收公平理论的发展，为了达到对收入较高的人群进行税制改革的目的，英国从1909年开始对个人收入较高的人群进行了更大程度的征税，并在此基础上对个人收入进行了分类与综合相结合的改革。分类与综合相结合的方式是指在对所有收入进行单独征税之后，对所有收入课征"附加税"，并以较低税率对其进行征税。但是在实际实施的过程中，分类与综合相结合的方式还存在诸多问题：一是"附加税"作为调整高收入人群的税，其适用人群很少，虽然是一种对所有收入都征税的补充性税收，但是因为所选的税率较低，税收中的收入者比例很小；二是支付能力原则和区别定性原则不相容；三是从税收制度的角度来看，这种模式在税收制度设计上要比综合征收更为复杂。因此，1929年，英国将个人所得税的征收模式改为综合征收模式，并沿用到了今天。

英国个人所得税改革的基本思路是合并所得，降低税率，扩大免征额。在20世纪80年代之前，税收改革的主要措施是基本所得税和附加所得税相结合，实施共同的所得税制度和税率。英国政府先后实施过提高个人所得税费用扣除标准、降低税率、改变抵扣办法、减少税收层次、扩大免征额等措施。2017年，英国个人所得税免税额从11 000英镑上调至11 500英镑，最高税率的适用门槛也从43 000英镑提高到45 000英镑。[①]

（三）简要总结

英国个人所得税制度在经过长达数百年的发展后逐渐系统且成熟，在税收负担累进、税种要素更新、家庭扣除优惠等方面都存在借鉴意义。其个人所得税扣除额

---

① 任中红，陈新萍. 税制改革国际经验对我国的启示［J］. 预算管理与会计，2019（10）：61-64.

度随物价指数及时更新，考虑通货膨胀的影响因素，在一定程度上解决了税前扣除额度严重滞后的问题，增强了税收的公平性。通过丰富税负调节工具，如税前扣除、税率等，英国在不同时期调节不同收入群体的税负水平，有利于中产阶级成长壮大。

第二节　国内减税政策实践

党的二十大报告提到"增加低收入者收入，扩大中等收入群体"，扩大中等收入群体、推动形成橄榄型社会结构已经成为社会共识。从中央顶层减税政策设计到地方实践，国内扩大中等收入群体规模的减税政策已经有了许多实践经验。本节进行全面梳理，尝试寻求我国扩大中等收入群体规模的减税政策逻辑和实践逻辑。

一、中国减税政策实践总结

结合第四章对中国 20 多年来减税政策的梳理归纳，考虑到"营改增"是国家实施的一项结构性减税政策，本节进一步将我国减税政策总结为如下三阶段：一是以增值税转型为主的减税阶段（2003—2007 年）；二是一揽子定向结构性减税阶段（2008—2017 年）；三是组合式税费支持阶段（2018 年至今）。本部分通过对我国减税政策实践现状和效果总结，寻求扩大中等收入群体规模的有效减税政策路径和政策设计规律。

（一）以增值税转型为主的减税政策

2004 年 9 月，财政部、国家税务总局发文在东北地区的八大行业中正式启动改革试点，此阶段改革重点为生产型增值税向消费型增值税转型升级。这一阶段的减税动力来自我国 2001 年加入世界贸易组织（WTO），此时正值我国经济飞速发展阶段，人口红利和资源优势促使我国经济需求旺盛，政府通过减税政策可降低生产成本、扩大内需，以适应经济快速发展的内在需求。2006 年 1 月，全国取消农业税，同时进一步将个人所得税免征额由 800 元上调至 1 600 元。

理论上，在增值税转型改革中，企业购买的固定资产中包含的增值税税金可在税前扣除等措施可以有效降低生产成本，企业通过商品交易向前转嫁给消费者的税负降低；随着利润增加，企业有更多资金分配给股东和员工。这些均能间接提升居民收入水平，增加居民向上流动的机会。同时，取消农业税、上调个人所得税（免征额）可直接增加农民和工薪阶层的可支配收入，有效推动潜在中等收入群体正式迈入中等收入群体行列。实际上 2003—2007 年的税收收入仍呈增长趋势，宏观税负水平并未降低，意味着在东北地区试点的减税政策实施并未取得明显成效。这主要是因为该阶段处于减税初期，减税规模和力度有限，减税制度也不够全面完善，最终导致减税收入分配效果不佳，从而不利于中等收入群体规模的扩大。

（二）一揽子定向结构性减税政策

我国一揽子定向结构性减税政策主要由两部分组成：一部分为 2008 年全球金

融危机后的结构性减税政策；一部分为 2012 年开始以"营改增"为重点的减税政策。2008 年，因全球金融危机爆发，我国开始推出一系列结构性减税政策，旨在缓解出口压力，助企业纾难解困，促进企业投资和居民消费，进而提振经济。在经济面临下行压力时，结构性减税政策在刺激消费、拉动投资、扩大内需方面发挥重要作用，同时是优化经济结构、促进经济可持续发展的重要手段。2012 年结构性减税政策已基本成为多种经济目标共同制约下宏观经济调控的主要阵地，也是此背景下中国各项经济政策的平衡点。这一阶段的结构性减税政策的重头戏是增值税转型，增值税在流转税中占比最高，减税会对整体税负水平产生重大影响。自 2012 年 1 月 1 日开始，上海率先在交通运输领域以及一些现代服务业领域进行"营改增"试点，并逐步扩大到建筑、房地产、金融、生活服务业等更大的范围。2016 年，我国全面实施"营改增"，将重复征收的营业税合并到增值税后统一实施减税政策，企业得到了更大幅度的税收减免。

全球金融危机背景下的结构性减税政策聚焦于刺激消费、拉动内需，但其小规模、零碎性和局部性的特征，以及当期经济尽管下行但仍处于再生产周期，导致结构性减税政策前期的减税效应较弱，发挥的作用有限。2012—2016 年，"营改增"政策在总体上减少近 5 000 亿元税收，持续为企业的发展和劳动力的就业提供新的动力，尤其是扩大了现代服务行业中等收入群体规模。综上，我国实施结构性减税政策促进了税制的优化，始终将重点聚焦于降低流转税比重，从总量与结构两个方面切实减轻了企业负担。"营改增"政策极大地推动了现代服务业的发展，可以加速产业升级，积极培育新的经济增长点，提供大量就业岗位，为"稳中"提供良好的经济增长基础。除此之外，在结构性减税阶段，我国也逐步出台一系列面向居民、惠及民生的减税政策，主要包括：2011 年 9 月，将个人所得税中工资、薪金所得的基本减除费用标准由 2 000 元/月提至 3 500 元/月，并将 9 级超额累进税率缩减至 7 级；自 2011 年 1 月 1 日起，将支持和促进与就业相关的税收政策优惠范围扩大，特别将未就业高校毕业生纳为扶持对象等。这类减税政策主要惠及潜在中等收入群体，即工薪阶层和高校毕业生等，可切实提高低收入群体的收入水平，实现"扩中"。

（三）组合式税费支持政策

为顺应我国经济向高质量转变的发展要求，2018 年，我国实施大规模的实质性减税降费政策，进入组合式减税降费新阶段。2018 年，我国税收减免规模为 1.3 万亿元，第一次突破万亿元关口。2019 年，我国增值税税率再次下调，对一些行业的扣除率、出口退税率进行了相应的调整。同年，我国对个人所得税进行的重大改革也进一步体现出了普惠性减税的趋势，其中最主要的内容就是将工资、薪金所得基本减除费用标准提高到 5 000 元/月，并设立了多项专项附加扣除，同时对税率结构进行了优化。2019 年，我国实现新增减税降费超过 2 万亿元。2020 年，我国继续推进减税降费进程，并出台一系列疫情防控和经济社会发展税费支持政策，全年新增减税降费超 2.5 万亿元。2021 年的中央经济工作会议提出，我国现行经济的发展面临着需求收缩、供给冲击和预期转弱的三重压力。面对三重压力叠加以及风险与机遇并存的新形势，我国减税降费力度减缓，全年新增减税降费约 1.1 万亿元。为缓解经济下行压力，2022 年《政府工作报告》首次提出了新组合式税费支持政策，在减税降费的基础上结合增值税留抵退税政策，"真金白银"有效降低了市场主体的负担。结合党的二十大报告和 2023 年《政府工作报告》，2023 年税收工作重点仍落在新组合式税费支持政策，既有减免政策，又有缓缴、退税措施，为激发市场活力、培育内生动力、拉动经济增长提供助力。

组合式税费支持阶段的减税力度持续加大，取得显著效果。这一时期的减税政策为适应不同经济发展需求，不断调整完善，减税政策工具丰富多样，在促进和稳定经济发展的同时，不同税种的减税改革也有效发挥了减税政策调节收入分配的间接或直接效应。增值税税率较大幅度下调（从 17% 下调至 13%），使得大量销售货物、劳务、有形动产租赁等的纳税人税负下降，从总量上减轻了纳税人税负，同时间接减轻了消费者（包括中低收入群体）的税收负担；从 13% 下调至 9%，主要涉及粮食、自来水、图书等农产品、生活必需品以及文化教育用品，降低了消费者的消费成本，提升了中低收入群体的购买力，促进了中低收入群体向上流动，起到了一定的"扩中"作用。《个人所得税法》修订后，直接受益对象主要为中低收入群体，向着综合征收迈进一大步。其普惠性的特征更为显著，极大促进了中低收入群体向上流动到中等及高收入群体。另外，新的组合式税费支持政策是减税降费的一种延续与创新，它搭建起了包括退税、减免、缓缴的三维立体化政策体系，起到了稳定市场预期、提振市场信心的重要作用，也对"扩中""稳中"起到了持续支持作用。

（四）简要总结

我国在长期的减税降费政策发展过程中，伴随着社会主要矛盾的改变，从结构性减税到大规模减税再到新组合式税费支持政策，体现了减税政策顶层设计不断适应国际、国内经济形势变化的基本规律；同时，凸显"减税""退税""缓税"以及降费的显著特点，参与了"扩中""稳中""育中"的全部环节，企业和居民个人成为持续受益的主要对象，为"提低""扩中""限高"、不断优化收入结构提供了有效政策指导。2022 年和 2023 年持续实施的组合式税费支持政策使用了"退税""减免""缓缴"的立体"工具包"来减轻小微企业的负担，而各个政策工具的目标路径是否一致，会影响到组合政策的效果。因此，研究总结减税政策规律为政府决策提供参考尤其重要。

二、浙江省扩大中等收入群体的典型经验分析

"实现共同富裕不仅是经济问题，而且是关系到党的执政基础的重大政治问题。"[①]"提低""扩中""限高"、强化三次分配的调控作用和人民分享发展成果的现实能力等，都是我国实现国家治理现代化面临的重大制度创新课题。实现共同富

---

① 习近平. 习近平谈治国理政（第四卷）［M］. 北京：外文出版社，2022：171.

裕的具体实践路径之一是扩大中等收入群体规模，防止两极分化。因此，中等收入群体比重明显提高既是我国全面建成社会主义现代化强国的总体目标之一，也对我国能否跨越"中等收入陷阱"并进入高收入阶段和形成橄榄型社会结构至关重要。基于浙江省"在探索解决发展不平衡不充分问题方面取得了明显成效，具备开展共同富裕示范区建设的基础和优势，也存在一些短板弱项，具有广阔的优化空间和发展潜力"①，2021年中央支持浙江省建设共同富裕示范区。浙江省出台实施了《浙江高质量发展建设共同富裕示范区实施方案（2021—2025年）》以及若干个专项方案，包括中等收入群体规模倍增计划（第9条）。下文主要从浙江省"扩中""育中""稳中"3个角度探寻扩大中等收入群体的典型实践规律。

（一）央地联合共建橄榄型分配结构

世界多国实践和研究表明，橄榄型居民收入结构最有利于保持社会稳定，同时可以保持经济发展活力。中央顶层设计加地方政府谋划落实是浙江省建设橄榄型分配结构的主要政策特征。2021年，《中华人民共和国国民经济和社会发展第十四个五年规划和2035年远景目标纲要》（以下简称"十四五"规划纲要）提出，支持浙江高质量发展建设共同富裕示范区。浙江省从宏观上总体谋划落实，以满足人民日益增长的美好生活需要为根本目的，以发展高水平创新省为特色，以解决三大差距——"地区差距、城乡差距、收入差距"为主攻方向，分别以2025年和2035年为节点，建设全国共同富裕示范区。其中，打造以中等收入群体为主体的橄榄型社会结构即"扩中"是建设示范区的一个重要突破口，充分运用减税政策、社会保障政策等共同扩大省域范围内中等收入群体。

1. "扩中"目标清晰可行

浙江省在《实施方案》中提出，第一阶段目标是在2035年率先形成以中等收入群体为主体的橄榄型社会结构，具体包括：中等收入群体规模不断扩大、结构持续优化、生活品质不断提升，家庭年可支配收入10万~50万元的群体比例达到80%，20万~60万元的群体比例力争达到45%。省内三大差距显著缩小，其中居民年人均可支配收入达到7.5万元，地区生产总值中劳动报酬占比超过50%，将城乡居民收入倍数差距缩小到1.9以内，设区市内部高低倍数差距缩小到1.55以内等，努力成为地区、城乡和收入三大差距持续缩小的省域范例。学者一般认为，在橄榄型分配结构中，中等收入群体占比起码要达到60%以上，居民部门的收入在国民收入中占比应逐步接近70%，经济社会发展水平达到发达经济体的中等水平。基于浙江省多年积累的良好经济基础和创新优势，该目标依据中央自上而下的目标要求结合浙江省实际情况，中等收入群体的规模、结构及增长率都清晰可行，为浙江省建设橄榄型分配结构提出了清晰的目标。2022年，浙江省全体及城乡居民人均可支配收入分别为60 302元、71 268元和37 565元，其中全体居民人均可支配收入已与2025年的7.5万元目标接近，城乡居民收入倍差仅约为1.897，较2021年缩小约

---

① 《中共中央 国务院关于支持浙江高质量发展建设共同富裕示范区的意见》。

0.046①，在1.9倍差范围内。可见，浙江省为助力构建橄榄型社会结构，积极有效落实"扩中"方案，且目标实现情况良好。

2."扩中"被纳入共同富裕系统工程

浙江省全面细化落实发展目标，提出了包括"率先基本形成以中等收入群体为主体的橄榄型社会结构"等七大目标，打出了"实施中等收入群体规模倍增计划""实施居民收入十年倍增计划""创新完善财政政策制度"等52套组合拳，将"扩中"纳入建设共同富裕示范区的系统工程，从扩大居民消费和有效投资、支持民营企业培育中等收入群体等多方面推动中等收入群体的形成，这种整体设计和系统推动的特点为"扩中"提供了有力的政策支持，促使中等收入群体规模的稳定、持续扩大。

（二）减税"育中"推动经济高质量发展

浙江省通过减税政策推动经济高质量发展，大力支持创新创业和民营经济发展，实施中等收入群体规模倍增计划，为"育中"提供了良好的经济支持。

1.减税推动经济高质量发展，壮大收入"总蛋糕"

没有经济发展，分配就是无源之水。推动经济高质量发展是"育中"的根本基础，是新时代经济稳定增长的根本抓手，也是做大收入"总蛋糕"的根本途径。只有经济发展了，才有各个群体收入的不断提升。目前，劳动报酬在国民收入中占比偏低是影响居民收入的一个重要因素，而人力成本具有不断提高的刚性特点，这会削弱企业的市场竞争力。因此，从中观层面上，浙江省在全省范围内支持开展关键核心技术攻关和落实科技企业税收优惠政策的基础上，结合企业研发多渠道投入奖补政策，如研发费用年增长20%以上且占营业收入3%以上，或基础研发费用投入超过1 000万元的企业，按照上年度研发费用一定比例给予财政奖励，促使企业降低成本和转型升级，有效优化此类企业就业人群职业结构，扩大技术类企业中等收入群体的扩大。

消费是我国经济增长的引擎，中等收入群体是消费的重要基础。浙江省通过减税和补贴政策支持培植和释放中等收入群体的消费潜力，以消费需求规模的扩大带动产业规模的扩大，以消费需求层次的提升促进产业技术转型升级，为推动经济高质量发展提供消费支持，逐步形成了减税—促进高质量发展—"扩中"—提升消费总量和推动消费升级的畅通经济良性循环"育中"基础。

2.减税激励凸显省域创新创业优势

浙江省有着良好的创新创业基础，以建设高水平创新型省为抓手，全省聚焦"互联网+"、生命健康、新材料三大科创高地建设，实施关键核心技术攻关千亿工程、基础研究十年行动方案，高新技术产业增加值每年新增1 000亿元以上等，充分运用税收优惠等减税政策支持创新创业和各级各类高新技术产业发展，抓住了科技创新这个关键，打造了一大批科技型技术人才中高收入群体。浙江省分层级逐步贯彻实施科技企业税收优惠政策，除了落实企业研发费用加计扣除以及国家高新技

---

① 数据根据《2022年浙江省国民经济和社会发展统计公报》整理所得。

术企业优惠税率之外，各地方政府有针对性地开展高新技术企业奖励政策，如温州市对新认定的高新技术企业、省高成长科技型中小企业分别奖励20万元、10万元；绍兴市对新认定的省科技型中小企业给予3万~5万元奖励；金华市与台州市对新认定国家高新技术企业的，每家给予40万元奖励，重新认定的，每家给予20万元奖励等。

从经济结构看，浙江省展示出民营经济发达和企业规模大、实力强的突出优势，就业及创业机会较多。民营经济是减税政策支持的主要对象，可以培育众多潜在的中等收入群体。2022年是《实施方案》实施后的第二年，浙江省民营经济全年增加值占全省生产总值比重高达67%，规模以上工业企业中民营企业占比为92.2%；增加值突破1.5万亿元，占比为70.3%；增长5.2%，增速比规模以上工业企业高1个百分点，对规模以上工业增加值的增长贡献率为83.2%。[①]尤其是温州市民营经济占比高达99.99%，民营企业数量占比为99.5%，民营经济对地区生产总值的贡献度达90%以上，工业增加值占到91.5%。此外，浙江省民营经济创造的税收收入占全省税收收入的71.7%，温州市民营经济的税收收入占全市税收收入的90%。民营企业主要由中小微企业和个体户构成，因此，针对小微企业以及小规模纳税人的一系列丰富的减税政策，可切实减轻企业税负，有效扩大中小微企业、个体户从业者范围，抓住了"育中"的关键群体。

3.实施中等收入群体规模倍增计划

浙江省从2021年起开始研究起草《浙江省"扩中""提低"行动方案》，专项实施中等收入群体规模倍增计划。浙江省通过激发技能人才、科研人员、小微创业者、高素质农民等重点群体增收潜力，让更多普通劳动者通过自身努力进入中等收入群体，积极"育中"；采取各种激励措施吸引海内外高素质人才和高校毕业生来浙江省就业创业，努力"扩中"；减轻中等收入群体在教育、住房、养老等方面的支出成本，促进"稳中"，也通过税收规范收入分配秩序，依法保护合法收入，合理调节过高收入等。这一系列举措为"扩中"提供了多方支持。

（三）减税政策"稳中"实施经验

"稳中"是指保持现有中等收入群体收入规模增长的稳定性。部分中等收入群体对教育、医疗、养老等公共服务支出上涨反应敏感，因此，要通过均等化公共服务的优质共享，降低中等收入群体向下流向低收入群体的风险。比如2019年个人所得税改革后设立的子女教育、大病医疗和赡养老人等专项附加扣除项目，2022年新增的3岁以下婴幼儿照护个人所得税专项附加扣除，以及2023年进一步提高3岁以下婴幼儿照护等3项个人所得税专项附加扣除标准可降低中等收入群体生育、养育、教育子女和赡养老人的成本，增加其可支配收入。浙江省温州市、嘉兴市等地纷纷出台地方政策，从教育、医疗、住房等多个微观层面促进中等收入群体扩大。

---

① 《2022年浙江省国民经济和社会发展统计公报》。

1.各地分类分层精准实施

扩大中等收入群体规模的关键在于"提低",尽快通过多种有效举措促使低收入者"增收"和"稳收",促进"稳增长"和"稳就业"双重目标的实现。浙江省有着数量众多的中小创业者群体,通过出台《实施方案》,细化落实个人所得税优惠和增值税减税退税政策等,不断扩大创业者群体的规模,让更多的中低收入群体源源不断流入到中高收入群体中,嘉兴市、无锡市、温州市、义乌市等多个地方积累了丰富的实施经验。

2.精准识别和培育中等收入群体

宁吉喆(2022)提出4类潜在人群有望在短期内进入中等收入群体:高校毕业生、技术工人、中小微企业和个体户从业者以及进城农民工等。浙江省结合民营经济发达的实际情况,在全省范围内实施居民收入十年倍增计划,精准识别和培育中等收入群体。如探索完善快递小哥、网约车司机、网络主播等新业态从业人员的劳动权益保障机制,完善高校毕业生、退役军人和农民工等重点群体就业支持体系,赋予科研人员职务成果所有权和不低于10年的长期使用权,提高科技成果转化收益分享比例,落实公益性捐赠税收优惠政策等。实施农民致富增收行动,培育10万名农创客,激活闲置农房10万幢以上,健全村级集体经济收入增长长效机制,实现集体经济年收入20万元以上且经营性收入10万元以上的行政村全覆盖,年经营性收入50万元以上的行政村占比达到50%以上等,从城镇到乡村,大范围、多渠道增加居民收入,缩小三大差距,为"育中"提供了系统的支撑作用。

浙江省系统实施减税政策促进中等收入群体规模倍增计划,激发全省的财富创造活力,持续优化收入分配结构,发展壮大中等收入群体,有利于增强高质量发展内生动力,让更多具有创富潜能的群体通过自身努力进一步增加财富积累,进入中等收入群体。

第三节 经验启示

本节基于第一节梳理美国、日本和英国减税政策改革发展及中产阶级的发展,进一步总结国外减税政策扩大中等收入群体规模的政策经验和启示;同时,结合针对我国《浙江高质量发展建设共同富裕示范区实施方案(2021—2025年)》中的中等收入群体规模倍增计划的典型经验分析,总结归纳国内其他各地尽快形成橄榄型社会结构的经验启示。

一、国外经验启示

国外扩大中产阶级的发展经验对中国有一定的启示意义。

首先,我们应该充分认识到中等收入群体对经济增长的支撑作用。中国必须依靠中等收入群体的扩大,以继续保持增长势头,构建中间大、两头小的橄榄型收入分配格局。中等收入群体比重明显提高是我国全面建成社会主义现代化强国的总体目标之一,也是我国经济可持续发展的一个重要保证。

其次，由英美等国的中产阶级个人所得税优惠政策的动态调整可以看出，在民生范畴内，教育、住房及医疗等议题已成为我国中等收入群体提升与发展的主要减税着力点。

最后，保持减税政策的持续性。西方国家的减税浪潮一直在持续发展，对中产阶级的稳定以及壮大均起到了长久的支撑作用。

二、浙江省经验启示

浙江省通过央地联合共建橄榄型分配结构，"扩中"目标清晰可行，将"扩中"纳入共同富裕系统工程协同推进，通过减税推动经济高质量发展，为"育中"做大做强经济基础分配"蛋糕"，各地纷纷探索减税政策、"稳中"实施经验，实施中等收入群体规模倍增计划，取得了阶段性显著成果。

浙江省的先行经验部分可以复制到我国其他情况类似的地区，因为从我国区域经济发展看，江苏省、浙江省、广东省、福建省等均率先迈入高收入门槛，都有一个共同特征，即都有一个区域中心城市的经济规模与省会城市相当或超过省会城市（洪阳，2021），但是广大的中西部地区大部分还处于中等收入阶段，仍然处于省会城市"一家独大"局面。我国必须结合本地经济发展的实际情况，以乡村振兴为突破口，分类分层培育壮大中等收入群体，从"育中"开始，制度化设计"扩中""稳中"减税政策及其他宏观经济政策，充分发挥增值税、消费税、个人所得税等主体税种的调节效果，为各地尽快形成橄榄型社会结构提供政策支持。

本章小结

本章主要梳理国内外减税政策发展与中等收入群体规模扩张的实践经验，为我国构建优化减税政策、构建长效减税制度以实现"扩中""稳中""育中"提供借鉴思路。国外经验借鉴的梳理聚焦美国、日本和英国税收改革以及扩大中等收入群体的政策措施。美国的经验主要从里根时期、克林顿时期、小布什时期、奥巴马时期和特朗普时期分析减税与中产阶级的发展；日本的经验则基于其减税政策的发展演进，从个人所得税制度改革切入分析中产阶级的发展；英国的经验同样重点从个人所得税改革的发展探究中产阶级的发展壮大。国内经验借鉴首先基于中国20多年减税政策实践的全面总结，寻求扩大中等收入群体规模的有效减税政策路径和政策设计规律；最后以浙江省实施《浙江高质量发展建设共同富裕示范区实施方案（2021—2025年）》为依托，聚焦浙江省减税政策与中等收入群体规模扩大的事实，从中央顶层减税政策设计到地方实施实践，从央地联合共建橄榄型分配结构到浙江省实施中等收入群体规模倍增计划，总结我国"扩中""稳中""育中"的减税政策逻辑，为其他省（自治区、直辖市）分类分层培育壮大中等收入群体提供经验借鉴。

第七章 扩大中等收入群体规模的减税政策选择

本章重点为扩大中等收入群体规模提出进一步微调、优化的减税政策建议。首先，结合减税政策在消费、投资、储蓄和收入分配等环节扩大中等收入群体规模的效应和经验，针对流转税与所得税提出减税政策的具体建议。其次，基于前文的实证研究结果，遵循"扩中""稳中""育中"的总体思路，提出流转税和所得税减税政策优化建议，构建长效规范减税"扩中""稳中"制度等。最后，结合"十四五"规划纲要及2023年《政府工作报告》等相关政策，提出需进一步采取配套措施，以发挥减税政策的最佳成效。

第一节 减税政策优化建议

本书的实证研究结果表明，减税政策从宏观与微观角度均可有效促进中等收入群体规模的扩大，且对中等收入群体的收入、消费、投资和储蓄等经济行为具有比较显著的调节作用。但减税政策扩大中等收入群体规模的税收效应会因税种、区域的不同而具有异质性，表现为对中等收入群体的收入分配、消费、投资和储蓄的影响也有差异。比如，考虑增值税的累退特性，增值税减税政策改善收入分配的作用会随收入水平的提高而减弱，长期来看，增值税减税幅度增大有利于提高居民整体收入水平，反过来削弱增值税减税的收入分配效应，不利于保持中等收入群体规模的稳定性；但个人所得税减税可有效调节中等收入群体的收入分配效应，缩小收入差距。因此，针对扩大中等收入群体，减税思路为提高直接税比重，顶层设计优化整体税制结构。总体减税政策目标应以"提低""扩中"为主，适当"调高"，鼓励勤劳致富，改善不合理的收入分配方式。基于"减税扩中"的现状事实，扬长避短，调整收入分配制度，以提振消费，助力橄榄型社会结构与以国内大循环为主体、国内国际双循环相互促进的新发展格局的形成，最终实现共同富裕。

一、流转税减税政策优化建议

（一）适当调低并简并增值税税率

1.适当降低食品制造业的增值税税率

基于实证研究结果可知，增值税每下降1%，中等收入群体规模可显著提升0.047%。在测算家庭人均增值税实际税负时，本书根据家庭消费支出类别的不同，按10类消费品支出分别测算其包含的增值税实际税负，发现食品类支出的增值税有效税率始终保持较高水平，且其支出额度占家庭消费总支出的比重最大，验证了食品类支出在家庭消费总支出中占据重要地位，但也导致了居民购买食品类商品承担较重的税收负担。中低收入群体的食品类支出占比要远高于高收入群体，这是因为中低收入群体受限于较低的收入水平，而高收入群体的收入水平提升在消费升级的情况下会减少对低端食品类商品的需求。因此，基于增值税的累退特性，消费更多食品类商品的中低收入群体反而会承受更重的税负压力，适当降低食品制造业的增值税税率可减轻中低收入群体的负担，从而起到改善居民之间收入分配差距的政策效果。

2.逐步简并增值税税率

继"营改增"之后，我国增值税税率由4档简并为3档，并拟进一步简并为两档。在宏观经济下行压力增大、居民收入差距较大的背景下推进增值税税率简并政策，需要在保证政府财政收入的前提下，尽可能地兼顾经济效率和社会公平（万莹、熊惠君，2020）。"9%+6%"简并两档税率方案可发挥最优政策效果（朱为群、刘林林，2022），具体体现为经济效应、收入分配效应和社会福利效应最优化。这种税制设计在简化增值税税率的同时，弱化了增值税对收入分配的恶化作用，可以促进间接"扩中"。

3.小规模纳税人税收优惠政策长效化

本书基于消费支出类别的不同，重点刻画低、中等和高收入群体的消费特征。中低收入群体的消费支出集中在食品类、衣着类和居住类支出上，而这几类消费需求主要由具备小规模纳税人认定条件的企业提供。为整体提高低收入群体的收入水平，实现中等收入群体规模扩大，针对小规模纳税人实施的税收优惠政策建议进行长效化设计。例如，进一步提高小规模纳税人的增值税费用扣除标准，降低增值税小规模征收率，并将阶段性的政策调整转换为中期或长期优惠政策，以减轻众多小规模纳税人的税收负担，降低中低收入群体的增值税税负，促进中低收入群体向上流动。

（二）调节消费税的功能定位

1.聚焦消费税调节收入分配和引导消费的功能

消费税的税收调节具有特殊性，因为它往往与国家宏观产业政策和消费政策的要求相适应，以适当地限制某些特殊消费品的消费需求。故消费税的功能丰富，具体可定位为调节收入分配、引导消费、保护环境、节约资源等。但是过多的定位导致其应发挥的功能重点无法聚焦，消费税无法实现各项功能的最佳成效。考虑我国已出台《中华人民共和国环境保护税法》，资源税税制也在调整完善，两者分别具有保护环境和节约资源的功能，因此，本书认为需调节消费税的功能定位聚焦于消费税调节收入分配、引导消费的功能，有效发挥消费税"扩中""限高"的作用，让消费税、环保税、资源税各司其职，相互配合，明确各税种的目标要求。

2.调整消费税范围，促进消费升级

随着社会不断发展，新的高端奢侈品、高消费行为不断涌现，过去被认定为高档奢侈品的受众面不再局限于高收入群体，而逐渐普及到社会的各个阶层，如高档化妆品、非豪华小汽车等。因此，结合国家经济发展现状，消费税应与时俱进，进一步调整和完善消费税项目。本书建议新增随经济发展而产生的高消费行为和新高档消费品等为征收项目，并将已落伍的原高档奢侈品的税目剔除出消费税的征税范围，以期更好地发挥消费税促进消费升级的作用，尤其是中等收入群体的消费升级。

（三）构建人力资本投资税收支持政策

人力资本的强盛不仅可促进宏观经济增长，也会带动个人收入的增长。李炯和况永贤（2003）提出人力资本投资是推动中等收入者比重提高的重要力量，它对劳动者收入的增长存在微观收入效应和宏观收入效应。人力资本投资主要分为教育投资和健康投资，高技术知识程度的脑力活动、正常的身体活动及劳动能力是人力资本较强再生产能力的典型表现。流转税则与居民消费支出直接相关，其中有且仅有医疗保健和文教娱乐均既属于居民八大类消费性支出范畴，也包含于人力资本之中，以上两类的消费支出越多，意味着居民人力资本投入越高。因此，对居民个人或家庭的这类支出给予流转税系统性优惠，可鼓励人力资本投资，从税收角度鼓励培育中等收入群体。

二、所得税减税政策优化建议

（一）因地制宜推动个人所得税费用扣除标准动态化调整

本书实证研究得出个人所得税对中等收入群体规模的影响效应会因东、中、西等地区间经济发展水平的差异等存在异质性，个人所得税减税前后调节中等收入群体经济行为的税收效应大小也有差异。参考一些发达国家实施的个人所得税费用扣除标准定期指数化动态调整政策，在统计条件允许的情况下，我国个人所得税也可分区域、分城乡设定不同的费用扣除标准指数，更科学地反映居民生活费用实际变动情况。具体思路为确定基期年份的费用扣除标准后，后续年份定期按通货膨胀率变化得出当期对应的费用扣除标准，这样设置调节机制更加客观灵活。在物价与居民可支配收入保持同步增长趋势的现状下，不同收入群体的纳税额度可得到及时调整，避免名义所得与实际所得出现较大差距，特别是可及时阻止中低收入群体纳税级次攀升，进而满足民众预期，缓解社会矛盾，为"稳中"助力。

（二）适时扩大综合所得征收范围并降低两端税率

1.扩大综合所得征收范围

目前我国个人所得税的征收模式为综合课征与分类课征混合征收，其中经营所得实行按月预缴和年终汇算清缴的征收方式，将其纳入综合征税范围不会带来征管成本的增加。将经营所得逐步纳入综合所得范围，有利于统一劳动所得税负水平，鼓励中等收入群体劳动致富，进而达到"扩中"目的。

2.降低两端税率

由第五章的实证结果可知，随着个人所得税减税幅度扩大，其扩大中等收入群体规模的税收效应越来越显著，且其对中等收入群体的收入、消费、储蓄和投资均具有正向调节作用。基于最优所得税理论，个人所得税税率设计一般遵循边际税率递减原则，因此，建议同时降低最低档和最高档税率（可将最低档税率设为1%）（陈少波，2021）。从长期来看，税率降低结合征收范围扩大并不会减少税收总量，反而通过壮大税源、扩大税基而刺激消费，形成税收收入的增长，个人所得税占比也会逐步提高，增强对中等收入群体纳税意识的培育，实现个人所得税对中等收入群体的覆盖，为直接税体系的构建奠定基础。而降低最高档税率或者设计边际递减税率制度会释放出更多投资需求和消费需求，为税源扩大和税基提升带来机会，促进潜在中等收入群体壮大，提升"育中"效果。

第二节 规范长效减税制度

减税政策属于典型的税式支出制度。为规范长效减税制度，本节从不同税种、不同区域的多重视角构建长效减税政策制度，规范税式支出工具体系，促进中等收入群体规模持续扩大，同时实现"扩中""稳中"，助推橄榄型社会结构形成。同时，考虑单一化的减税政策无法适应不同阶段的社会发展和发挥长期成效，本节还进一步结合我国"十四五"规划纲要及2023年《政府工作报告》提出的"扩中""稳中""育中"相关政策，提出与减税政策相辅相成的有关配套措施政策建议。

一、规范减税"扩中"制度

减税政策从广义上看是一种财政补贴性支出。由于具有"间接财政支出"的特性，其调控职能最终也指向公平分配，而且更侧重实质意义上的公平分配，因此受到更加广泛的关注（汪虎生，2020）。减税政策是完善税制、优化收入分配格局的重要改革，对扩大中等收入群体规模具有重大意义。因此，我国从总体上应该规范从而避免实施"一刀切"或"完全模仿式"的减税政策，结合大数据和人工智能等先进数字经济工具，从普惠型减税向精准化减税政策机制过渡，调整不同税种结构，构建长效减税政策制度，规范减税政策工具体系，促进中等收入群体规模持续扩大，助推橄榄型社会结构形成。

（一）优化"双主体"复合税制结构

在新经济时代背景下，我国减税政策应根据中等收入群体的发展特征，紧扣共同富裕的目标、路径和进程，实现进一步优化与调整，持续推进流转税与所得税税制深化改革。

1.强化增值税和消费税减税政策协同作用

针对流转税，本书第五章实证研究发现增值税、消费税与流转税减税具有显著促进中等收入群体规模扩大的作用，可知消费税减税可调节收入分配以及增值税减税会弱化其累退性，因此推动消费税和增值税的减税改革方案互补，实现整体流转税制的完善，对间接扩大中等收入群体规模具有重要意义。从增值税的视角看，适当降低增值税基准税率能够减少对企业资金的占用，为企业释放出一部分流动性，同步减轻与之关联的城市维护建设税、教育费附加等，可以形成企业减负的联动效应，通过影响最终产品价格间接改善收入分配（马海涛、朱梦珂，2022）；从消费税的视角看，设置消费税征税范围的动态调整机制，根据行业发展状况和居民消费倾向的变化适时调整征税范围。

2.优化扩大中等收入群体规模的个人所得税减税政策

针对所得税，经实证检验个人所得税在扩大中等收入群体比重方面可充分发挥调节收入分配的积极作用，因此需以"提低""扩中""限高"为总体路径优化个人所得税减税政策。目前，我国直接税与间接税的税收收入构成失衡，增值税等间接税税收收入在全部税收收入中的占比一直居高不下，个人所得税收入在全部税收收入中所占比重在6%~8%[①]，远低于欧美发达国家水平，使得所得税等直接税对于居民收入差距的调节作用被抵消。因此，提高个人所得税比重、规范征管、精准化个人所得税优惠制度，会有力推动中等收入群体规模扩大。

总之，我国应当进一步优化双主体税制结构，在深化间接税改革的同时，进一步挖掘直接税的调节潜力，发挥好直接税的调节作用。围绕所得税和流转税为"双主体"的复合税制结构，逐步提高直接税比重，重点构建以个人所得税为主的直接税体系（孙洋、张继，2022）。个人所得税作为直接税中的重要税种，发挥着筹集财政收入、调节收入分配的功能，逐步提高个人所得税在税收收入中的比重，才能更好地发挥其收入调节功能，逐步形成公平合理的收入分配格局，扩大中等收入群体。

（二）加强财产税征管，调节收入差距，发挥再分配作用

税收是再分配的重要手段，政府主要采用征收个人所得税、财产税的手段来调节高收入，其中财产税调节的重点是富人，对拥有财产多的人征收的税款多，不仅会影响高收入阶层资产配置的决策，还可充分发挥再分配作用，缩小贫富差距，同时可为维护社会公平、促进共同富裕提供有力支撑。正确发挥财产税促进再分配的重要作用，需要加强财产税征管。具体措施可分为两方面：一方面，适

[①] 国家税务总局. 中国税务年鉴2019 [M]. 北京：中国税务出版社，2019.

时扩大房产税的试点范围，设置地区差异化税率和全社会可承受度较高的免税额度，逐步扩大调节贫富差距的空间范围。另一方面，适时开征遗产税。开征遗产税更重要的意义在于推动慈善事业的发展。随着我国社会老龄化程度的不断加深，遗产继承方面的问题日益突出，加剧了代际的贫富差距，适时开征遗产税有着必要性和可行性。综上，财产税可以较好提升收入流动水平，从而起到"扩中"的作用。

二、强化减税"稳中"制度

（一）精准施策，平衡中等收入群体结构分布差异

1.经济欠发达地区实施税收洼地优惠政策，平衡中等收入群体区域结构

前文实证研究表明，减税政策对中等收入群体的调节效应会因区域不同产生显著的异质性，这是因为地区发展不平衡可能进一步放大中等收入群体的收入差距，不利于稳定和扩大中等收入群体。特别是减税反而不利于中部和东北地区这类政策倾斜度低地区中等收入群体数量的增加，同时西部经济欠发达地区的中等收入群体比重较低。因此，我国在普惠性减税政策的基础上还需聚焦重点地区精准施策。税收洼地优惠政策对经济欠发达地区是个友好手段，通过对中、西和东北地区实施较大幅度减免的差别化政策，在降低该地区整体税负的同时，还可以增加更多资本和人才的流入，提升经济欠发达地区的经济效益，推动经济发展，在弥补中部崛起战略的缺陷的同时，推动经济欠发达地区更多低收入群体跨入中等收入群体行列，强化"稳中"作用。

2.推动经济发达地区技术创新，调整中等收入群体内部结构

经济发达地区的中等收入群体比重较高，但我国中等收入群体内部收入差距较大，内部结构呈"底端大"的形态，受超预期因素多重冲击，低收入、高杠杆增加中等收入群体向下流动的风险，因此，经济发达地区要在"稳中"基础上进一步"优中"。技术创新引领是经济发展的重要推手，而经济高质量发展是"扩中""稳中""优中"的重要支撑。减税政策要重点支持经济发达地区的高技术产业发展，大力推动数字产业化和产业数字化，也可以通过加大研发投入和税收优惠力度等帮助高技术产业突破关键核心技术，增强其发展韧性，确保在外界冲击下稳定经济，从而降低中等收入群体向下滑落至低收入群体的风险，并进一步调整优化中等收入群体内部结构。

（二）精准识别，对不同群体制定和实施差异化政策

在现阶段中等收入群体结构中，技术工人、科研人员、中小企业主和个体工商户、高校毕业生、高素质农民、新就业形态从业人员、进城农民工、低收入农户、困难群体是当前"扩中"需要重点关注的九类群体，其中技术工人、科研人员、中小企业主和个体工商户是构成中等收入群体的主体；高校毕业生、新就业形态从业人员、进城农民工则是中等收入群体的重要后备军；高素质农民、低收入农户、困难群体则拥有进入中等收入群体行列的较大潜力。处于不同收入阶层的群体面临的

发展困境与诉求各异，为"扩中""稳中""优中"，需要精准识别不同群体的切实需求，实施差异化政策，形成主次分明、梯度渐进的结构化政策框架（李逸飞，2022）。

1.降低中等收入群体税负，防范中等收入群体降级风险

技术工人、科研人员、中小企业主和个体工商户属于典型的中等收入群体，但我国中等收入群体展现出"底端大"的特征，即中等收入群体多聚焦于边缘处，特别是技术工人的收入水平与社会地位远低于企业所有者与管理者，且其人均可支配收入增幅受限，减税政策需侧重于降低此类群体的税负，提高其收入水平和社会地位。此外，针对中小企业主和个体工商户群体，要更注重为其营造良好的营商环境和实施融资优惠政策等，为其发展提供更大的优惠力度，缓解其税负压力。总之，政府可通过减税等政策扶持手段，在经济外部冲击下为这两类中等收入群体稳定收入提供保障，防范降级风险，以达到"稳中"目的。

2.降低技能培训成本，提高潜在中等收入群体质量

培育中等收入群体，既要注重数量，更要注重质量。高校毕业生、高素质农民、新就业形态从业人员、进城农民工这类潜在中等收入群体，大多缺乏系统的职业培训。通过适当提高企业涉及职工教育经费支出准许扣除的比例，可降低企业税负进而鼓励企业积极主动为在职员工增加职业培训次数，新就业形态从业人员与进城就业农民工职业技能则会有所提升。同时，专业技能培训机构为非职工社会成员（如高校毕业生和高素质农民群体）提供技能培训服务，进一步采取税收优惠措施，降低培训成本，有利于扩大低技能人群的受训面。总而言之，针对降低技能培训成本的减税政策可增强潜在中等收入群体的职业技能培训投入，以适应社会需求，以"扶智""扶技"促进就业和收入提高，使潜在的中等收入群体依靠自身技能尽快成为中等收入群体，进而提升这一群体的规模和质量。

3.加大转移支付力度，提高低收入群体收入

"扩中"的核心问题是"提低"，即需在加大"扩中"政策扶持力度的同时，提高低收入群体的收入水平，而转移支付是提高低收入人口收入的重要途径之一，也是收入分配制度改革的重要方向。针对高素质农民和低收入农户，其面临的难点是传统农业种植难以达到预期收益，单个小农户群体的增收难度较大。为增加农民的经营收入，政府转移支出可聚焦于特色农业，重点推动特色农业发展，通过更具比较优势和竞争力的特色农业拉动高素质农民和低收入农户的经营收入增长。针对困难群体，转移性收入几乎是其全部收入来源，因此，要在财政可负担的前提下，进一步加大财政投入力度，提高低收入群体（尤其是"三低"人群）的补贴标准。同时，要建立动态调整机制，让转移支付的增加程度不低于平均收入的增长速度（李实等，2023）。

三、完善"稳中"配套政策

影响中等收入群体规模的因素有多种，单一化的减税政策难以发挥其最佳成效，因此需进一步采取配套措施。本部分基于我国"十四五"规划纲要提出的

"扩中""稳中"相关政策，以及2023年《政府工作报告》为扩大中等收入群体、增进民生福祉采取的重要措施，从就业、人力资本和向上流动三重角度，结合减税政策的叠加效应探讨扩大中等收入群体的政策建议，在逐步扩大中等收入群体规模的同时，进一步加以稳固，构建我国长期稳定的橄榄型社会结构，实现共同富裕。

（一）优化人力资本分布结构的"育中"政策

扩大中等收入群体，必须拥有畅通向上的社会流通渠道，使更多的中低收入者享有公平的发展机会和发展空间，通过自身不懈奋斗和学习改变命运，实现由下而上流动。教育作为重要的人力资本，直接与阶级流动相关联。通过教育，越来越多的人可以流入到中等收入群体，从而促进社会公平正义。但目前我国教育资源主要集中在大城市以及比较顶尖的学府里，城乡教育资源严重不平衡，因此需要积极调整优化人力资本分布结构。

一是推进城乡、地区教育公平。扭转城乡、地区教育不公平现象，必须从基础教育的源头抓起，实现基础教育的起点公平。如减税政策应注重对教育投资的支持，中央义务教育转移支付资金向农村、中西部的贫困地区、边远地区倾斜。

二是推进城区教育的公平，平抑城区内校际发展差异。减税政策能够降低知识传授成本，加大对区域内薄弱学校的减税力度；其正外部性产生的外溢效应，将促进教育事业及周边产业更好地发展，以此平衡城区内教育差异。

（二）实施积极就业的"扩中"政策

白领、技术工人等劳动者是中等收入群体的重要组成部分，但在多重因素的影响下，企业为稳定经营采取的裁员降薪等手段会使较多处于边缘的中等收入群体存在降级风险，重新回落至低收入群体行列，破坏中等收入群体的稳定性。同时，经济下行压力对就业岗位具有一定的挤出效应，作为中等收入群体主要后备军的高校毕业生则会面临较大的就业压力，不利于其向中等收入群体行列跨进。为防止此类消极现象的发生，采取积极的就业政策具有非常重要的意义。党的二十大报告与2023年《政府工作报告》都重点强调就业的重要性，实施"六稳""六保"政策。为缓解目前就业压力，国家及时采取积极就业政策，坚持就业优先，连续采取一系列促就业措施，包括面向中小企业的减免税政策、降低失业保险和工伤保险费率等，对小微企业和制造业企业等实行增值税期末留抵退税政策。可以说，扶持就业的财税政策篮子内容十分丰富，力度空前。到2023年，我国的城镇调查失业率维持在5.5%左右，这在一个人口大国是难能可贵的。工资性收入是中等收入群体最主要的收入来源，因此，稳就业的最终目的是稳定中等收入群体规模，防止其因失业向下流动至低收入群体；就业稳定也为低收入群体向上流动创造机会。

（三）推动城乡间向上流动的"稳中"政策

中等收入群体规模扩大意味着低收入群体向上流动水平提高，考虑不同收入群体在城乡间各有分布，整体提升中等收入群体比重需分别提升城镇与乡村中等收入群体比重，即推动城乡内部向上流动。

一是促进城镇间的向上流动。随着城镇化水平的提高，特别是东部城市率先发展，不同区域间的劳动力开始流动，且倾向发达地区。大多数乡村居民为谋生计选择离开家乡，寻求新的致富机会，城镇流动人口随之增加，但这类人群并未享有与城市居民同样的就业和医疗、公共卫生服务机会，大部分位于低收入阶层。城镇累积大量该类流动人口，政府若推行一系列创新包容的减税制度，如对民工的技能培训费用免税，可提高他们的技能和受教育水平，增强他们在就业市场上的竞争力，有利于提高本区域低收入群体的收入，增加他们向上流动的机会，扩大和稳定城镇中等收入群体的规模。

二是加强农村地区间的向上流动，缩短城乡发展差距。对于乡村居民，由于其收入来源受限，大多属于低收入者，扩大农村中等收入群体需要寻求突破点，农村土地的"三权分置"可以提高低收入阶层农户的收入水平。土地属于农民的重要财富，而已有针对农民使用耕地建设农田水利设施的减税政策也可进一步增加其可支配收入，进而提升其向上流动的水平，稳定和扩大农村中等收入群体。

本章小结

本章基于前面量化分析和论证减税政策的力度差异、区域差异、分位差异等因素对扩大中等收入群体规模的调节效应，以及国内外扩大中等收入群体的经验借鉴和启示，重点提出更加精细化和多元化调节收入分配的税收政策。

首先，针对流转税与所得税提出具体减税政策优化建议。增值税的重点在于税率的调整，消费税更需关注消费升级的问题，个人所得税则侧重费用扣除标准与税率的动态化调整。

其次，本章遵循"扩中""稳中""育中"的总体思路，进一步提出长效减税制度，在推动流转税、所得税与财产税改革的基础上，考虑减税扩大中等收入群体规模的异质性，针对不同地区精准施策，针对不同群体精准识别，实施差异化针对性政策，弱化中等收入群体"底端大"的形态，促进橄榄型社会结构的形成。

最后，基于"十四五"规划纲要以及2023年《政府工作报告》提出的"扩中""稳中""育中"相关政策和重要措施，从就业、人力资本和向上流动三重角度，结合减税政策的叠加效应探讨扩大中等收入群体的配套政策建议，以构建我国长期稳定的橄榄型社会结构，实现共同富裕。

主要参考文献

[1] 万相昱，张晨，唐亮. 中国居民收入机会不平等再测算——来自机器学习的新发现 [J]. 数量经济技术经济研究，2024，41 (1): 192-212.

[2] 高培勇. 从结构失衡到结构优化——建立现代税收制度的理论分析 [J]. 中国社会科学，2023 (3): 4-25; 204.

[3] 朱迪. "宏观结构"的隐身与重塑：一个消费分析框架 [J]. 中国社会科学，2023 (3): 26-46; 204.

[4] 李实，史新杰，陶彦君，等. 以农村低收入人口增收为抓手促进共同富裕：重点、难点与政策建议 [J]. 农业经济问题，2023 (2): 4-19.

[5] 马海涛，姚东旻，孙榕. 我国减税降费的理论内涵、演进逻辑及基本特征 [J]. 财经问题研究，2023 (2): 14-24.

[6] 黄应绘，田双全. 影响中等收入群体比重的宏观因素及城乡差异 [J]. 统计与决策，2022，38 (14): 50-54.

[7] 汤旖璆，魏彧. 减税与人力资本积累：流转税与所得税的异质性视角 [J]. 暨南学报 (哲学社会科学版)，2022，44 (8): 97-109.

[8] 李成. 分道扬镳？——逆全球化时代的中美中产阶级 [J]. 文化纵横，2022 (5): 26-34; 158.

[9] 孙洋，张继. 促进收入公平分配的税收制度及政策完善 [J]. 税务研究，2022 (10): 24-27.

[10] 郭新华，孙俊婷. 扩大中等收入群体规模对消费升级的影响——基于湖南省14个地级市面板数据的实证 [J]. 时代经贸，2022，19 (9): 20-26.

[11] 刘世锦，王子豪，姜淑佳，等. 实现中等收入群体倍增的潜力、时间与路径研究 [J]. 管理世界，2022，38 (8): 54-67.

[12] 詹新宇，成显，王悦红. 减税降费拉动居民消费了吗？——来自我国市际

面板数据的经验证据 [J]. 地方财政研究，2022 (7)：22-36.

[13]　朱为群，刘林林. 我国增值税税率简并方案比较研究 [J]. 税务研究，2022 (7)：38-45.

[14]　邹一帆. 我国城乡居民收入分配税收调控研究 [J]. 会计师，2022 (6)：12-14.

[15]　马海涛，朱梦珂. 助力我国经济高质量发展的减税降费政策：演变路径、成因特点与未来走向 [J]. 国际税收，2022 (5)：3-11.

[16]　张靖平. 朝阳市扩大城镇中等收入群体问题研究 [J]. 辽宁师专学报 (社会科学版)，2022 (4)：4-7.

[17]　段炳德. 促进共同富裕的财政政策选择 [J]. 中国劳动关系学院学报，2022，36 (4)：10-16.

[18]　贺佳，马海涛. 减税政策对经济内循环的影响——基于生产要素自由流通的角度 [J]. 经济社会体制比较，2022 (4)：17-28.

[19]　田时中，张健. 税收负担、税制结构和产业结构优化升级——基于我国省级面板数据的实证分析 [J]. 河南工业大学学报 (社会科学版)，2022，38 (3)：17-24.

[20]　李晶，牛雪红. 基于收入结构的个人所得税收入分配效应研究 [J]. 宏观经济研究，2022 (2)：16-26.

[21]　汪昊，郭玉清，陆毅. 中国增值税转嫁、归宿及减税效应：一般均衡分析 [J]. 经济研究，2022，57 (2)：73-89.

[22]　李春玲. 迈向共同富裕阶段：我国中等收入群体成长和政策设计 [J]. 北京工业大学学报 (社会科学版)，2022，22 (2)：38-48.

[23]　冯仕政，李春鹤. 中等收入陷阱：社会转型与社会治理 [J]. 中央民族大学学报 (哲学社会科学版)，2022，49 (2)：70-76.

[24]　马海涛，文雨辰，田影. 以减税助推共享发展：机制分析与实际效果检验 [J]. 税务研究，2022 (2)：5-13.

[25]　李逸飞，王盈斐. 迈向共同富裕视角下中国中等收入群体收入结构研究 [J]. 金融经济学研究，2022，37 (1)：88-100.

[26]　田志伟，王钰. 增值税税率下调的收入再分配效应 [J]. 税务研究，2022 (1)：42-48.

[27]　李逸飞. 面向共同富裕的我国中等收入群体提质扩容探究 [J]. 改革，2021 (12)：16-29.

[28]　刘志国，刘慧哲. 收入流动与扩大中等收入群体的路径：基于CFPS数据的分析 [J]. 经济学家，2021 (11)：100-109.

[29]　张玄，岳希明. 新一轮个人所得税改革的收入再分配效应研究——基于CHIP 2018的测算分析 [J]. 财贸经济，2021，42 (11)：5-19.

[30]　李经路，刘笛，詹亮. 中国减税降费：演进轨迹与未来取向 [J]. 华东经济管理，2021，35 (10)：1-18.

［31］ 熊惠君，谢玲玲．增值税免税的收入分配效应和福利效应研究——基于投入产出模型［J］．税务研究，2021（10）：110-115.

［32］ 刘世锦．扩大中等收入群体的倍增战略［J］．企业观察家，2021（9）：24-27.

［33］ 龚辉．我国减税降费政策的回顾与梳理［J］．经济研究导刊，2021（7）：14-16.

［34］ 马克卫．增值税减税、经济产出与收入分配——基于投入产出与国民收入流量衔接模型的分析［J］．山西财经大学学报，2021，43（6）：29-39.

［35］ 张颖，谢妍．日本跨越"中等收入陷阱"的经验及启示［J］．金融教育研究，2021，34（5）：64-72.

［36］ 洪阳．发达省份率先迈入高收入阶段的基本做法与思考［J］．理论探索，2021（5）：112-120.

［37］ 刘渝琳，司绪，宋琳璇．中等收入群体的持续期与退出风险估计——基于EM算法的收入群体划分［J］．统计研究，2021，38（5）：121-135.

［38］ 岳希明，张玄．优化税收收入分配效应的思考［J］．税务研究，2021（4）：11-18.

［39］ 赵桂芝，李亚杰．促进收入分配公平的税收制度完善［J］．税务研究，2021（4）：31-35.

［40］ 李实，杨修娜．中等收入群体与共同富裕［J］．经济导刊，2021（3）：65-71.

［41］ 王晓品，贾兵，陈永富．我国减税降费政策效果评估及优化路径研究——基于TVP模型的实证分析［J］．地方财政研究，2021（3）：58-66；85.

［42］ 景剑文．个税起征点提高对城镇低收入群体的影响［J］．合作经济与科技，2021（2）：162-164.

［43］ 汪川，姚秋歌．后危机时代中国减税政策的宏观影响和政策效应评估——基于动态随机一般均衡模型的分析［J］．当代经济研究，2021（2）：96-104.

［44］ 刘方．税收冲击、预期效应与中国税率弹性［J］．经济经纬，2021，38（2）：131-140.

［45］ 段龙龙，叶子荣．"减税降费"与地方财政解困：基于国家治理效能视角分析［J］．经济体制改革，2021（1）：122-128.

［46］ 阮敬，王继田，刘雅楠．中等收入群体与橄榄型收入格局的结构演化——基于推动共同富裕的研究背景［J］．统计学报，2021，2（1）：1-15.

［47］ 赵嘉宝．个人所得税改革对我国居民消费的影响研究［J］．中国市场，2020（35）：132-133.

［48］ 朱文博，陈永福，李国景．收入增长、区域异质性和居民奶类消费——基于中国六省城镇居民家庭微观数据的实证分析［J］．黑龙江畜牧兽医，2020（24）：1-8.

[49] 杨凤娟，李亚冰，刘君阳. 中等收入群体比重测度及其影响因素分解 [J]. 统计与决策，2020，36（20）：145-149.

[50] 马海涛，王紫薇，黄然. 我国减税降费的政策效果评估——对政府收支的影响及对策分析 [J]. 经济研究参考，2020（13）：5-19.

[51] 王一鸣. 扩大中等收入群体是构建新发展格局的重要途径 [J]. 金融论坛，2020，25（12）：3-8；58.

[52] 万莹，熊惠君. 我国增值税税率简并方案设计与政策效应预测——基于可计算一般均衡模型 [J]. 税务研究，2020（10）：41-48.

[53] 贾天宇，陈娆. 农村居民膳食消费影响因素研究——基于对北京市密云区的调查研究 [J]. 调研世界，2020（9）：49-54.

[54] 周茜，许晓芳，陆正飞. 去杠杆，究竟谁更积极与稳妥？[J]. 管理世界，2020，36（8）：127-148.

[55] 韩金雨，曲建升，刘莉娜，等. 家庭电力消费的影响因素及其动态作用机制——基于CGSS2015调查数据的分位数回归 [J]. 生态经济，2020，36（8）：68-73；94.

[56] 张萌. 我国减税政策：梳理、评估和走向 [J]. 税务研究，2020（8）：26-30.

[57] 孙正，陈旭东，雷鸣. 增值税减税提升了中国资本回报率吗 [J]. 南开管理评论，2020，23（6）：157-165.

[58] 李慧. 影响健康消费发展的个体与家庭因素研究——基于CFPS微观调查数据江苏样本的考察 [J]. 经济问题，2020（5）：47-54.

[59] 王斐然，陈建东. 减税降费对城镇居民消费差距的影响——基于价格效应的消费行为分析 [J]. 浙江工商大学学报，2020（4）：111-124.

[60] 李培林，崔岩. 我国2008—2019年间社会阶层结构的变化及其经济社会影响 [J]. 江苏社会科学，2020（4）：51-60；242.

[61] 李建军，徐菲. 公共支出与个人税收道德——对税收价格论的实证检验 [J]. 公共财政研究，2020（3）：54-67.

[62] 温桂荣，黄纪强，崔若男，等. 税收负担对城乡居民消费的门槛效应分析 [J]. 经济地理，2020，40（1）：50-56.

[63] 汪虎生. 基于效率优化的税式支出制度建设研究 [J]. 税务研究，2020（1）：121-127.

[64] 万莹，徐崇波. 我国消费税收入分配效应再研究 [J]. 税务研究，2020（1）：50-56.

[65] 王宏. 中国中等收入群体划分标准：综述、比较与现实选择 [J]. 经济研究参考，2020（1）：58-69.

[66] 申鹏，张晓宇，张婉玉. 中国城乡居民收入的分布动态演进：1985—2017 [J]. 经济论坛，2019（11）：15-23.

[67] 任中红，陈新萍. 税制改革国际经验对我国的启示 [J]. 预算管理与会计，

2019 (10): 61-64.

[68] 许坤, 许文立, 郭柃沂. 税收负担对收入分配差距的影响——基于面板向量自回归模型的分析 [J]. 税务研究, 2019 (7): 101-106.

[69] 杨沫. 新一轮个税改革的减税与收入再分配效应 [J]. 经济学动态, 2019 (7): 37-49.

[70] 程丽香. 中等收入群体的界定与测度: 一个文献梳理 [J]. 中共福建省委党校学报, 2019 (6): 105-116.

[71] 翁杰, 王菁. 中等收入群体的测度方法和应用——基于CHIP数据的分析 [J]. 中国人口科学, 2019 (5): 43-55; 127.

[72] 高凤勤, 姜令臻. 2018年个人所得税改革的减税效应评估——基于CGSS的模拟测算 [J]. 河北大学学报 (哲学社会科学版), 2019, 44 (5): 90-96.

[73] 赵丹. 减税降费政策效应分析——以成都市温江区为例 [J]. 税收经济研究, 2019, 24 (5): 19-26.

[74] 刘海波, 邵飞飞, 钟学超. 我国结构性减税政策及其收入分配效应——基于异质性家庭NK-DSGE的模拟分析 [J]. 财政研究, 2019 (3): 30-46.

[75] 庞凤喜, 刘畅. 论减税降费与税负结构优化 [J]. 税收经济研究, 2019, 24 (3): 13-19; 54.

[76] 王茜萌, 倪红福. 中国整体税收负担的再分配效应——基于CFPS微观家庭调查数据的实证研究 [J]. 商业研究, 2019 (3): 20-28.

[77] 郭晓辉. 税收负担制约了居民消费扩大吗? ——基于有效税率和经济发展门槛的视角 [J]. 新疆社会科学, 2019 (2): 40-49; 144-145.

[78] 朱斌, 范晓光. 中产阶层抑或中等收入群体——当前中国中间阶层的再审视 [J]. 江海学刊, 2019 (1): 117-126; 254-255.

[79] 姚丽芳. 新时代我国中产阶层的界定与量化新方法 [J]. 北方经贸, 2018 (12): 3-6.

[80] 常远. 扩大中等收入群体的经济社会效应分析 [J]. 河南社会科学, 2018, 26 (11): 97-102.

[81] 陈小亮. 中国减税降费政策的效果评估与定位研判 [J]. 财经问题研究, 2018 (9): 90-98.

[82] 王阳, 常兴华. 当前我国中等收入群体的规模、范围及扩大路径 [J]. 经济纵横, 2018 (9): 28-36.

[83] 谭永生. 扩大我国中等收入群体规模的对策研究 [J]. 宏观经济管理, 2018 (9): 7-12.

[84] 解垩. 税收和转移支付对收入再分配的贡献 [J]. 经济研究, 2018, 53 (8): 116-131.

[85] 李明, 李德刚, 冯强. 中国减税的经济效应评估——基于所得税分享改革"准自然试验" [J]. 经济研究, 2018, 53 (7): 121-135.

[86] 田志伟. 企业所得税税负归宿与收入分配 [J]. 财经论丛，2018 (7)：27-36.

[87] 杨修娜，万海远，李实. 我国中等收入群体比重及其特征 [J]. 北京工商大学学报 (社会科学版)，2018，33 (6)：10-22.

[88] 黄晓虹. 个人所得税改革、消费刺激与再分配效应——基于 PSM 方法 [J]. 中国经济问题，2018 (5)：25-37.

[89] 吴鹏，常远. 中等收入群体的测算与现状研究——基于 CHNS 与 CHIP 数据 [J]. 社会科学研究，2018 (2)：72-82.

[90] 李春玲. 中等收入群体的增长趋势与构成变化 [J]. 北京工业大学学报 (社会科学版)，2018，18 (2)：1-7.

[91] 栾强，罗守贵. "营改增"激励了企业创新吗？——来自上海市科技企业的经验证据 [J]. 经济与管理研究，2018，39 (2)：87-95.

[92] 孔庆洋. 橄榄型收入分配结构——中国有希望吗？[J]. 北京社会科学，2018 (1)：26-39.

[93] 刘运转，宋宇. 收入差距与"中等收入陷阱"——基于需求诱致创新视角 [J]. 经济问题探索，2017 (10)：41-47.

[94] 陈艺妮，田敏. 我国中等收入群体的研究现状与展望 [J]. 商业经济研究，2017 (17)：177-179.

[95] 刘渝琳，许新哲. 我国中等收入群体的界定标准与测度 [J]. 统计研究，2017，34 (11)：79-85.

[96] 周克清，杨昭. 世界各国新一轮减税浪潮：比较与启示 [J]. 税务研究，2017 (8)：64-68.

[97] 马骁，王斐然，陈建东，等. 直接税和间接税对城乡居民消费差距的影响分析 [J]. 税务研究，2017 (8)：21-27.

[98] 李强，徐玲. 怎样界定中等收入群体？[J]. 北京社会科学，2017 (7)：4-10.

[99] 李强，戈艳霞. 我国中产阶层发展滞后的现状、原因与对策 [J]. 中国人民大学学报，2017，31 (3)：109-117.

[100] 刘穷志. 税收竞争、资本外流与投资环境改善——经济增长与收入公平分配并行路径研究 [J]. 经济研究，2017，52 (3)：61-75.

[101] 李春玲. 中国特色的中等收入群体概念界定——绝对标准模式与相对标准模式之比较 [J]. 河北学刊，2017，37 (2)：154-162.

[102] 田丰. 中等收入群体变动趋势和结构性分析：2006—2015 [J]. 河北学刊，2017，37 (2)：162-167.

[103] 徐佳舒，段志民. 中等收入持续期及其影响因素分析——构建橄榄型收入结构视角 [J]. 江西财经大学学报，2017 (2)：24-39.

[104] 李培林. 中国跨越"双重中等收入陷阱"的路径选择 [J]. 劳动经济研究，2017，5 (1)：3-20.

[105] 苏海南. 当前扩大中等收入群体面临的困难 [J]. 人事天地, 2017 (1): 10-12; 19.

[106] 倪红福, 龚六堂, 王茜萌. "营改增" 的价格效应和收入分配效应 [J]. 中国工业经济, 2016 (12): 23-39.

[107] 申广军, 陈斌开, 杨汝岱. 减税能否提振中国经济? ——基于中国增值税改革的实证研究 [J]. 经济研究, 2016, 51 (11): 70-82.

[108] 汪昊. "营改增" 减税的收入分配效应 [J]. 财政研究, 2016 (10): 85-100.

[109] 许生, 张霞. 建立与税制改革相适应的税收调控政策机制——对结构性减税政策的评价、反思与建议 [J]. 财政研究, 2016 (9): 11-18; 43.

[110] 李强. 中国离橄榄型社会还有多远——对于中产阶层发展的社会学分析 [J]. 探索与争鸣, 2016 (8): 4-11; 2.

[111] 雷根强, 郭玥. 差别费用扣除与个人所得税制改革——基于微观数据的评估 [J]. 财政研究, 2016 (6): 28-41.

[112] 李春玲. 中等收入群体与中间阶层的概念定义——社会学取向与经济学取向的比较 [J]. 国家行政学院学报, 2016 (6): 53-58; 126-127.

[113] 杨灿明, 詹新宇. 中国宏观税负政策偏向的经济波动效应 [J]. 中国社会科学, 2016 (4): 71-90; 206-207.

[114] 吴青荣. 人力资本存量与中等收入群体比重协整关系的统计检验 [J]. 统计与决策, 2015 (23): 28-30.

[115] 吴青荣. 我国人力资本结构与中等收入群体比重的实证分析 [J]. 经济问题探索, 2015 (12): 10-15.

[116] 田志伟. 中国五大税种的收入再分配效应研究 [J]. 现代财经 (天津财经大学学报), 2015, 35 (8): 33-43.

[117] 陈建东, 孙克雅, 马骁, 等. 直接税和间接税对城乡居民收入差距的影响分析 [J]. 税务研究, 2015 (7): 43-53.

[118] 曹景林, 邸凌楠. 基于消费视角的我国中等收入群体人口分布及变动测度 [J]. 广东财经大学学报, 2015, 30 (6): 4-15.

[119] 葛玉御, 田志伟, 胡怡建. "营改增" 的收入分配效应研究——基于收入和消费的双重视角 [J]. 当代财经, 2015 (4): 23-33.

[120] 庞凤喜, 张丽微. 我国结构性减税的总体规模、方向选择与效果评价思考——基于美国减税浪潮的分析与借鉴 [J]. 河北经贸大学报, 2015, 36 (3): 58-65.

[121] 崔景华. 中等收入阶段税收对居民收入的作用机理及效应: 日本的经验及借鉴 [J]. 现代日本经济, 2015 (2): 38-52.

[122] 龙莹. 中等收入群体比重变动的因素分解——基于收入极化指数的经验证据 [J]. 统计研究, 2015, 32 (2): 37-43.

[123] 权衡. 中国城乡居民收入流动性与长期不平等: 实证与比较 [J]. 上海财

经大学学报，2015，17（2）：4-19；113.

[124] 何辉. 增值税的收入分配与福利效应实证分析 [J]. 税务研究，2015（1）：62-66.

[125] 李培林，朱迪. 努力形成橄榄型分配格局——基于2006—2013年中国社会状况调查数据的分析 [J]. 中国社会科学，2015（1）：45-65；203.

[126] 岳希明，张斌，徐静. 中国税制的收入分配效应测度 [J]. 中国社会科学，2014（6）：96-117；208.

[127] 吕冰洋，毛捷. 高投资、低消费的财政基础 [J]. 经济研究，2014，49（5）：4-18.

[128] 李香菊，刘浩. 税制、公共服务对收入分配的影响机制与实证分析 [J]. 财经科学，2014（3）：108-120.

[129] 席卫群. 流转税对居民消费影响的实证分析 [J]. 学海，2014（2）：124-130.

[130] 谢宇，胡婧炜，张春泥. 中国家庭追踪调查：理念与实践 [J]. 社会，2014，34（2）：1-32.

[131] 刘扬，冉美丽，王忠丽. 个人所得税、居民收入分配与公平——基于中美个人所得税实证比较 [J]. 经济学动态，2014（1）：9-17.

[132] 聂海峰，岳希明. 间接税归宿对城乡居民收入分配影响研究 [J]. 经济学（季刊），2013，12（1）：287-312.

[133] 岳希明，徐静，刘谦，等. 2011年个人所得税改革的收入再分配效应 [J]. 经济研究，2012（9）：113-124.

[134] 常兴华，李伟. 我国中等收入阶层比重的测算分析 [J]. 宏观经济管理，2012（8）：33-35.

[135] 国家发改委社会发展研究所课题组. 扩大中等收入者比重的实证分析和政策建议 [J]. 经济学动态，2012（5）：12-17.

[136] 龙莹. 中等收入群体比重的测算及比较分析——基于北京市城镇居民住户调查微观数据 [J]. 云南财经大学学报，2012，28（5）：145-151.

[137] 龙莹. 中国中等收入群体规模动态变迁与收入两极分化：统计描述与测算 [J]. 财贸研究，2012，23（2）：92-99.

[138] 朱长存. 城镇中等收入群体测度与分解——基于非参数估计的收入分布方法 [J]. 云南财经大学学报，2012（2）：63-69.

[139] 朱长存. 城镇中等收入群体测度与分析——基于国家统计局分组数据的研究 [J]. 社会科学战线，2011（10）：63-69.

[140] 杨森平，周敏. 调节城乡收入差距的税收政策研究——基于我国间接税视角 [J]. 财政研究，2011（7）：72-74.

[141] 马晓河. 迈过"中等收入陷阱"的结构转型——国际经验教训与中国挑战 [J]. 农村经济，2011（4）：3-10.

[142] 聂海峰，刘怡. 城镇居民的间接税负担：基于投入产出表的估算 [J]. 经

济研究，2010，45（7）：31-42.

[143] 郭庆旺，吕冰洋. 中国税收负担的综合分析 [J]. 财经问题研究，2010（12）：3-10.

[144] 何麟，邱建新. 当代中国社会新中间阶层的形成和流动轨迹——兼评《中国城市的阶层结构与中产阶层的定位》[J]. 网络财富，2009（14）：125-127.

[145] 平新乔，梁爽，郝朝艳，等. 增值税与营业税的福利效应研究 [J]. 经济研究，2009，44（9）：66-80.

[146] 纪宏，陈云. 我国中等收入者比重及其变动的测度研究 [J]. 经济学动态，2009（6）：11-16.

[147] 魏全平. 日本个人所得税制改革及其对中国的启示 [J]. 日本研究，2008（3）：41-45.

[148] 权衡. "收入分配-收入流动"现代框架：理论分析及其政策含义 [J]. 学术月刊，2008，40（2）：82-87.

[149] 李培林，张翼. 中国中产阶级的规模、认同和社会态度 [J]. 社会，2008，28（2）：1-19.

[150] 刘欣. 中国城市的阶层结构与中产阶层的定位 [J]. 社会学研究，2007（6）：1-14；242.

[151] 周晓虹. 中国中产阶级：现实抑或幻象 [J]. 天津社会科学，2006（2）：60-66.

[152] 高培勇. 从税收收入的分析来透视中国经济社会发展的全局 [J]. 税务研究，2006（2）：3.

[153] 权衡. 居民收入流动性与收入不平等的有效缓解——收入流动性理论与实证分析框架 [J]. 上海经济研究，2005（3）：19-25.

[154] 刘怡，聂海峰. 间接税负担对收入分配的影响分析 [J]. 经济研究，2004（5）：22-30.

[155] 宋凤轩，江月. 美国20世纪80年代以来的减税改革及借鉴 [J]. 税务研究，2004（5）：21-24.

[156] 徐建华，陈承明，安翔. 对中等收入的界定研究 [J]. 上海统计，2003（8）：12-14.

[157] 李炯，况永贤. 试论人力资本投资与扩大中等收入者比重 [J]. 中共浙江省委党校学报，2003（6）：55-60.

[158] 岳树民，安体富. 加入WTO后的中国税收负担与经济增长 [J]. 中国人民大学学报，2003，18（2）：50-57.

[159] 马拴友. 我国的拉弗最高税率和最优税率估计 [J]. 经济学家，2002（1）：73-79.

[160] 安体富，岳树民. 我国宏观税负水平的分析判断及其调整 [J]. 经济研究，1999（3）：43-49.

[161] 李强. 关于中等收入阶层问题的研究 [J]. 管理世界，1992 (6)：160-165.

[162] 宋建. 中等收入阶层与居民消费 [M]. 上海：上海人民出版社，2019.

[163] 许永兵. 中国居民消费率研究 [M]. 北京：中国社会科学出版社，2013.

[164] 权衡. 收入分配与收入流动：中国经验和理论 [M]. 上海：格致出版社，上海人民出版社，2012.

[165] 李春玲. 比较视野下的中产阶级形成：过程、影响以及社会经济后果 [M]. 北京：社会科学文献出版社，2009.

[166] 安体富. 中国税收负担与税收政策研究 [M]. 北京：中国税务出版社，2006.

[167] 王开玉. 中国中等收入者研究 [M]. 北京：社会科学文献出版社，2006.

[168] 曾艳玲，陈跃. 英汉汉英财税词典 [M]. 北京：机械工业出版社，2002.

[169] 郭晓丽. 预期收支不确定背景下我国中等收入群体规模测度及其消费研究 [D]. 呼和浩特：内蒙古财经大学，2022.

[170] 陈少波. 基于扩大中等收入群体的个人所得税优化研究 [D]. 北京：中国财政科学研究院，2021.

[171] 侯铮. 美国税制改革及宏观税负对经济增长的影响研究 [D]. 保定：河北大学，2020.

[172] 陈云. 居民收入分布及其变迁的统计研究：基于现代非参数方法的拓展与创新 [D]. 北京：首都经济贸易大学，2009.

[173] 李实，万海远. 扩大中等收入群体的制度环境与相关政策研究 [C]. 北京：中国经济体制改革研究会，2019：2-73.

[174] 李逸飞. 培育更大规模、更高质量的中等收入群体 [N]. 中国社会科学报，2022-11-16 (4).

[175] BOURDIEU P. Distinction：A social critique of the judgment of taste [M]. Cambridge：Harvard University Press，1984.

[176] WARNER W L. Yankee city [M]. Abridged ed. New Haven：Yale University Press，1963.

[177] MALLA M H，PATHRANARAKUL P. Fiscal policy and income inequality：The critical role of institutional capacity [J]. Economies，2022，10 (5)：115.

[178] BEZEREDI S，BRATIĆ V，URBAN I. Tax burden on labor income in Croatia：Calculation and analysis based on administrative data [J]. Eastern European Economics，2022，60 (4)：1-25.

[179] HOPE D，LIMBERG J. The economic consequences of major tax cuts for the rich [J]. Socio-Economic Review，2022，20 (2)：539-559.

[180] MUDULI D K，ROUT S K，KHAN N A. Nexus between tax structure and income inequality in India [J]. Asian Development Policy Review，

2022, 10（2）: 88-105.

［181］ MILLIGAN K. How progressive is the Canadian personal income tax? A buffett curve analysis ［J］. Canadian Public Policy, 2022, 48（2）: 211-224.

［182］ CHEN C, SU Z, SHUAI W. Residents' income distribution effect of business tax replaced with VAT reform-based on CGE model ［J］. Economic Research-Ekonomska Istraživanja, 2022, 35（1）: 2793-2808.

［183］ YONZAN N, MILANOVIC B, MORELLI S, et al. Drawing a line: Comparing the estimation of top incomes between tax data and household survey data ［J］. The Journal of Economic Inequality, 2022, 20（1）: 67-95.

［184］ SONG T, ZHU H, XIAO J, et al. Research on the individual income tax-deferred commercial endowment insurance from the perspective of fairness ［J］. Discrete Dynamics in Nature and Society, 2022, 2022: 1-11.

［185］ HERRADI M E, LEROY A. The rich, poor, and middle class: Banking crises and income distribution ［J］. Journal of International Money and Finance, 2022, 127: 102695.

［186］ DESKAR-ŠKRBIĆ M, GRDOVIĆ GNIP A, ŠIMOVIĆ H. Macroeconomic effects of exogenous tax changes in a small open economy: Narrative evidence from Croatia ［J］. Post-communist Economies, 2021, 33（6）: 681-709.

［187］ EASTERLY W. The middle class consensus and economic development ［J］. Journal of Economic Growth, 2001, 6（4）: 317-335.

［188］ FARZANEGAN M R, ALAEDINI P, AZIZIMEHR K, et al. Effect of oil revenues on size and income of Iranian middle class ［J］. Middle East Development Journal, 2021, 13（1）: 27-58.

［189］ TAGHIZADEH-HESARY F, YOSHINO N, SHIMIZU S. The impact of monetary and tax policy on income inequality in Japan ［J］. The World Economy, 2020, 43（10）: 2600-2621.

［190］ NADERI S, SALATIN P. Impact of value added tax on income distribution in middle-income selected countries ［J］. Quarterly Journal of the Macro & Strategic Policies, 2018, 6（24）: 568-595.

［191］ ZIDAR O. Tax cuts for whom? Heterogeneous effects of income tax changes on growth and employment ［J］. Journal of Political Economy, 2019, 127（3）: 1437-1472.

［192］ ALFÒ M, CARBONARI L, TROVATO G. On the effects of taxation on growth: An empirical assessment [J]. Macroeconomic Dynamics, 2020, 27 (5): 1-30.

[193] ROMAN O Z. An emerging but vulnerable middle class: A description of trends in Asia and the Pacific [J]. Asia - Pacific Sustainable Development Journal, 2020, 27 (1): 1-20.

[194] SCHETTINO F, KHAN H A. Income polarization in the USA: What happened to the middle class in the last few decades? [J]. Structural Change and Economic Dynamics, 2020, 53: 149-161.

[195] ZHAN P, LI S, XU X. Personal income tax reform in China in 2018 and its impact on income distribution [J]. China & World Economy, 2019, 27 (3): 25-48.

[196] CIMINELLI G, ERNST E, MEROLA R, et al. The composition effects of tax-based consolidation on income inequality [J]. European Journal of Political Economy, 2019, 57 (C): 107-124.

[197] STEPHENSON A V. The impact of personal income tax structure on income inequality for Belgium, Bulgaria, Germany, Lithuania, and Poland: A comparison of flat and graduated income tax structures [J]. Atlantic Economic Journal, 2018, 46 (4): 405-417.

[198] XUE J, LIN L. Analysis of the impact of the personal income tax reform for wages and salaries on income redistribution in China [J]. Social Sciences, 2018, 7 (3): 146-151.

[199] BELOZYOROV S A, SOKOLOVSKA O V. Personal income taxation and income inequality in Asia-Pacific: A cross-country analysis [J]. Journal of Tax Reform, 2018, 4 (3): 236-249.

[200] MAIPITA I, HERMAWAN W, RAHMAN H. The impact of middle-class towards economic growth and income inequality in Indonesia [J]. Jurnal Ekonomi Malaysia, 2018, 52 (3): 3-16.

[201] MORINI M, PELLEGRINO S. Personal income tax reforms: A genetic algorithm approach [J]. European Journal of Operational Research, 2018, 264 (3): 994-1004.

[202] HO L M, SCHAFFERER C, LEE J M, et al. Raising cigarette excise tax to reduce consumption in low-and middle-income countries of the Asia-Pacific region: A simulation of the anticipated health and taxation revenues impacts [J]. BMC Public Health, 2018, 18 (1): 1-9.

[203] GAENTZSCH A. The distributional impact of social spending in Peru [J]. Discussion Papers, 2018. DOI: 10.17169/REFUBIUM-25238.

[204] CHUN N, HASAN R, RAHMAN M H, et al. The role of middle class in economic development: What do cross - country data show? [J].

Review of Development Economics, 2017, 21 (2): 404-424.

[205] ZWICK E, MAHON J. Tax policy and heterogeneous investment behavior [J]. American Economic Review, 2017, 107 (1): 217-248.

[206] MA G, XU J, LI S. The Income redistribution effect of China's personal income tax: What the micro-data say [J]. Contemporary Economic Policy, 2015, 33 (3): 488-498.

[207] CHEN C, QIN B. The emergence of China's middle class: Social mobility in a rapidly urbanizing economy [J]. Habitat International, 2014, 44 (4): 528-535.

[208] DJANKOV S, GANSER T, MCLIESH C, et al. The effect of corporate taxes on investment and entrepreneurship [J]. American Economic Journal: Macroeconomics, 2010, 2 (3): 31-64.

[209] SLINTÁKOVÁ B, KLAZAR S. Impact of Harmonisation on distribution of VAT in the Czech Republic [J]. Prague Economic Papers, 2010, 19 (2): 133-149.

[210] FOSTER J E, WOLFSON M C. Polarization and the decline of the middle class: Canada and the US [J]. Journal of Economic Inequality, 2010, 8 (2): 247-273.

[211] ANGYRIDIS C, JOLLY M. Fiscal implications of the 2001 and 2003 Bush tax cuts [J]. The Journal of Economic Asymmetries, 2010, 7 (1): 69-99.

[212] KIM K, LAMBERT P J. Redistributive effect of US taxes and public transfers, 1994-2004 [J]. Public Finance Review, 2009, 37 (1): 3-26.

[213] HOUSE C L, SHAPIRO M D. Temporary investment tax incentives: Theory with evidence from bonus depreciation [J]. American Economic Review, 2008, 98 (3): 737-768.

[214] WORLD BANK. Global economic prospects 2007: Managing the next wave of globalization [R]. Washington, D.C.: World Bank, 2007: 73-74.

[215] WILLIAMS B W, DURVASULA P K, BROWN D E. Urban freeway traffic flow prediction: Application of seasonal autoregressive integrated moving average and exponential smoothing models [J]. Transportation Research Record, 1998 (1644): 132-141.

[216] CREEDY J. Comparing tax and transfer systems: Poverty, inequality and target efficiency [J]. Economica, 1996, 63 (250Suppl): S163-S174.

[217] DAVIS J C, HUSTON J H. The shrinking middle-income class: A

multivariate analysis [J]. Eastern Economic Journal, 1992, 18 (3): 277-285.

[218] BARRO R J. Government spending in a simple model of endogeneous growth [J]. Journal of Political Economy, 1990, 98 (5, Part 2): 103-125.

[219] LEVY F. The middle class: Is it really vanishing? [J]. Brookings Review, 1987 (3): 17-21.

[220] BLACKBURN M, BLOOM D. What is happening to the middle class? [J]. American Demographics, 1985, 7 (1): 19-25.

[221] LEVITAN S A, CARLSON P E. Middle-class shrinkage? [J]. Across the Board, 1984, 21 (10): 55-59.

[222] KOENKER R, BASSETT G. Regression quantiles [J]. Econometrica, 1978 (1): 33-50.

[223] KAKWANI N C. Measurement of tax progressivity: An international comparison [J]. The Economic Journal, 1977, 87 (345): 71-80.

[224] JENKINS H P B. Excise-tax shifting and incidence: A money-flows approach [J]. Journal of Political Economy, 1955, 63 (2): 125-149.

[225] MUSGRAVE R A, THIN T. Income Tax Progression, 1929-48 [J]. Journal of Political Economy, 1949, 56 (6): 498-514.

[226] XING J, BILICKA K A, HOU X. How distortive are turnover taxes? Evidence from replacing turnover tax with VAT [R]. National Bureau of Economic Research, 2022.

[227] ALBERT J R G, SANTOS A G F, VIZMANOS J F V. Profile and determinants of the middle-income class in the Philippines [R]. PIDS Discussion Paper Series, 2018.

[228] ALBERT J R G, SANTOS A G F, VIZMANOS J F V. Defining and profiling the middle class [R]. Philippine Institute for Development Studies, 2018.

[229] PRESSMAN S. Defining and measuring the middle class [R]. American Institute for Economic Research Working Paper, 2015 (7): 1-27.

[230] KOCHHAR R, FRY R, ROHAL M. The American middle class is losing ground: No longer the majority and falling behind financially [R]. Pew Research Center, 2015.

[231] BIRDSALL N, GRAHAM C, PETTINATO S. Stuck in tunnel: Is globalization muddling the middle? [R]. Center on Social and Economic Dynamics Working Paper No.14, 2000.

[232] ALLCOTT H, LOCKWOOD B, TAUBINSKY D. Ramsey strikes back:

Optimal commodity tax and redistribution in the presence of salience effects [C]. AEA Papers and Proceedings, 2018, 108: 88-92.

[233] THUROW L C. The disappearance of the middle class [N]. New York Times, 1984-02-05.

[234] CASTELLANI F, PARENT G. Being "middle-class" in Latin America [Z]. OECD Publishing, 2011.

[235] ROSNICK D, BAKER D. Do tax cuts boost the economy? [Z]. Washington, D.C.: Center for Economic and Policy Research, 2011.

[236] BHALLA S S. Second among equals: The middle class kingdoms of India and China [Z]. 2007.

[237] LIVINGSTON A. What is considered middle class in America? —Definition, income range & jobs [EB/OL]. (2021-12-29) [2024-03-15]. https://www. moneycrashers. com/middle - class - america - definition-income-range-jobs/.

附录

附录1　2020年投入产出表与税务统计年鉴部门对照表

附录2　我国中等收入群体的区域特征（%）

附录3　我国城镇居民高收入群体区域特征（%）

附录4　我国城镇居民中等收入群体区域特征（%）

附录5　我国城镇居民低收入群体区域特征（%）

附录6　我国乡村居民高收入群体区域特征（%）

附录7　我国乡村居民中等收入群体区域特征（%）

附录8　我国乡村居民低收入群体区域特征（%）

附录9　2018年我国不同收入群体的收入来源结构

附录10　2018年我国城镇不同收入群体的收入来源结构

附录11　2018年我国乡村不同收入群体的收入来源结构

附录12　2016年我国不同收入群体的收入来源结构

附录13　2016年我国城镇不同收入群体的收入来源结构

附录14　2016年我国乡村不同收入群体的收入来源结构

附录15　2014年我国不同收入群体的收入来源结构

附录16　2014年我国城镇不同收入群体的收入来源结构

附录17　2014年我国乡村不同收入群体的收入来源结构

附录18　2012年我国不同收入群体的收入来源结构

附录19　2012年我国城镇不同收入群体的收入来源结构

附录20　2012年我国乡村不同收入群体的收入来源结构

附录21　2010年我国不同收入群体的收入来源结构

附录22　2010年我国城镇不同收入群体的收入来源结构

附录23　2010年我国乡村不同收入群体的收入来源结构

附录24　2018年我国居民人均八大类消费性支出水平及结构

附录25　2018年我国城镇居民人均八大类消费性支出水平及结构

附录26　2018年我国乡村居民人均八大类消费性支出水平及结构

附录27　2016年我国居民人均八大类消费性支出水平及结构

附录28　2016年我国城镇居民人均八大类消费性支出水平及结构

附录29　2016年我国乡村居民人均八大类消费性支出水平及结构

附录30　2014年我国居民人均八大类消费性支出水平及结构

附录31　2014年我国城镇居民人均八大类消费性支出水平及结构

附录32　2014年我国乡村居民人均八大类消费性支出水平及结构

附录33　2012年我国居民人均八大类消费性支出水平及结构

附录34　2012年我国城镇居民人均八大类消费性支出水平及结构

附录35　2012年我国乡村居民人均八大类消费性支出水平及结构

附录36　2010年我国居民人均八大类消费性支出水平及结构

附录37　2010年我国城镇居民人均八大类消费性支出水平及结构

附录38　2010年我国乡村居民人均八大类消费性支出水平及结构

附录39　2018年我国居民人均消费性支出水平及结构

附录40　2018年我国城镇居民人均消费性支出水平及结构

附录41　2018年我国乡村居民人均消费性支出水平及结构

附录42　2016年我国居民人均消费性支出水平及结构

附录43　2016年我国城镇居民人均消费性支出水平及结构

附录44　2016年我国乡村居民人均消费性支出水平及结构

附录45　2014年我国居民人均消费性支出水平及结构

附录46　2014年我国城镇居民人均消费性支出水平及结构

附录47　2014年我国乡村居民人均消费性支出水平及结构

附录48　2012年我国居民人均消费性支出水平及结构

附录49　2012年我国城镇居民人均消费性支出水平及结构

附录50　2012年我国乡村居民人均消费性支出水平及结构

附录51　2010年我国居民人均消费性支出水平及结构

附录52　2010年我国城镇居民人均消费性支出水平及结构

附录53　2010年我国乡村居民人均消费性支出水平及结构

附录54　2018年我国不同收入群体家庭人口结构（%）

附录55　2018年城镇不同收入群体家庭人口结构（%）

附录56　2018年乡村不同收入群体家庭人口结构（%）

附录57　2016年我国不同收入群体家庭人口结构（%）

附录58　2016年城镇不同收入群体家庭人口结构（%）

附录59　2016年乡村不同收入群体家庭人口结构（%）

附录60　2014年我国不同收入群体家庭人口结构（%）

附录61　2014年城镇不同收入群体家庭人口结构（%）

附录62　2014年乡村不同收入群体家庭人口结构（%）

附录63　2012年我国不同收入群体家庭人口结构（%）

附录64　2012年城镇不同收入群体家庭人口结构（%）

附录65　2012年乡村不同收入群体家庭人口结构（%）

附录66　2010年我国不同收入群体家庭人口结构（%）

附录67　2010年城镇不同收入群体家庭人口结构（%）

附录68　2010年乡村不同收入群体家庭人口结构（%）

附录69　2010—2020年城镇居民收入流动性情况（%）

附录70　2010—2018年城镇居民收入流动性情况（%）

附录71　2010—2016年城镇居民收入流动性情况（%）

附录72　2010—2014年城镇居民收入流动性情况（%）

附录73 2010—2012年城镇居民收入流动性情况（%）

附录74 2018—2020年城镇居民收入流动性情况（%）

附录75 2016—2020年城镇居民收入流动性情况（%）

附录76 2014—2020年城镇居民收入流动性情况（%）

附录77 2012—2020年城镇居民收入流动性情况（%）

附录78 2010—2020年乡村居民收入流动性情况（%）

附录79 2010—2018年乡村居民收入流动性情况（%）

附录80 2010—2016年乡村居民收入流动性情况（%）

附录81 2010—2014年乡村居民收入流动性情况（%）

附录82 2010—2012年乡村居民收入流动性情况（%）

附录83 2018—2020年乡村居民收入流动性情况（%）

附录84 2016—2020年乡村居民收入流动性情况（%）

附录85 2014—2020年乡村居民收入流动性情况（%）

附录86 2012—2020年乡村居民收入流动性情况（%）

索引

后记

　　我国目前已进入中等收入国家行列，但仍存在中等收入群体比重增长缓慢且不稳定的问题。扩大中等收入群体规模，让更多的劳动者及其赡养人口进入中等收入群体，共享本国经济发展成果，是实现共同富裕的基本路径，是扩大内需的重要途径，也是实现橄榄型社会结构和跨越"中等收入陷阱"的重要支撑点。党的十九大报告、党的二十大报告也强调扩大中等收入群体对实现共同富裕的重要性。因此，研究中等收入群体规模的扩大具有非常重要的现实意义。减税政策具有较强的包容性，兼具收入公平调节和促进经济稳定增长的双重作用，是更有优越性的预微调手段。本书作者多年来一直致力于财税政策与收入分配的相关研究。考虑到中等收入群体对于扩大内需、跨越"中等收入陷阱"和我国全面建成社会主义现代化强国的重要性，因此，本书选择系统深入研究扩大中等收入群体规模的减税政策作为主要研究目标。

　　在长达5年多的研究过程中，研究团队跟踪研究大量相关文献，并多次组织会议探讨减税和中等收入群体规模的界定及测算方法。首先，研究团队通过搜集整理2003年至今的政府文件来梳理我国减税政策的脉络，结合国家统计局数据与CFPS数据库，从宏观、中观和微观3个层面分别对我国减税效果进行测度。其次，本书通过总结归纳国内外主流的中等收入群体界定标准，考量不同界定标准与我国实际情况的贴合程度，进行深入对比分析后选择适合我国的测算方法。最后，利用CFPS数据库采用部分排序法以及核密度估计法对我国中等收入群体规模进行测度，得到最贴合我国实际情况的中等收入群体规模测算方法。在此基础上，本书通过引入收入流动性，构建了"新"理论框架和研究思路，并再三修订调整直至最终定稿，耗费了大量心血。科研永远在路上，研究团队将围绕这个方向继续深入研究，在不断探索过程中弥补现有研究存在的不足之处，以更多的研究成果来丰富此研究领域。

本书是本书第一作者主持的国家社会科学基金一般项目"扩大我国中等收入群体规模的减税政策研究"的主要研究成果之一，感谢基金的支持，使研究团队全身心投入研究。

感谢家人的支持，感谢赵学涵、周温馨、廖仁凯、黄纪强、王增强等同学的帮助，感谢所有为本书提供帮助的朋友。

虽然财税政策调节收入分配的研究非常广泛且成果颇丰，但从减税政策如何扩大中等收入群体规模的角度研究，同时考虑减税、收入流动与中等收入群体规模三者之间经济关系的相关文献较少，期待本书能够丰富相关研究。由于时间和研究团队研究能力有限等，有些内容研究不够全面，个别地方还有待进一步深入研究，希望读者不吝赐教。

著 者

2023 年 11 月